韓國中世 部曲 研究

韓國中世 部曲 研究

李 弘 斗

혜안

머리말

이 책은 부곡인 천인론과 조선시대 부곡에 초점을 맞추어 그동안 발표한 논문을 단행본으로 묶은 것이다. 필자가 고려시대 부곡에 관심을 갖게 된 것은 1996년말 박사학위 논문을 심사받을 때였다. 심사위원들께서는 부곡인의 신분상승도 「조선시대 천인의 신분변동 연구」와 같은 범주로 묶을 수 있는데, 왜 학위논문에서 제외했느냐고 하셨다. 당시 필자는 부곡에 대해서는 연구하지 않았으므로 후일을 기약할 수밖에 없었다. 학위를 취득한 직후부터 부곡 분야에서 새로운 성과를 내겠다는 각오로 연구에 정진하였다. 그러나 관련 사료가 부족할 뿐만 아니라 연구 성과가 이미 한 편의 논문을 구성할 정도로 심화되었기 때문에 새로운 견해는 쉽지가 않았다.

1998년 10월 한국사연구회 제207차 월례발표회에서 선행 연구가 안고 있는 문제점을 지적하고, 부곡인 천인설과 여말선초 양인화를 확인하였으며, 나말여초 부곡에는 사병적 성격이, 조선시대 부곡에는 군대 편제적 성격이 있다는 견해를 제시하였다(1998, 「部曲의 意味變遷과 軍事的 性格」, 『韓國史硏究』 103). 이후 원나라 간섭기에 있었던 부곡의 군현승격을 통한 부곡민의 신분상승을 고찰하였다(1999, 「고려 부곡의 군현승격과 천인의 신분상승」, 『실학사상연구』 10·11합집). 이로써 고려말 부곡인의 신분상승은 그 당위성을 확보한 셈이다. 이어

6

서 경주부에 속한 부곡의 존재형태를 고찰함으로써 부곡민은 집단천민임을 논증하였다(2000, 「경주부 소속 부곡의 존재형태」, 『경주문화연구』 3). 아울러 부곡민은 일반 군현민에 비해 租·庸·調에서 차이가 있음을 확인하였다(2000, 「고려 부곡과 수취체제」, 『실학사상연구』 15·16합집). 물론 국가수취에 대한 차별을 신분적 차별로 직결시키려면, 실증적 연구를 보강할 필요가 있다.

한편 조선초기 부곡에는 지방행정단위와 鄕亭的 성격이 있고, 조선중기 부곡에는 군대편제적 성격이 있으며, 조선후기 부곡에는 手下·黨與·門客의 뜻이 있음을 밝힘으로써 신분과 무관한 조선시대 부곡의 용례를 검토하였다(2000, 「조선시대 부곡의 제 성격」, 『백산학보』 56). 부곡민의 신분이 천인인가 양인인가 하는 문제는 부곡민이 양인과 노비의 중간 계층이었기 때문에 양론의 당위성은 1차적으로 모두 인정된다. 이 문제를 해결하기 위해 『고려사』에 기록된 부곡인의 법제규정을 천인론의 입장에서 검토하였다(2002, 「고려 부곡인의 신분과 법제규정」, 『실학사상연구』 22). 또한 부곡인의 신분을 규정하려면, 반드시 언급해야 하는 부곡의 발생문제를 고찰하였다(2004, 「古代 身分制와 部曲 - 부곡의 발생·발전을 중심으로 - 」, 『동국사학』 40).

이 책은 저서로 출판하기 위해 서론에 해당하는 「부곡의 연구현황과 과제」만을 새로 작성하였을 뿐 나머지는 1998년 이후 학술지에 발표한 논문들을 정리한 것이다. 다만 전체 구성을 위해 부분적으로 중복된 내용은 삭제하고, 처음에 사용했던 논문 제목과 장의 제목들을 고쳤으며, 주제들의 순서를 바꾸었다. 따라서 이 책은 처음의 논문과 약간의 차이는 있지만, 본문은 거의 손대지 않았음을 밝혀둔다.

이 책을 출판하기까지는 여러 분의 도움이 있었다. 먼저 학문적으로 필자를 인도해 주신 원유한 선생님과 강의를 개설해 준 홍익대학

교 역사교육과 김태식 교수님께 감사드린다. 그리고 필자의 월례발표
회 토론자로 참여하여 학술적 도움을 주신 카톨릭대학교 채웅석 교수
님께도 감사드린다. 끝으로 혜안출판사 오일주 사장님과 원고를 윤문
해 준 김태규 선생님께 감사를 드린다. 안방을 공부방으로 내 주고도
불평이 없는 부인, 자료 정리에 도움을 준 자녀 재호·린지와도 출판
의 기쁨을 함께 나누고 싶다.

2006년 4월
重岩 李弘斗 謹識

목 차

서 론
부곡의 연구현황과 과제

1. 머리말

부곡은 사회경제사나 법제사에서 중요한 제도이며, 특히 중세 신분제도를 연구할 때는 더욱 간과할 수가 없다. 따라서 부곡에 대한 해명은 중세사회의 성격을 밝히는 관건이므로 지금까지 많은 연구가 이루어졌다. 삼국시대 부곡인은 일반 민으로 지칭되는 자유민과 노비의 중간에 존재하는 천민집단이었다. 그런데 나말여초 반왕조적 지역이 생겨나면서 부곡인의 신분은 천민으로 법제화 되었다. 한편 고려말부터 광범하게 진행된 천인의 양인화에 따라 부곡인은 身良役賤으로 신분상승하였으며, 신분제와 지방행정단위의 부곡이 소멸된 이후, 조선시대 부곡은 군대편제의 단위, 권력자의 수하·당여·문객의 뜻으로 사용되었다.

그동안 한국의 부곡은 부곡제1)의 일환으로 연구되었는데, 부곡제

---

1) 부곡제는 鄕·所·部曲·津·驛·莊·處 등의 집단을 포괄하는 개념인데, 특히 고려시대 신분적 차별대우를 받는 신분제영역과 특정한 역을 부담하는 수취체제영역을 총칭한 것이다. 그러나 부곡제는 고려전기의 향·소·부곡·진·역 등 신분제나 수취체제에서 동일한 성격이 인정되는 시기에 한정하여 유용할 뿐 시대에 따라 성격을 달리하는 경우에는 통시대적으로 부곡제

신분은 천인설2)과 양인설3)로 구분할 수 있다. 천인설이 부곡의 발생 시기를 삼국시대 이전으로 규정한 반면, 양인설은 부곡의 발생을 나말 여초로 보았다. 백남운과 임건상은 유물론에 기초하여 부곡제 천인설을 주장하였다. 그런데 백남운이 신분제 영역을 통해서 부곡인의 신분을 해명하려고 한 반면, 임건상은 군현제 영역을 통해 부곡인의 신분을 규명하려고 하였다. 양인론은 이우성이 1966년 처음 주장하였고, 김용덕과 박종기가 이를 계승하였다. 그러나 양인론자들은 양인으로 신분상승한 고려말기의 부곡인을 통시대적으로 해석하거나, 부곡인을 양인으로 전제한 다음, 사료를 연역적으로 해석하였다. 특히『신증동국여지승람』권7, 여주목 고적 등신장조 "신라가 군현을 설치할 때 인구와 호구가 현이 될 수 없는 곳은 향이나 부곡으로 삼고 그 소재한 고을에 속하게 했다"는 사료를 이론적 토대로 삼고 있다. 이러한 기록은 부곡이 군현의 하부 행정단위였음을 시사하지만,『고려사』법제규정을 살펴보면 이는 사실과 다르다는 것을 알 수 있다.

지금까지 부곡에 대한 연구는 두 권의 단행본과 연구사 정리4)를 포

라고 지칭할 수가 없다.

2) 부곡민을 천민으로 본 논고는 다음과 같다. 白南雲, 1933,「部曲制의 歷史的 意義」,『朝鮮社會經濟史』, 改造社 ; 旗田巍, 1951,「高麗時代의 賤民制度 部曲について」,『和田淸博士還曆記念東洋史論叢』; 임건상, 1963,『조선의 부곡제에 관한 연구』, 과학원출판사 ; 오일순, 1985,「高麗前期 部曲民에 관한 一試論」,『學林』7 ; 이홍두, 2002,「高麗 部曲人의 身分과 法制規定」,『實學思想研究』22.

3) 부곡민을 양인으로 해석한 논고는 다음과 같다. 李佑成, 1966,「高麗末期 羅州牧 居平部曲에 대하여」,『震檀學報』29·30합집 ; 金龍德, 1980·1981,「部曲의 規模 및 部曲人의 身分에 대하여(상·하)」,『歷史學報』88·89 ; 李佑成, 1983,「李朝時代 密陽古買部曲에 대하여 - 部曲制의 發生形成에 관한 一試論」,『震檀學報』56 ; 朴宗基, 1988,「新羅時代 鄕·部曲의 性格에 관한 一試論」,『韓國學論叢』10, 국민대 한국학연구소.

함한 50여 편의 논문이 있다. 이러한 성과는 부곡제의 일환인 신분제 영역, 군현제 영역, 수취체제 영역을 포함하고 있다. 그러나 본고는 그동안 부곡 연구가 어떻게 진행되었으며, 어떤 성격을 지니고 있는지를 고찰하는 것이기 때문에 먼저 고려시기 부곡 연구의 성과를 천인설과 양인설로 구분하여 각각 살펴보고, 다음으로 조선초기 군현병합에 따라 부곡을 해체하는 월경지에 대해 고찰하며, 마지막으로 부곡 연구에 대한 향후의 과제를 검토하려고 한다.

2. 고려시대 부곡의 연구현황

1) 부곡인 천인론의 성과

우리 나라 부곡에 대해서는 1930년 松田甲이 처음으로 이 문제에 관심을 가졌지만, 자료와 선행연구가 없기 때문에 부곡의 실체를 규명할 수 없다고 했다.[5] 부곡제에 대한 본격적인 연구는 백남운에 의해 이루어졌다.[6] 그는 부곡의 의미를 파악하기 위해 중국과 일본 부곡에 대해 검토하였다. 중국 부곡은 그 개념이 세 번 변했는데, 漢代에는 '군졸'을 의미하였고, 남북조시대에는 '우리들'을 뜻하였으며, 당·송대에는 '천민'을 뜻하였다.[7] 한편 일본에서는 호족의 私有民으로 존재한

---

4) 부곡제에 대한 연구사 정리는 다음 논고를 참조할 것. 具山祐, 1988, 「고려시기 부곡제의 연구성과와 과제」, 『釜大史學』 12 ; 朴宗基, 1990, 「部曲制에 관한 研究史的 檢討」, 『高麗時代 部曲制研究』, 10~27쪽 ; 金義煥, 2000, 「部曲制의 研究現況에 대한 검토」, 『忠北鄕土文化』 11집, 5~22쪽.

5) 松田甲, 1930, 「朝鮮의 部曲에 대하여」, 『朝鮮』 1930년 7월호 ; 『續日鮮史話』 2.

6) 白南雲, 1933, 앞의 논문.

7) 濱口重國, 1941, 「南北朝時代の兵士の身分と部曲の意味の變化に就」いて」,

16

부곡과 직업적 公民으로 존재한 品部로 크게 구분했는데, 이들은 모두 노예였다.[8] 이에 따라 백남운은 한국 부곡을 부족국가시대의 집단 노예 내지는 종족 노예로 파악하여 부곡민 천인설의 토대를 닦았다. 그리고 신라 부곡과 고려시대의 所, 處, 莊 등을 동일한 천민집단으로 이해하는 부곡제 개념을 제시하였다. 특히 『신증동국여지승람』의 "신라가 군현을 정할 때 인구와 호수가 적어 현이 될 수 없는 곳은 향 또는 부곡으로 삼았다"는 설명만을 보고, 부곡의 본래 의미를 망각해서는 안된다고 하였다.

백남운이 부곡제 천인설을 주장한 이후 연구자들은 30년동안 이를 계승하는 입장에서 부곡인의 신분을 해명하는 연구를 진행하였다.

① 旗田巍, 1951, 「高麗時代の賤民制度 部曲について」, 『和田淸博士還曆記念東洋史論叢』/1971, 『朝鮮中世社會史の硏究』.
② 金龍德, 1955, 「鄕所部曲攷」, 『庸齋白樂濬博士還甲紀念國學論叢』.
③ 安日煥, 1961, 「部曲의 硏究」, 『釜大史學』 1.

백남운은 부곡제의 신분을 고대국가 성립과 관련하여 언급하였다. 반면에 旗田巍는 고려시대 군현제가 호족세력의 강약과 신분의 고하에 따라 편성된 사실과 부곡인의 법제적 신분규정을 결합하여 부곡은 천민들이 생활하는 천민행정구역이라고 밝혔다. 김용덕은 부곡인의 신분을 부곡의 발생과 관련하여 천민으로 규정하였다. 그리고 군현읍호의 승강이 갖는 의미를 천착하고, 부곡의 소멸에 대해 포괄적으로 고찰하였다.

『東方學報』東京第12冊之1.
8) 太田亮, 『일본 上代에 있어서의 사회조직연구』, 145쪽.

한국 부곡은 1963년 임건상에 의해 본격적으로 연구되었다. 다음의 연구가 주목된다.

① 임건상, 1963, 『조선의 부곡제에 관한 연구』, 과학원출판사.
② 김세익, 1965, 「서평『조선의 부곡제에 관한 연구』에 대하여」, 『역사과학』, 제3호.

임건상은 고려시대 부곡제를 삼국시대까지 소급하여 부곡제의 발생·발전·소멸을 전반적으로 고찰하였다. 그는 고려 부곡제를 군현제의 일환으로 파악하였지만, 한편으로 군현제와는 별개의 독자적인 특수 행정구역으로 규정하였다. 군현을 개편하면 부곡의 소속이 변경되고, 飛來地가 발생하는 것을 그 근거로 제시하였다.

부곡제의 수탈은 군현 소속의 호장과 국가권력을 대행하는 부곡장에 의해 이중적으로 행해졌으며, 수탈의 대상은 토지가 아닌 노동력이라고 하였다. 또한 부곡제는 삼한이 삼국으로 통합하는 과정에서 발생했으며, 토호와 촌락적 집단과의 예속관계가 부곡제 발생의 시원적 형태라고 규정하였다. 특히 이러한 시원적 형태는 삼국시기 군현제를 편성할 때 지방토호세력을 회유하기 위해 국가가 주민들을 지배하도록 허용했다고 보았다.

따라서 부곡제의 성립시기를 3단계로 구분하였다. 1~2세기는 부곡제의 시원적 형태가 처음 발생한 시기이고, 3~5세기는 부곡제가 군현제의 일환으로 존재했지만, 국가의 지배가 철저하게 관철되지 않았던 반면, 6세기는 토호들의 지배하에 있던 부곡제가 군현제의 일환으로 제도화되었기 때문에 부곡제의 확립시기라고 하였다. 이것은 저자가 삼국시대의 사회성격을 노예사회로 규정하는 전제가 되고 있으며,[9] 삼국을 선행사회의 연속선상에서 파악함으로써 부곡제 발생의 시작을

18

삼한말기 토호세력들 간의 통일과정에서 찾으려는 데 목적이 있다.

김세익은 임건상의 저서에 대해 몇 가지 문제점을 지적하였다. 먼저 지방 토호세력이 봉건정권과 타협하면서 6세기에 부곡제가 확립되었다는 것에 대해 봉건적인 관계는 국왕과 토착세력들 간에 맺어진 봉건적 주종관계로 규정된 것이 아니고, 그에 선행한 토지소유에 따라 수립된다고 보았다. 다음으로 부곡제에 대한 수탈은 전세는 국가에서, 부역과 공물은 부곡장을 통해 향리인 호장이 착취했다고 했는데, 이것을 사료로 입증하지 못했다고 하였다.

1969년에는 일본인 학자가 所에 거주하는 주민의 신분을 집단천민으로 규정하였다.

北村秀人, 1969, 「高麗時代の'所'制度について」, 『朝鮮學報』 50.

北村秀人은 그동안 연구자들이 소의 특성을 고려하지 않고, 향·부곡과 동질적인 것으로 보려는 견해를 비판하였다. 이 논문에 의하면 고려초에 생겨난 소는 국가가 필요로 하는 각종 물품을 전문적으로 생산하여 공납하는 기구로서, 소에 대한 수취는 중앙 정부가 직접 담당했다는 견해를 제시하였다. 이러한 사실은 戶部가 일반 군현의 수취를 주관했던 것과 차이가 있으며, 이는 일찍이 임건상이 부곡과 향에 대한 수취는 국가가 직접 통제하는 부곡장을 통해 실현했다는 견해와 일치한다는 점에서 부곡제 천인론으로 파악할 수 있다.

1970년대 국내에서는 부곡을 단일 주제로 한 논문을 거의 상정하지 못했다. 다만 이수건은 그가 발표한 일련의 논문10) 중에서 부곡의 성

---

9) 정찬영·김세익, 「조선 노예소유자사회의 존재시기문제에 관한 논쟁개요」, 『역사과학』, 1961년 3월호.

10) 李樹健, 1971, 「朝鮮初期 郡縣制 整備에 대하여」, 『嶺南史學』 1 ; 李樹健,

격에 대해 언급하였다. 부곡은 面정도의 군현의 하부행정단위이며, 고대국가가 통일하는 과정에서 피정복민이나, 포로들의 집단수용지로서 반역한 지역을 전체적으로 천민화했다고 하였다. 한편 1976년 홍승기도 부곡인의 신분을 천민으로 해석하였다.[11]

1980년대 이후 부곡인 천인론의 입장을 견지한 연구는 다음 논문이 참고된다.

① 오일순, 1985, 「高麗前期 部曲民에 관한 一試論」, 『學林』 7.
② 오일순, 2000, 『高麗時代 役制와 身分制 變動』, 혜안.

오일순은 부곡민의 존재를 전시과 토지를 경작하는 전호로 파악하였다. 그리고 부곡인의 수취는 군현이 관장하며, 수취율 4분의 1稅로서 군현민의 10분의 1稅보다 부담이 컸음을 밝혔다. 특히 부곡인을 一品軍에 비교하고, 여러 노역에 종사하는 천민으로 이해하였다. 그의 연구는 토지소유와 관련하여 부곡인의 존재를 해명하려고 했다는 점에서 의의가 있다.

한편 오일순은 고려전기 부곡민을 雜尺層에 포함시키고, 잡척층이 일반 양인과 차별되었다는 점에서 부곡민을 천인으로 규정하였다.

① 이홍두, 2004, 「古代 身分制와 部曲 - 부곡의 발생·발전을 중심으로 - 」, 『東國史學』 40.
② 이홍두, 2002, 「高麗 部曲人의 身分과 法制規定」, 『實學思想研究』

1972, 「朝鮮朝 郡縣制의 一形態 - 越境地에 대하여 - 」, 『東洋文化』 13, 영남대 ; 李樹健, 1975, 「土姓研究」, 『東洋文化』 16 ; 李樹健, 1978, 「高麗前期 土姓研究」, 『大邱史學』 14.
11) 홍승기, 1976, 「고려귀족국가의 사회구조」, 『한국사』 5, 국사편찬위원회.

22.

③ 李弘斗, 2000, 「高麗 部曲과 收取體制」, 『實學思想研究』15·16합
집.
④ 李弘斗, 1999, 「高麗 部曲의 郡縣昇格과 賤人의 身分上昇」, 『實學
思想研究』10·11합집.

이홍두는 부곡인을 천인으로 규정하고, 부곡의 발생과 발전 문제를
고찰하였다. 이때 부곡의 연원을 삼한시기 호민에게 예속된 하호에서
찾았으며, 삼국이 군현제를 실시하는 과정에서 노비 신분인 하호가 천
민집단의 부곡으로 편제되었다고 보았다.

이홍두는 『고려사』 법제규정을 고찰하고, 부곡인의 신분이 천인임
을 밝혔다. 먼저 부곡인에게 과거응시와 국학 입학을 금지한 선거규정
을 고찰하였고, 다음으로 부곡인이 군현인과 혼인하면 그 자손은 '若
父若母 一賤則賤'의 법칙에 따라 부곡인이 되고, 부곡인의 소유는 '賤
者隨母法'에 따라 결정되었음을 언급하였다. 그리고 부곡인이 간통했
을 때의 형벌도 양인과 차이가 있었던 사실을 들어 부곡인을 천인으
로 규정하였다. 결론적으로 부곡인 천인론은 『고려사』의 "五逆·五賊
·不忠·不孝·鄕·部曲·樂工·雜類子孫 勿許赴擧"에 근거를 두고
있다.

이홍두는 부곡제 양인론자들이 부곡제를 국가수취의 公的 대상으
로 삼았던 수취체계에 대해 검토하였다. 고려전기 부곡인은 지주에게
田租를 바치는 佃戶의 처지에 있었고, 力役과 調布의 수취에 있어서
도 부곡민은 일반 군현민에 비해 차별을 받았음을 확인하였다. 물론
이러한 차별을 신분적 차별로 볼 수 있는가 하는 문제는 더 실증적인
연구가 뒤따라야 할 것이다.

아울러 경주부가 관할하는 부곡의 존재형태를 통해 부곡인이 천인

임을 논증하였다. 나말여초 호족연합정권시기에는 전쟁포로를 집단으로 부곡에 거주케 한 것과 고려왕조에 반기를 든 신라지역을 부곡으로 강등시킨 사실을 고찰하였다. 그리고 월경지의 존재와 군현제 정비에 관해 연구하였다. 고려말 향·부곡 등 임내지역은 10여 현에 이르고, 큰 것은 본 고을의 호수보다 많은 데도 한두 명의 호장이 다스림으로써 백성들의 소요가 끊이지 않았는데, 그 이유는 여말선초까지 각 지역에는 막강한 호장의 토착세력이 부곡민을 장악했다고 하였다.

또 이홍두는 고려후기 천민집단의 부곡인이 군현승격을 통해 양인으로 신분상승하는 과정을 고찰하였다. 부곡인의 신분상승은 무신란 이후 크게 증대하였고, 몽고복속기에는 그 폭이 더욱 확대되었다. 邑號昇格을 통한 부곡인의 신분상승은 몽고어를 능숙하게 구사한 역관과 몽고 황실의 권력에 유착한 고려 부곡 출신 환관이 주도하였다. 이때『세종실록』지리지를 통해 확인된 신양인의 숫자는 대략 1만여 명이라고 하였다.

2) 부곡인 양인론의 성과

부곡인 양인론은 해방 이후 북한학계에서 먼저 시작되었다.[12] 북한학계가 레닌의 계급론에 따라 피지배계급을 노예·예속민·소농민으로 규정하는 데는 일치했지만, 노예론자들은 부곡민이 속한 예속민을 천인으로 파악한 반면, 봉건론자들은 농노로 해석하였다.[13] 따라서 봉

---

12) 이러한 논쟁은 노예론자들이 삼국시대의 생산대중을 '고대동방적 노예'로 파악한 반면, 봉건론자들은 소농민의 존재를 중시하고, 국가와 소농민간의 관계를 강조하여 일반민 신분의 범위를 확대하려고 했기 때문이다(사회과학원 력사연구소, 1977,『조선통사』상).

13) 조법종, 1994,「한국고대 신분제연구」,『국사관논총』52, 106~108쪽.

22

건론자들이 부곡인 양인론의 효시인 셈이다. 한편 이우성은 1966년 북한학계의 연구 성과를 토대로 부곡인 양인론을 제기하였고, 1980년대 김용덕은 이를 계승하였으며, 이어서 박종기가 양인론을 완성하였다. 여기서는 한국학계 부곡인 양인론의 성과를 살펴보려고 한다.

부곡인 양인론에 대해서는 이우성의 다음 논고가 있다.

> 李佑成, 1966,「高麗末期 羅州牧 居平部曲에 대하여」,『震檀學報』29
> ・30합집.

이우성은 부곡인 천인론이 엄밀한 사료비판을 결여했다고 보고, 실증적 방식에 주목하여 논지를 전개한다고 하였다. 먼저 여말선초 정도전의 유배지인 나주목 거평부곡민들이 조세를 납부할 때 일반 군현민과 차등이 없었으며, 또한 다양한 성씨로 구성된 결과 신분적 배타성을 찾을 수 없다는 사실을 가지고 부곡인 양인론을 제기하였다. 그러나 고려말 부곡인은 이미 신양역천으로써 양인신분의 상태였기 때문에 거평부곡민을 천민으로 볼 수 없다는 그의 논리는 설득력이 떨어진다. 다만 그의 연구는 최초로 부곡제 천인설을 부정했다는 점에서 연구사적 의미가 크다고 하겠다.

이우성의 성과에 힘입어 1971년에는 武田幸男이 이우성의 양인론에 동조하는 논고를 발표하였고,[14] 1980년에는 김용덕이 부곡인에 대한 법제규정을 검토하여 부곡인 양인론을 제기하였다.

> 金龍德, 1980・1981,「部曲의 規模 및 部曲人의 身分에 대하여」(上)
> ・(下),『歷史學報』88・89.

---

14) 武田幸男, 1971,「朝鮮の律令制」,『岩波講座世界歷史』6, 78쪽.

　김용덕은 먼저 부곡인에 대한 법제규정을 세밀히 검토한 다음, 천인론자들이 근거로 사용한 자료를 재해석하는 방법을 취하고 있다. 다시 말해서 인종대 최고위기관인 式目都監에서 "천인과 향·부곡인에게는 국학 입학을 허락하지 않는다"[15)]고 한 사료 가운데 '賤鄕部曲人'을 武田幸男이 새긴 것처럼 '賤人及鄕部曲人'으로 읽어 '賤'字는 노비를 의미하며, 따라서 향, 부곡인은 양인이라고 하였다.[16)]

　김용덕은 부곡인을 양인으로 해석할 수 있다면, "부곡인의 형벌은 노비와 동등하게 적용한다"는 『고려사』 형법지 1, 간비조도 부곡인의 신분이 천민이었다는 증거가 될 수 없다고 하였다. 특히 고려율은 당율을 그대로 따랐다는 견해[17)]를 전제로 私賤인 당나라 부곡은 주인이 있지만, 고려 부곡은 지역을 의미하기 때문에 양인이라고 하였다. 아울러 "군현인과 진·역·부곡인이 혼인해서 생긴 자손은 전부 진·역·부곡에 속하게 한다"[18)]는 사료를 갖고 부곡인을 천인이라고 한 것은 비약이라고 하였다. 그러나 고려시대 자손의 신분은 '若父若母一賤則賤'의 법칙에 따라 귀속되었던 사실을 부정하지 않는다면, 김용덕의 양인론은 부곡민의 신분을 미리 양인으로 설정하고 사료 해석을 거기에 맞추는 오류를 범한 셈이다.

　한편 조선초기 부곡은 鄕亭的 의미를 갖는다는 점에서 부곡인의 신분이 양인이라고 하였다. 또한 "정종 11년(1045) 4월판의 五逆·五賤·不忠·不孝와 향·부곡인과 악공·잡류는 과거응시를 금한다"는

---

15) 『高麗史』, 選擧志2 學校條, "(前略) 賤鄕部曲人等子孫及身犯私罪者 不許入學".
16) 김용덕, 1980, 앞의 논문, 49~50쪽.
17) 武田幸男, 1971, 앞의 논문, 74쪽 ; 濱中昇, 1980, 「고려에 있어서의 당율의 繼受와 歸鄕刑·充常戶刑」, 『歷史學硏究』 483, 33쪽.
18) 『高麗史』 刑法志1, 戶婚條.

사료 중 악공과 잡류 신분을 양인으로 해석한 다음, 이를 근거로 부곡인의 신분을 양인으로 규정하였다.

부곡인 양인론에 대한 연구는 1980년대 박종기에 의해 본격적으로 연구되었는데, 부곡인의 신분을 법제규정과 관련하여 연구하였다.

① 朴宗基, 1980, 「高麗時代 鄕 部曲의 變質過程」, 『韓國史論』 6.
② 朴宗基, 1981, 「13세기 초엽의 村落과 部曲」, 『韓國史研究』 33.
③ 朴宗基, 1984, 「高麗 部曲制의 構造와 性格 - 收取體制 運營을 중심으로」, 『韓國史論』 10.
④ 朴宗基, 1985, 「部曲制 分布에 관한 基礎的 整理」, 『韓國學論叢』 7.
⑤ 朴宗基, 1986, 「高麗의 部曲吏」, 『高麗史의 諸問題』, 삼영사.
⑥ 朴宗基, 1988, 「新羅時代 鄕 部曲의 性格에 대한 一試論」, 『韓國學論叢』 10.
⑦ 朴宗基, 1990, 『高麗時代 部曲制研究』, 서울대학교출판부.

박종기는 13세기 초엽 부곡의 존재형태를 밝히기 위해 松廣寺가 소장한 '國師當時大衆及維持費'를 분석하였다. 문서를 통해 부곡지역의 유리화 현상과 부곡리의 이탈 현상이 부곡의 생산력을 약화시켜 촌락 발달의 불균형을 가져오고, 호장이 부곡을 지배하는 계기가 되었다고 했다. 그런데 당시 부곡의 군현화 현상에 대해 대부분의 연구자들은 부곡인의 신분해방운동의 결과로 인식하였다. 그러나 박종기는 부곡의 군현화를 통한 신분상승을 고려정부가 귀족들에 의한 사유화 현상을 억제하면서 토지지배를 관철하려는 것으로 의미를 축소하였다. 왜냐하면 부곡인을 양인으로 규정하는 입장에서 부곡인의 신분상승은 논리적 모순이기 때문이다.

아울러 군현제적 특성과 신분제적 특성 위에서 부곡제의 구조적 특성을 해명하려는 종래의 방식에서 벗어나 수취체제 일반과 관련시켜 부곡제의 구조적 특성을 해명하였다. 그동안 천인론자들은 鄕·部曲·所·莊·處로 지칭되는 부곡제를 州·府·郡·縣과 별개의 독립된 특수행정기관으로 보았다. 貢賦 역시 소관하는 특정 官司가 주관했다고 하였다. 여기서 박종기는 중국 부곡과 한국 부곡이 상호 다르다는 사실을 전제로 부곡제 주민도 군현인과 똑같이 국가에 대해 조세와 역역을 부담한 공역 부담자층이었다고 하였다. 그러나 그의 견해는 연역적 관점에서 사료를 해석하는 경향이 있다.

아울러 부곡제의 명칭과 이들의 성씨관계기록, 지리적 위치 등을 중점적으로 정리하였다. 그리고 고려시대 部曲吏의 신분이 법제적으로 양인이었음을 동일한 限品이 적용되었던 중앙의 하급이족신분층인 잡류층과 연계하여 이해하였다. 한편으로 신라시대 향과 부곡은 천인집단이라는 통설의 문제점을 지적하여 신라시대 향과 부곡이 군현제하의 기본 단위로서 양인이며, 고려 부곡제는 태조대 이후 고려 군현제가 본격적으로 정비되면서 형성되기 시작했다고 하였다. 박종기는 1990년『高麗時代 部曲制研究』를 단행본으로 출간하여 그의 부곡인 양인론을 완성하였다.

부곡제에 대한 연구는 이후에도 계속되었으며, 다음의 논고가 주목된다.

① 朴宗基, 1991, 「高麗 部曲人의 身分과 身分制 運營原理」, 『韓國學論叢』 13.
② 朴宗基, 1997, 「高麗 後期 部曲制의 소멸과 그 원인」, 『韓國 古代·中世의 支配體制와 農民』, 金容燮敎授停年紀念韓國史學論叢刊行委員會.

③ 朴宗基, 2000,「朝鮮初期의 部曲」,『國史館論叢』92.

박종기는 부곡인의 법제상 신분적 지위에 대해 고찰하였다. 그동안 부곡인 천인론이 실증적 근거로 삼았던『고려사』의 "五逆·五賤·不孝·不忠한 자와 부곡인 잡류는 과거응시를 금지한다"[19]는 규정을 "부곡인과 잡류 중 五逆 이하 不忠의 죄를 범한 자들만 과거응시를 금지한다"고 해석하였다. 부곡인의 국학 입학을 금지한다는 근거였던 賤鄕部曲人等子孫의 '賤字'를 향 부곡인 중 앞에서와 같은 죄를 저지른 자들로 해석하였다. 또한『고려사』에 군현인과 부곡인이 혼인해 낳은 자손은 부곡인으로 한다는 규정도 양천간의 혼인을 엄금한 데 비추어 부곡인이 양인임을 밝혀주는 것이라고 하였다. 한편 고려후기 부곡제의 소멸과 그 원인에 대해 고찰하였다. 여기서 부곡제 해체는 부곡민의 유망에 대해 국가가 감무를 파견하고 공호를 편성한 것이 원인이지만, 수취체제의 모순과 생산력 발전 등 사회경제적 변동과 밀접한 관련이 있다는 견해를 제시하였다.

박종기는 조선초기 부곡은 어떻게 소멸되었으며, 부곡 개편 이후 부곡지역은 어떤 형태로 존재했는가를 밝혔다. 고려시대 부곡개편이 부곡지역을 군현화하는 방식이었다면, 조선은 부곡지역을 주변 군현에 내속화시켜 사실상 해체 소멸시키는 방식이었다. 고려시대 향·부곡·소·장·처를 포함한 부곡의 숫자는 900여 개였지만, 태종 13년(1413)을 전후해 대부분 소속 군현에서 떼어내 다른 지역에 來屬시켰다.『세종실록』지리지 편찬 당시(1425)까지 잔존한 것은 향 16, 부곡 57, 소 19, 장 4, 처 5 개 등 101개 였지만, 실재 존재한 것은 훨씬 적었

---

19)『高麗史』卷73, 選擧1 科目1, "(靖宗)十一年四月判 五逆五賤不忠不孝鄕部
   曲樂工雜類子孫 勿許赴擧".

으며, 『신증동국여지승람』 편찬 당시(1530)까지 잔존한 부곡은 '廢縣
條'에 13개가 있다. 폐현은 해당 군현의 일부가 來屬化 과정의 결과로
나타난 것인데, 대부분 해당 군현의 村이나 里 단위로 편제되었다.

3. 조선초기 월경지의 연구현황

고려전기는 정치적으로 안정되었기 때문에 천인의 양인화가 엄격
히 규제되었다. 그러나 무신집권기부터 신분질서가 동요함에 따라 몽
고복속기와 공민왕대를 거치는 동안 부곡인의 양인화는 그 폭이 점차
확대되었다. 특히 환관·설인·응방 등이 몽고 황실을 배경으로 출신
지역의 郡縣化를 광범하게 실현시킨 결과 다수의 부곡인들이 양인이
되었다. 이와 같이 고려시대 부곡개편이 부곡의 군현화를 통해 이루어
졌다면, 조선시대는 임내지역을 이웃 군현에 병합시킴으로써 부곡을
해체 소멸시켰다.

조선초기 월경지에 대한 연구는 다음과 같다.

① 旗田巍, 1961, 「高麗·李朝時代における郡縣制の一形態 - 慶尙道
　安東府の屬縣部曲の編成と飛地 - 」, 『朝鮮中世社會史の研究』.
② 李樹健, 1972, 「朝鮮朝 郡縣制의 一形態 '越境地'에 대하여」, 『東
　洋文化』 13.

旗田巍는 경상도 安東府 소속의 속현과 부곡의 지리적 위치를 고
찰한 다음, 그것이 飛入地化 할 수밖에 없었던 원인을 추구하여 군현
제 편성의 일단을 밝히려고 하였다. 그는 비입지의 발생을 속군현의
독립에서 찾았는데, 이때 임내의 독립은 고려왕조의 신분적 성격을 반

영한 것이라고 하였다. 이수건은 월경지의 발생 원인을 주읍에 대한 해산물 제공과 공물의 진상 등 국가수취를 위한 경제적 토대에서 찾았다. 그러나 이러한 연구는 광범한 지역을 연구함으로써 특정 지역의 사례연구가 더욱 필요하였다.

이후 지역을 중심으로 하는 연구가 이루어졌는데 다음과 같다.

① 崔炳云, 1979,「高麗・朝鮮時代의 '飛入(越境)地' - 朝鮮時代 全州府의 '飛入地'를 中心으로 - 」,『全羅文化研究』1.
② 李佑成, 1983,「李朝時代 密陽古買部曲에 대하여 - 部曲制의 發生 形成에 관한 一推論」,『震檀學報』56.
③ 李仙熹, 1998,「朝鮮初期 慶州소속 越境地의 존재양태 - 北安谷部曲을 중심으로」,『中央史論』10・11합집.
④ 李弘斗, 2000,「慶州府 所屬 部曲의 存在形態」,『慶州文化研究』3.

최병운은 전주부의 飛入地와 위치를 살핀 다음, 고려・조선시대의 비입지에 대해 그 형성 원인 및 배경, 존속 배경, 행정 관계 등을 고찰하였다. 여기서 비입지는 본질적으로 모두 임내라고 규정하였다. 그러나 조선초기 이후 향・소・부곡 등은 집단천민 거주지가 아니라고 하였다.

이우성은 부곡인 양인론의 초기 연구를 보완하기 위해 부곡의 발생 문제를 검토하였다. 밀양 소속의 越境處 古旀里가 古買部曲이 되는 것을 통해 부곡의 시원적 형태를 고찰하였다. 당시 월경처는 주민들의 자유로운 이동에 따라 형성되었으며, 본읍에서 월경처로 이동한 주민들을 지배하기 위해 이 지역을 부곡으로 편제했다고 하였다. 이우성의 이러한 연구는 그동안 부곡의 발생을 고대국가 형성시 예속민집단의 발생과 연결시켜 이해했던 천인론자들의 연구방법을 극복했다는 평가를 받았다.[20] 그러나 여기서 古旀里가 古買部曲이 되었다는 사실을 부곡 발생의 논리적 근거로 삼고 있지만, 고며리의 출처인『경상도지리지』(1432)와 고매부곡의 출처인『신증동국여지승람』(1530)을 편찬할 당시는 이미 부곡이라는 지방행정단위가 존재하지 않았던 사실을 감안한다면, 부곡의 발생을 전제로 주장한 양인론은 설득력이 크게 떨어진다.[21]

이선희는 경주소속 월경지인 북안곡부곡이 조선후기에 4개 리로 분화되면서도 여전히 월경지로 존속한 이유를 경주와의 행정적·인적 관련성을 검토하였다. 이것은 그동안의 월경지 연구가 군현제를 이해하는 중요한 단서로서 그 위치를 확고히 하였지만, 군현제는 중앙집권적 행정체계이기 때문에 소속읍과 소속지가 분리되는 월경지는 군현제 정비밖에 연구할 수 없다는 한계를 지적하면서, 월경지의 분포상황을 집중적으로 거론하였다.

이홍두는 경주부가 관할하는 부곡의 존재형태를 통해 부곡인이 천인임을 논하였다. 나말여초 호족연합정권시기에는 전쟁포로를 집단으로 부곡에 거주케 한 것과 고려왕조에 반기를 든 신라지역을 부곡으로 강등시킨 사실을 고찰하였다. 그리고 월경지의 존재와 군현제 정비에 관해 연구하였다. 고려말 향·부곡 등 임내지역은 10여 현에 이르고, 큰 것은 본 고을의 호수보다 많은 데도 한두 명의 호장이 다스림

---

20) 朴宗基, 1990,『高麗時代 部曲制研究』, 서울대학교출판부, 17~18쪽.

21)『세종실록』지리지 전라도 전주목의 본문 세주에 "太宗九年 以都觀察使尹向陳言 道內縣鄉所部曲皆合于本官 今錄古屬者 以備後日之稽考耳 後皆倣此"라고 한 사실은 당시 부곡의 행정단위 기능의 존패에 대해 말하고 있다. 다시 말해서 태종 9년(1409) 이전에는 부곡이 독자적인 행정단위였지만, 그 이후에는 주현에 합해진 결과 행정단위의 부곡이 소멸되었음을 알 수 있다.

으로써 백성들의 소요가 끊이지 않았는데, 그 이유는 여말선초까지 각 지역에는 막강한 호장의 토착세력이 부곡민을 장악했다고 보았다.

① 朴宗基, 1982, 「14~15세기 越境地에 대한 再檢討」, 『韓國史研究』 36.
② 金東洙, 1991, 「朝鮮初期 郡縣體制의 改編 - 州縣化 및 屬縣化, 任內의 이속작업 및 越境地의 정비작업을 중심으로」, 『澤窩許善道教授停年紀念韓國史學論叢』.

박종기는 지방사회의 발전과정 속에서 나타나는 자율적인 운동과정의 한 형태라는 점에 착안하여 당시의 사회변동과 관련하여 논지를 전개하였다. 이 같은 연구는 그동안의 월경지 연구가 군현체제 범주에서만 연구되었으며, 월경지 전반에 대한 연구보다는 일부 지역의 사례 내지는 飛地 현상을 극복하는 차원에서 이루어졌다. 따라서 월경지의 출현은 지방사회구조의 변동과 발전의 결과이며, 한편으로 당시 농업 기술 및 농업의 발달과 밀접한 관련이 있다고 하였다. 김동수는 월경지의 발생과 존속의 배경을 인구의 증가와 이동에서 찾으려고 하였다. 월경지에 대한 기존의 연구가 군현제와 수취체제를 중심으로 연구되었다면, 이들의 연구는 사회경제사적 연구시각을 제시했다는 점에서 역사적 의의가 있다고 하겠다.

4. 부곡 연구의 과제와 전망

한국 부곡 연구를 더욱 심화시키기 위해 필자는 다음 몇 가지를 제안한다. 먼저 부곡제라는 통시대적 범주를 탈피해야 한다. 부곡제는 임건상과 박종기가 주로 사용한 용어로서 향·소·부곡·진·역 등 신분과 수취체제가 동일한 고려전기에 한해 유용한 개념이기 때문이다. 다음으로 그동안 부곡 연구는 군현제 정비를 이해하기 위한 수단으로 연구되었을 뿐 부곡의 존속 여부를 밝히는 차원에서 크게 벗어나지 못했다. 앞으로는 개별 부곡의 생성, 발전, 소멸과정을 일목 요연하게 연구할 필요가 있다. 마지막으로 여말선초 이후 사회변동에 따라 부곡의 다양한 용례가 등장한다. 부곡이 부대를 뜻하거나 권력자의 수하·당여를 의미하는데, 이것은 조선시대의 시대성격을 반영하는 역사적 용어다. 여기서는 이러한 문제를 차례로 살펴보려고 한다.

부곡에 대한 개별적인 연구는 다음의 논고가 참고된다.

① 차용걸, 2000, 「忠北의 鄕·所·部曲」, 『忠北鄕土文化』 11.
② 이윤석, 2000, 「鎭川郡의 鄕·所·部曲」, 『忠北鄕土文化』 11.
③ 이선철, 2000, 「忠州地域의 部曲制 - 多仁鐵所를 중심으로 - 」, 『忠北鄕土文化』 11.

위의 세 논문은 『忠北鄕土文化』 11집에 실린 것으로 충북지역의 부곡제를 공동으로 연구하였다. 이 잡지에는 몇 편의 부곡제 논문이 더 실려 있다.[22]

차용걸은 『세종실록』 지리지와 『신증동국여지승람』의 내용을 비교하여 충북지역에 소재한 鄕·所·部曲·莊·處의 발생시기와 기능 및 소멸에 대해 고찰하였다. 여기서 향과 부곡은 고려 이전에, 所·莊·處는 고려시기에 발생하였고, 지방의 주군현에 소속된 향·소·부곡에도 토착 성씨가 존재하였지만, 이들은 주군현보다 심한 성씨 이동

---

22) 김상의, 2000, 「陰城의 鄕·部曲·處」, 『忠北鄕土文化』 11 ; 金義煥, 2000, 「部曲制 硏究現況에 대한 검토」, 『忠北鄕土文化』 11.

이 있었음을 밝혔다. 그리고 월경처로 존재한 향·부곡은 조선시대에 점차 소멸되어 명칭이 面里로 전환되었지만, 1914년까지 경제적 생활권이 포위된 채 행정적으로는 여전히 소재한 고을에 예속되었다고 하였다. 월경처의 이러한 차별적 관계가, 신분제가 소멸된 1894년 이후에도 존재했다는 견해는 매우 주목된다.

이윤석은 조선초기 지리지를 중심으로 현재 진천군 내의 향·소·부곡에 관한 지리적 위치에 주목하였다. 그는 금천향은 만승면 금곡리 금천마을, 협탄소는 백곡면 갈월리, 향림부곡은 이월면 송림리 향림마을로 비정하였다.

이선철은 충주지역에 존재했던 부곡제에 대해 연구했는데, 이들은 15세기에 모두 소멸되었지만, 多仁鐵所는 그들의 생업 때문에 그대로 유지되었을 것으로 추정하였다. 다인철소는 현재 충주시 이류면이며, 대몽항전시 공을 세워 翼安縣으로 승격되었다고 하였다. 이선철이 부곡제는 조선초기에 소멸되었지만, 이는 행정 조직상의 소멸이고, 부곡민들이 그들의 생업을 그대로 이어갔다는 견해는 부곡제의 신분변동이 실현되지 않았다는 뜻으로 인식될 수 있기 때문에 신중할 필요가 있다.

다음의 논문들은 조선초기 부곡이 소멸한 이후 부곡의 다양한 성격과 관련하여 작성하였다.

① 李弘斗, 1998,「部曲의 意味變遷과 軍事的 性格」,『韓國史研究』 103.
② 李弘斗, 2000,「朝鮮時代 部曲의 諸性格」,『白山學報』 56.

이홍두는 한국 부곡의 사회신분을 삼국시대 양인, 고려시대 천인, 조선시대 양인으로 규정하였다. 여기서 나말여초 부곡은 호족의 사병이었으며, 조선중기 이후의 부곡은 군대편제적 성격이 있다고 하였다. 일찍이 旗田巍는 나말여초 부곡은 호족의 집단예민이었다는 견해를 피력하였다. 김용덕은 조선시대 부곡은 主邑의 部下, 麾下라는 점이 군대의 통속관계를 연상시킨다고 하였지만 군대편제적 의미에 대해서는 부정하였다.[23] 조선시대 부곡의 용례 가운데 군대편제적 성격이 있다고 주장한 이홍두의 견해는 기존 학계의 통설과 차이가 있다. 따라서 앞으로 부곡 연구의 디딤돌로 삼아야 할 것이다.

이홍두는 조선시대 부곡은 군대편제적 의미뿐만 아니라 지방행정단위, 鄕亭的 의미, 군대편제적 의미, 권력자의 手下·黨與·門客 등 다양한 뜻으로 쓰였음을 밝혔다. 지방행정단위와 향정적 의미로 쓰인 것은 주로 조선전기에 많았고, 군대편제적 의미는 조선중기에 많았으며, 수하·당여·문객의 의미로 쓰인 것은 조선후기에 많았다고 하였다. 이 가운데 군대편제적 의미와 수하·당여·문객을 가리키는 경우는 고려시대 부곡의 천민적 용례처럼 조선시대의 시대성격을 반영하는 역사적 용어로 사용할 것을 제안하였다.

5. 맺음말

한국의 부곡제 연구는 일찍부터 역사학계의 관심을 끌었다. 부곡제의 존재는 신분제도·지방제도·수취제도와 연결되어 한국 중세사회를 이해하는 관건이라고 인식했기 때문이다. 부곡인의 신분에 대해서는 천인설과 양인설로 크게 구분할 수 있다. 그런데 양인론자들은 한국 부곡의 독자성을 강조한 나머지, 천인론자들이 중국과 일본 부곡의

---

23) 金龍德, 1981, 「部曲의 規模 및 部曲人의 身分에 관하여(下)」, 『歷史學報』 89, 86쪽.

천인설을 한국사에 비판없이 적용했다고 하였다. 그러나 양인론자들도 부곡인의 신분을 규정한 『고려사』 사료를 자의적으로 해석하는 오류를 범하고 있다. 특히 부곡인을 통시대적으로 해석하여 양인으로 규정하면, 고려말 부곡의 군현승격에 따른 부곡인의 광범한 신분상승을 설명할 수 없을 뿐만 아니라 조선시대 이후의 부곡을 연구하는 데도 장애가 된다.

고려말 부곡의 개편이 부곡의 군현승격을 통해 이루어졌다면, 조선 초기는 임내지역을 소재 군현에 병합시킴으로써 부곡을 해체 소멸시켰다. 월경지에 대한 초기 연구 중 旗田巍는 飛入地의 발생을 屬郡縣의 독립에서 찾았으며, 이수건은 越境地의 발생 원인을 주읍에 대한 해산물 제공과 공물의 진상 등 국가수취와 관련한 군현제에서 찾았다. 그러나 소속읍에서 분리되어 있는 월경지는 군현제와 배치되기 때문에 군현제하의 월경지 연구는 한계가 있을 수밖에 없다. 따라서 앞으로 월경지 연구는 월경지의 소재 여부뿐만 아니라 그것의 생성, 발전, 소멸 과정을 집중 연구할 필요가 있다.

한편 부곡제라는 개념은 고려전기처럼 鄕·所·部曲·莊·處·津·驛 등이 신분과 수취체제에서 동일한 측면이 인정될 때 유용한 개념이다. 이들 부곡제는 여말선초 이후 해체되어 각각 성격이 변동되었기 때문에 통시대적으로 부곡제라고 묶을 수가 없다. 따라서 향·소·부곡 등 단일 주제를 연구할 때는 부곡제 대신 특정 주제에 한정하여 논지를 전개할 필요가 있다. 한국 부곡의 성격 중 고려시대 천신분의 부곡이 조선시대에 이르러 어떻게 軍隊編制的 성격과 권력자의 手下·黨與·門客的 의미로 쓰였는지에 대한 심층적인 연구가 요구된다. 아울러 이러한 용어를 조선시대의 시대성격을 반영하는 역사적 용어로 사용할 것인지도 규명할 필요가 있다.

제 1 부
고대 신분제와 부곡의 발생

고대 사회의 예속민과 부곡

1. 머리말

고대사회의 인적구성은 농민과 노비로 구분할 수 있다. 그런데 두 계급 사이에는 농민도 노비도 아닌 집단천민의 예속민이 있었다. 삼한 시기 예속민은 하호이고, 삼국시대 예속민은 부곡민이다. 신라에는 특수 행정구역에 부곡이라는 집단천민이 있었다. 『신증동국여지승람』의 "신라가 州·郡을 정할 때 그 인구와 호수가 현이 될 수 없는 곳은 향 또는 부곡으로 삼고 소재한 고을에 예속시켰다"[1]고 한 기록이 그것이다. 백남운은 여기의 설명으로만 본다면, 신라 부곡은 일종의 행정구역이지만, 鹽卒·歸化·造紙·躬耕部曲 등 부곡의 명칭을 검토할 때 부곡은 씨족에서 분화된 특수 부족집단임을 알 수 있다[2]고 했다. 따라서 특수 부족집단을 종족노예로 규정한다면, 삼한의 종족노예는 하호이고, 삼국의 그것은 부곡인 셈이다. 즉, 하호는 삼한의 중심 소국이 주변 소국을 정복·병합하는 과정에서 예속민[3]이 되었고, 삼국의 부

---

1) 『新增東國輿地勝覽』 卷7, 驪州牧 古跡 登神莊條, "新羅建置州郡時 其田丁
   戶口 未堪爲縣者 或置鄕 或置部曲 屬于所在之邑".
2) 白南雲, 1933, 「部曲制の歷史的意義」, 『朝鮮社會經濟史』, 改造社.
3) 예속민을 노예와 농노 중 어떤 계급으로 보느냐에 따라 고대노예제사회 내
   지는 중세농노제사회가 된다. 예속민에 대한 이러한 상반된 해석은 부곡민

곡은 군현의 하부행정단위로 전환하면서 집단천민이 되었으며, 신라 하대 부곡은 이미 屬縣으로 전락하였기 때문에 領縣의 군현에 예속될 수밖에 없었다.

그동안 북한학계는 1930년대 백남운의 부곡민 노예설을 계승하여 부곡민을 "피정복민" 내지는 "종족노예"로 규정하였다.[4] 반면에 남한 학계는 삼국통일 後 城·村을 현으로 재편할 때 고을의 세력이 현에 미치지 못하는 촌을 부곡으로 삼았다[5]는 것과, 부곡은 8세기 이후에 그 명칭이 처음 발견된다[6]는 사실을 가지고 부곡인을 양인으로 해석 하였다. 그러나 남한학계 역시 부곡민을 천민으로 해석하는 소수의 연 구자들이 있다.[7]

따라서 여기서는 삼한의 노비였던 하호가 삼국이 집권적 지배체제 를 확립해 가는 4세기에 계층분화를 통해 부곡민이 되었으며, 신라하 대에 이르러 속현의 부곡이 영현의 군현에 종속되었던 역사적 사실을 전제로 논리를 전개하려고 한다. 먼저 삼한사회 읍락의 구조 및 호민 과 하호의 신분적 예속관계를 분석하여 부곡의 발생 문제를 살펴보고, 다음으로 삼국시대 부곡이 군현의 하부행정단위로 전환되는 과정을 통해 부곡의 법제적 예속관계를 고찰하며, 마지막으로 후삼국시대 임 내지역의 부곡이 군현에 종속되는 사례를 통해 부곡의 발전 문제를

의 신분규정에 직접 관계가 있다. 즉, 예속민을 노예로 해석하면 부곡민은 천민이 되지만, 농노로 해석하면 양인이 된다.

4) 임건상, 1963, 『조선의 부곡제에 관한 연구』, 과학원출판사.

5) 李宇泰, 1981, 「新羅의 村과 村主 - 三國時代를 중심으로」, 『한국사론』7, 서 울대 국사학과.

6) 朴宗基, 1990, 『高麗時代 部曲制研究』, 서울대학교출판부.

7) 오일순, 1985, 「高麗前期 部曲民에 관한 一試論 - 田柴科制度 一品軍과의 관련을 중심으로 -」, 『學林』7 ; 李弘斗, 1998, 「部曲의 意味變遷과 軍事的 性格」, 『韓國史研究』103.

밝혀보려고 한다.

2. 삼한시기 호민의 예속민 하호

한국사에서 고대는 삼한시기와 삼국시대로 구분할 수 있는 바, 삼
한시기에는 고조선, 부여, 삼한 등이 있고, 삼국시대에는 고구려 백제
신라가 있다. 따라서 두 시기의 예속민을 신분제와 관련해서 규명코자
할 때 삼한시기는 하호가, 삼국시대는 부곡이 고찰의 대상이 될 것이
다.

일찍이 북한학계는 삼국과 그 이전 사회의 계급관계 해명에 치중하
였다. 그러한 결과 삼한시기를 고대노예제사회로, 삼국시대를 중세농
노제사회로 인식하는 데 합의하였다.[8] 한편 남한학계는 삼국의 관등
제나 신라의 골품제에 비중을 둔 결과 계급문제는 소홀히 다루었다.
그러나 근자에 이르러 삼한의 사회성격에 대해 견해를 표명하기 시작
하였다. 특히 삼한의 豪民을 지배층으로 보는 데는 이견이 없지만, 하
호의 신분에 대해서는 견해가 다양하다. 첫째 하호가 노비라는 견해,[9]
둘째 하호를 일반 백성의 民으로 보는 견해,[10] 셋째 읍락이 해체될 때

---

8) 趙法鍾, 1994, 「한국고대신분제연구」, 『國史館論叢』 52, 107쪽.

9) 백남운 저, 박광순 옮김, 1989, 『조선사회경제사』, 범우사 ; 박경철, 1994, 「부
   여사의 전개와 지배구조」, 『한국사 2』, 한길사 ; 趙法鍾, 1994, 위의 논문 ; 李
   榮薰, 2002, 「『花郞世紀』에서의 奴와 婢 - 三國時代 身分制 再論 -」, 『歷史
   學報』 176.

10) 洪承基, 1974, 「1~3세기 民의 存在形態에 대한 一考察 - 所謂 下戶의 實體
    와 관련하여」, 『歷史學報』 63 ; 金杜珍, 1985, 「三國時代의 邑落」, 『韓國學
    論叢』 7 ; 盧重國, 1989, 「韓國古代의 邑落의 構造와 性格 - 國家形成過程
    과 관련하여 -」, 『大邱史學』 38.

하호의 일부가 호민으로 성장했다는 견해11) 등이 그것이다. 그러나
『삼국지』 동이전의 "邑落有豪民 名下戶皆爲奴僕"의 사료는 하호가
노비와 동일한 천민이었음을 말하고 있다.

따라서 여기서는 『삼국지』 동이전의 내용을 중심으로 부여와 삼한
의 호민과 하호를 고찰하려고 한다. 이러한 과정에서 부곡의 발생 문
제가 어느 정도 해명될 것으로 기대한다.

그동안 고대국가 부여의 신분제는 상층의 諸家, 중간층의 豪民, 평
민의 民과 下戶, 그리고 최하층에 奴婢가 있다고 하였다. 그러나 부여
의 하호는 제가와 호민의 집단예속민이었다고 생각한다.12) 다음의 사
료가 그러한 것을 설명하고 있다.

① 나라에는 군왕이 있고, 여섯 가지 가축으로 관직을 이름하니, 馬加
·牛加·豬加·狗加·大使·大使者·使者 등이다. 읍락에는 호민
이 있어, 하호를 모두 노복(노비)이라고 부른다고 한다. 諸家는 사
방으로 나가서 따로 백성들을 관장하는데, 크게 다스리는 자는 수
천 가구를 관장하고, 작게 다스리는 자는 수백 가구를 관장한다.
(중략) 적이 있으면 제가들이 스스로 전투하며, 下戶가 양식을 모
두 부담하여 군사를 먹인다.13)

② 국읍에는 비록 주수가 있어도 읍락이 雜居하여 잘 제어하지 못한
다.14)

---

11) 文昌魯, 1990, 「三國時代 初期의 豪民」, 『歷史學報』 125.

12) 趙法鍾, 1994, 앞의 논문, 120~121쪽.

13) 『三國志』 魏志, 東夷傳, 夫餘條, "國有君王 皆以六畜名官 有馬加·牛加·
    豬加·狗加·大使·大使者·使者 邑落有豪民 名下戶皆爲奴僕 諸家別主
    四出 道大者主數千家 小者數百家 (中略) 有敵 諸家自戰 下戶俱擔糧飮食
    之".

14) 『三國志』 魏志, 東夷傳, 韓條, "國邑雖有主帥 邑落雜居 不能善相制御 (下
    略)".

위 사료 ①은 부여의 지배집단으로 제가와 호민이 있는데, 호민은
하호를 노비로 부리는 반면, 제가는 독자적으로 읍락의 수 백, 수 천
가구를 통치하고, 직접 전투를 수행했음을 말하고 있으며, 사료 ②는
삼한의 국읍과 읍락이 정치적으로 대등한 관계였음을 설명한 내용이
다. ①, ②를 통해 부여의 豪民은 전투에 직접 참가하는 세력으로서
하호를 부렸으며, 읍락의 호민은 국읍의 주수에게 종속되지 않고, 독
자적인 세력을 가졌다고 하겠다.15)

소국의 국읍과 별읍, 국읍의 주수와 읍락의 호민, 읍락의 호민과 하
호의 관계를 분석하면, 부곡의 발생 문제를 해명할 수가 있다. 먼저
소국은 그 중심부에 '국읍'과 '별읍'이 있었고, 주변은 여러 읍락이 둘
러싸는 지역적 분활을 이루었다.16) 특히 국읍은 성책 혹은 성곽으로
둘러싸였고, 그 안에 주수 또는 왕의 저택과 관가가 있었다.17) 여기서
국읍의 주수는 소국의 중심부에 관청과 상비군을 보유하고, 축성 등에
인력을 동원할 수 있는 강력한 지배력을 가진 토호였다. 따라서 그는
이러한 지배력을 통해 특수 종교지역이며, 蘇塗라고 칭했던 별읍을
예속시킬 수 있었다. 당시 소도의 주민은 모두 도망자였으며,18) 도망
자는 대체로 범죄자였다는 사실을 감안할 때 국읍의 주수가 별읍의
주민을 예속시키는 것은 어렵지 않았다.

다음은 국읍의 주수와 읍락의 호민과의 관계인데, 사료 ②에서와
같이 국읍의 주수와 읍락의 호민은 주민과 영토 지배권을 놓고 서로
충돌하였다. 따라서 세력이 열세했던 호민들은 읍락의 지배권을 보장

---

15) 李賢惠, 1976, 「三韓의 國邑과 그 成長에 대하여」, 『역사학보』 69, 11~14쪽.
16) 임건상, 2001, 『임건상전집』, 혜안, 127~128쪽.
17) 『三國志』 魏志 東夷傳, 韓弁辰傳.
18) 『三國志』 魏志 東夷傳, 韓傳, "又諸國各有別邑 名之爲蘇塗 立大木 縣鈴鼓
   事鬼神 諸亡逃至其中 皆不還之 好作賊".

받기 위해 "읍락을 침범할 때마다 서로 응징하고, 노예·소·말 등으로 책임지게 한다"[19]는 책화 제도를 만들었다. 그러나 소국연맹왕국이 주변 소국을 정복·병합하는 전쟁이 계속되었으며, 소국간의 전투에서 패배한 읍락은 천민집단으로 전락할 수밖에 없었다.

중심 소국에 병합된 소국은 삼국시대에 군현제를 도입하는 과정에서 월경지[20]로 일원화되었으며, 이러한 월경지는 형태에 따라 飛入越境地와 斗入越境地로 구분된다. 특히 삼국시대에는 '犬牙'[21]라는 기록이 보이고, 조선초기에는 '犬牙相入'[22]·'犬牙越境處'[23]·'斗入他境'[24]의 기록이 당시 월경지의 존재를 말하고 있다.

다음은 읍락의 호민과 하호에 대해 살펴보도록 하자. 지금까지 호민의 신분에 대해서는 귀족이었다는 견해와 평민이었다는 두 견해가 있다. 일찍이 김철준은 제가는 부족장이고, 호민은 족장이라고 하였던

---

19) 『三國志』魏志, 東夷傳, 濊條, "其邑落相侵犯 輒相罰責生口牛馬 名之爲責禍".

20) 越境地에 대해서는 다음 논고를 참조할 것. 최병운, 1979, 「高麗·朝鮮時代의 '飛入(越境)地' - 朝鮮時代 全州府의 「飛入地」를 중심으로 - 」, 『전라문화연구』 1 ; 박종기, 1982, 「14~15세기 越境地에 대한 再檢討」, 『한국사연구』 36 ; 김동수, 1991, 「朝鮮初期 郡縣制의 改編 - 主縣化 및 屬縣化, 任內의 이속작업 및 越境地의 정비작업을 중심으로 - 」, 『澤窩許善道教授停年紀念 韓國史學論叢』 ; 李仙喜, 1998, 「朝鮮初期 慶州소속 越境地의 존재양태 - 北安部曲을 중심으로」, 『中央史論』 10·11합집 ; 이홍두, 2000, 「慶州府 所屬 部曲의 存在形態」, 『慶州文化研究』 3.

21) 『三國史記』卷34, 志3 地理, "始與高句麗百濟地錯犬牙 或相和親 或相寇抄".

22) 『太祖實錄』卷10, 5년 10월 무술, "使司以各道州郡之地 犬牙相入者 折長補短 更定疆界 具本以聞 上從之".

23) 『慶尙道地理志』, 咸昌縣.

24) 『世宗實錄』卷44, 11년 4월 壬午, "國家府州郡縣之疆理 又因高麗之久 或犬牙相錯 或斗入他境 欲勿改乎".

반면,25) 武田幸男은 제가가 하호를 지배하였으며, 호민은 민에 가까운 평민일 뿐이라고 하였다.26) 그러나 호민은 원시사회 말기 계급분화가 진행되면서 그 일부가 봉건지주로 전환하였던 사실,27) 私兵을 거느리고 국읍을 방어하였고, 읍락을 실질적으로 지배하였던 사실을 고려할 때 삼한사회의 부족장이었을 것으로 생각된다. 이러한 호민은 삼국초기에 이르러 호족으로 성장하였고, 후삼국시대에는 고려의 건국주체가 될 수 있었다.28)

하호의 신분은 板本에 따라 두 가지 해석이 가능하다. 먼저 汲古閣本의 "邑落有豪民 名下戶皆爲奴僕"은 "읍락에는 호민이 있어 하호를 명하기를 모두 노복이라고 한다"라고 해석할 수 있다. 하호의 신분을 노비로 보는 견해는 여기의 사료를 근거로 한다. 다음으로 宋本, 殿本의 "邑落有豪民 民下戶皆爲奴僕"은 "읍락에는 호민이 있고, 민 즉 하호를 모두 노복으로 삼았다"라고 해석할 수 있다. 여기서 호민은 읍락의 지배자가 되고, 하호는 평민이며, 노복은 노비에 해당된다.

지금까지의 연구자들은 宋本, 殿本에 따라 하호의 신분을 세 가지 중 하나로 해석하였다. ① 민과 하호29) ② 민 즉, 하호30) ③ 민 가운데

---

25) 金哲埈, 1962, 「韓國古代國家發達史」, 『韓國文化史大系 Ⅰ : 民族國家史』, 高麗大學校民族文化硏究所.

26) 武田幸男, 1967, 「魏志 東夷傳에 보이는 下戶 問題」, 『朝鮮史硏究會論文集』 3.

27) 사회과학원, 1979, 『조선전사 2 : 고대편』, 138쪽.

28) 한국학계에서는 호족의 등장시기를 8세기 후반부터 9세기 초반으로 보고 있다. 왜냐하면 선덕왕대(780~784)부터 신라 사회의 구조적 모순이 드러나며, 이때부터 지방호족들이 독자세력으로 성장했기 때문이다. 그러나 중국은 기원전 4세기에 호족이 처음 등장하였고, 일본은 5세기에 야마토지방의 유력한 호족이 大和정권을 세웠다. 따라서 양국을 포함한 동아시아 호족의 출현이 상호 무관하지 않다면, 한국 호족의 최초 등장시기는 삼한말기 내지는 삼국초기로 보아도 무방하지 않을까 한다.

하호31)가 그것이다. 이러한 견해에 따르면 어느 경우든, 下戶의 신분은 모두 평민이 될 수밖에 없다. 김철준이 호민을 호장으로, 하호를 族員으로 해석한 이후, 학계는 汲古閣本을 배제하였다.32) 그러나 근자에 汲古閣本에 따라 하호를 노복으로 규정한 논고가 발표되었다.33) 이 연구가 하호를 노비로 해석할 수 있는 근거를 마련한 셈이다.

그러면 삼한에서도 하호의 비자유민적 특성을 찾을 수 있을까? 다음의 사료가 그것을 말하고 있다.

① 郡에 가까운 북방의 여러 나라들은 조금은 예의풍속을 알고 있으나, 그곳에서 먼 곳은 바로 죄수의 무리나 노비들이 서로 모여 있는 곳과 같다.34)
② 그 풍속에 의복과 두건을 차려입기 좋아하여 下戶들이 郡에 가서 朝謁할 때에는 모두 의복과 두건을 빌려 입는데, 스스로 인수를 차고 의복과 두건을 차려입은 자가 1천여 명이나 되었다.35)

사료 ① · ②는 韓의 하호에 대해 말하고 있다. 특히 ①에서 '죄수의 무리처럼 노비가 서로 모여 살았다(如囚徒奴婢相聚)'라고 한 기사는 하호의 성격을 규정한 것으로 이들은 집단천민의 특수 부락임을 알

---

29) 盧重國, 1989, 「韓國古代의 邑落의 構造와 性格」, 『大邱史學』 38, 43쪽.
30) 金哲埈, 앞의 논문 ; 洪承基, 1974, 앞의 논문.
31) 文昌魯, 1990, 「三國時代 初期의 豪民」, 『歷史學報』 125, 58쪽.
32) 洪承基, 1974, 앞의 논문, 23쪽.
33) 李榮薰, 2002, 「『花郎世紀』에서의 奴와 婢 - 三國時代 身分制 再論 - 」, 『歷史學報』 176.
34) 『三國志』 魏志 東夷傳, 韓條, "其北方近郡諸國差曉禮俗 其遠處直如囚徒奴婢相聚".
35) 『三國志』 魏志 東夷傳 韓條, "其俗好衣幘 下戶詣郡朝謁 皆假衣幘 自服印綬衣幘千有餘人".

수 있다. 일찍이 백남운은 노예집단인 특정한 부락민이야말로 이른바 부곡이며,36) 이후 그들은 사회의 진전과 함께 중요한 농업노예가 되고, 마침내 신라 노예경제의 한 요소가 되었다37)고 하였다. 韓에서는 죄수와 노비들이 모두 머리를 깎았다38)는 사실도 하호가 노비였음을 시사한다.

한편 사료 ②의 하호에 대한 기사를 근거로 국내 연구자들은 삼한의 하호는 부여나 고구려의 하층민 노복과는 다른 호민층으로 이해하였다.39) 그러나 '皆假衣幘 自服印綬'를 "모두 의복과 두건을 빌려입고, 스스로 인수를 찼다"는 것은 노비 신분의 하호가 朝貢에 참여할 목적으로 복장을 차려입었음을 알 수 있다.

지금까지 살펴보았듯이 북한학계는 삼한시기를 노예제사회로 보고, 하호의 신분을 노비로 규정하였다. 그러나 남한학계는『삼국지』위지 동이전 부여조, "邑落有豪民 名下戶皆爲奴僕"의 사료를 상호 다르게 해석하여 하호를 ① 호민, ② 일반 백성의 민, ③ 노비 등으로 이해하

---

36) 백남운은 조선 부곡의 기원을 씨족에서 분화된 부족집단에서 찾았다. 본래 동일한 부족집단이 어느 역사적 발전단계에 이르러 우세한 부족과 종속적인 부족으로 분화되며, 전투행위와 생산능력의 차이에 따라 지배와 복속의 관계가 성립되는데, 이러한 과정을 통해 특수집단인 부곡이 발생했다고 하였다(백남운 저, 박광순 옮김, 1989,『조선사회경제사』, 범우사, 323쪽).

37) 백남운은 백제의 刀部, 綢部, 木部, 馬部 등이 노예경제와 관련이 있으며, 이들이 노예수공업부에 해당된다고 하였다. 통일신라의 佃部와 고려시대의 所와 莊도 노예경제와 관련이 있으며, 이들이 뒤에 부곡으로 개편된다고 하였다(백남운 저, 박광순 옮김, 앞의 책, 324쪽).

38) 삼한의 죄수와 노비들이 모두 머리를 깎았음은『三國志』東夷傳, 韓傳을 통해 알 수 있다. "저희들은 漢人으로 이름은 戶來라고 합니다. 저희들 1,500명이 벌목하다 韓에게 공격을 받아 모두 머리를 깎이고, 노비가 된 지 3년째입니다" 하였다.

39) 金杜珍, 1985,「三韓時代의 邑落」,『韓國學論叢』7, 37쪽 ; 盧重國, 1989, 앞의 논문, 36쪽 ; 文昌魯, 1990, 앞의 논문, 58~59쪽.

였다. 그러나 필자는 ① 소국의 국읍과 별읍, ② 국읍의 주수와 읍락의 호민, ③ 읍락의 호민과 하호의 관계를 분석하여 부여의 하호를 천민으로 규정하였다. 먼저 소국의 국읍과 별읍의 관계인데, 소국의 중심부에는 국읍과 별읍이 있었고, 국읍은 성곽으로 둘러싸였으며, 국읍의 주수는 상비군을 소유한 강력한 지배자였다. 그러나 蘇塗라고 칭했던 별읍은 특수 종교지역으로 범죄자들의 도망장소에 불과했다. 따라서 이들 범죄자들은 주수의 보호가 필요하였고, 이로 인해 그들은 예속민이 될 수밖에 없었다.

다음으로 국읍의 주수와 읍락의 호민의 관계인데, 주민과 영토의 지배권을 놓고 이들은 서로 충돌하였다. 세력이 열세한 호민들은 읍락의 지배권을 보장받기 위해 責禍 제도를 만들어 대항했으나, 전투에서 패배한 읍락은 천민집단으로 전락하였다. 마지막으로 읍락의 호민과 하호에 대한 것이다. 호민의 신분에 대해서는 귀족과 평민이었다는 두 견해가 있지만, 삼한시대는 부족장, 삼국시대는 호족이었다고 생각된다. 한편 하호의 신분을 평민으로 보는 것이 그동안 남한학계의 추세였지만, 하호의 거주형태가 부곡민과 유사한 사례가 있다. 『삼국지』 동이전의 "대방군에서 먼 곳은 죄수 무리나 노비들이 서로 모여 살았다"는 내용은 하호가 특수 천민부락이었음을 말하고 있다. 일찍이 백남운이 노예집단의 특정한 부락민이 이른바 부곡이라는 견해도 같은 맥락으로 이해된다.

3. 삼국시대 호족의 예속민 부곡

앞에서는 부여와 삼한의 豪民이 하호를 노비로 지배한 사실을 통해 하호의 신분을 집단천민으로 규정하였다. 그런데 하호가 거주하는 천민촌락은 삼국시대에 지방행정을 군현제로 정비하는 과정에서 부곡으로 전환되었다. 백제와 신라 지역에는 수많은 부곡이 있었으며, 고구려 영역의 경기·충청·강원도에도 부곡이 여러 개 있었다[40]는 연구가 이러한 사실을 입증하고 있다.

지금까지 부곡의 발생시기와 부곡인의 신분에 관해서는 북한과 남한학계의 견해가 서로 다르다. 북한학계가 부곡민을 천민으로 이해한 것은 일치하였지만, 부곡의 발생시기에 대해서는 삼한시대와 삼국시대로 양분되었다. 반면에 남한학계는 부곡이 삼국시대에 처음 발생했다고 하였다. 뿐만 아니라 1980년대부터는 부곡민의 신분을 양인으로 규정하였다.

그러나 이와 같은 해석은 大邑과 속읍의 누층적 종속관계를 부정하고 내려진 결론이라는 점에서 문제가 없지 않다.[41] 여기서는 사로연맹왕국에서 삼국통일까지를 대상으로 삼국시대 부곡의 발생·발전에 대한 것을 고구려와 신라를 중심으로 고찰하려고 한다. 먼저 고구려의 부곡에 관해 살펴보자.

① 나라의 大家들은 경작하지 않으니, 앉아서 놀고 먹는 자가 1만여 명이며, 下戶들은 멀리서부터 쌀 등의 양식과 고기·소금 등을 가져다가 그들에게 공급한다.[42]

② 대가는 경작하지 않고, 하호가 부세를 내는데, 그들은 奴客과 같다.[43]

---

40) 사회과학원역사연구소, 1991,『고구려사(조선전사 개정판)』, 과학백과사전종합출판사, 82쪽/ 1997, 백산자료원 재발행.

41) 李宇泰, 1981,「新羅의 村과 村主」,『韓國史論』7, 서울대 국사학과, 119쪽 ; 朴宗基, 1990,『高麗時代 部曲制研究』, 서울대학교출판부.

42)『三國志』魏志 東夷傳, 高句麗條, "其國中大家不佃作 坐食者萬餘口 下戶 遠擔米糧魚鹽供給之".

③ 한헌제 건안초에 拔奇는 형으로서 즉위하지 못한 것을 원망하여 消奴加와 함께 각각 하호 3만여 구를 거느리고, 公孫康에게 가서 항복한 뒤 돌아와 비류수 가에 주거하였다.44)

위 사료 ①·②는 고구려에는 건국초기 경작에 참여하지 않고 놀고 먹는 1만 명의 大家가 있었는데, 그들은 노비와 비슷한 처지의 하호로부터 일체의 생활용품과 세금을 거두었다는 내용이다. 사료 ③은 고국천왕이 죽자, 왕후는 왕의 둘째아우 연우(뒤의 산상왕)를 즉위시켰으나, 왕의 첫째아우 발기가 하호 3천 구를 거느리고, 소노부 귀족과 함께 漢의 요동태수 공손강에게 원조를 요청했다는 내용이다.

여기서 1만 명의 고구려 "大家"는 중하층 귀족이나 자영소농민의 상층을 지칭하고 있는데, 이들은 전투를 전문으로 하는 특권적 戰士團이었다. 이들 중 토지와 군사력에서 우세한 豪民이 뒤에 豪族으로 성장했을 것이다. 한편 고구려는 4세기부터 公民의 징병을 통한 병력 동원체계를 실시하였다.45) 이때 사노비를 제외한 전 주민이 의무병력이 되었으며, 하호도 유사시에는 징발되어 전투에 참여하였다. 여기서 하호의 신분은 집단천민으로서 사회적 처지가 부곡민과 비슷하였다. 하호를 세는 단위가 노비를 셀 때 쓰는 "口"와 동일한 것이 그것을 말하고 있다.

그러면 신라의 건국신화와 부곡의 발생은 어떤 관계가 있을까? 지금까지 신라의 건국신화는 신화로만 취급했기 때문에 사실관계를 설명하기가 어려웠다. 그러나 사로국을 王京 경주의 6개 부족연맹체로

---

43) 『太平御覽』 783, 東夷4, 高句麗, "大家不田作 下戶給賦稅 如奴客".
44) 『三國史記』 卷16, 高句麗本紀4, 故國川王, "漢獻帝建安初 拔奇怨爲 兄而不得位 與消奴加 各將下戶三萬餘口 詣公孫康降 還住沸流水上".
45) 余昊奎, 1998, 「高句麗 初期의 兵力動員體系」, 『軍史』 36, 32쪽.

이해한다면,46) 건국신화는 사실관계로 해석할 수가 있다. 다시 말해서 사로국의 6촌장은 토착세력으로서 경주지역을 지배했다. 그런데 유리 이사금대에 6촌장은 국가로부터 姓을 하사받고, 왕권을 위임받아 六部 주민들을 예속할 수 있었다. 다음의 사료가 이러한 문제를 설명하고 있다.

① 일찍이 조선의 유민들이 산 골짜기 사이에 나누어 살아 여섯 촌락을 이루었으니, 첫째는 알천 양산촌이고, 둘째는 돌산 고허촌이고, 셋째는 취산 진지촌(우진촌이라고도 함)이고, 넷째는 무산 대수촌이고, 다섯째는 금산 가리촌이고, 여섯째는 명활산 고야촌이다. 이것을 진한 6부라고 하였다.47)

② 9년 봄 6부의 명칭을 고치고 성을 내려주었다. 양산부는 양부로 고치고 성은 이씨, 고허부는 사량부로 고치고 성은 최씨, 대수부는 점량부로 고치고 성은 손씨, 우진부는 본피부로 고치고 성은 정씨, 가리부는 한지부로 고치고 성은 배씨, 명활부는 습비부로 고치고, 성은 설씨로 하였다.48)

위 사료 ①은 사로국이 6촌의 연맹체로 구성되었음을 말하고 있으며, 사료 ②는 사로국 6촌 명칭을 6部로 고친 다음, 각 부에게 賜姓했다는 내용이다. 사료 ①, ②는 사로국 6촌이 집권화 과정에서 6부로

---

46) 金瑛河, 2002,『韓國古代社會의 軍事와 政治』, 고대 민족문화연구원, 302쪽.
47)『三國史記』卷1, 新羅本紀1, 始祖朴赫居世居西干 元年, "先是 朝鮮遺民 分居山谷之間 爲六村 一曰閼川楊山村 二曰突山高墟村 三曰嘴山珍支村(或云于珍村) 四曰茂山大樹村 五曰金山加利村 六曰明活山高耶村 是爲辰韓六部".
48)『三國史記』卷1, 新羅本紀1, 儒理尼師今, "九年春, 改六部之名, 仍賜姓. 楊山部爲梁部 姓李 高墟部爲沙梁部 姓崔 大樹部爲漸梁部 姓孫 于珍部爲本彼部 姓鄭 加利部爲漢祇部 姓裴 明活部爲習比部 姓薛".

전환되었음을 말하고 있다. 여기서 6촌과 6부는 사로국을 구성한 읍락이었다.[49] 다만 이들의 차이는 전자가 부족국가 단계였다면, 후자는 부족연맹왕국 단계였다고 하겠다.[50] 따라서 이들 6부의 정치집단은 귀족국가 성립 이후에도 지배기반을 유지한 채, 부민에게 부세를 거두고, 노동력을 착취하는 귀족으로 존재하였다.

시조 박혁거세거서간 이전의 신라는 소국 단계로서 6촌장이 '事鬼神 尙祭祀'하며, 전통적 尊長者(慈充)로서 경주 일대를 다스렸다.[51] 당시 유민이었던 박혁거세가 6촌장의 추대를 받아 왕이 되면서부터 촌장의 주민통제권을 약화시키려고 하였다. 시조 박혁거세거서간이 건국신화를 만들고, 3대 유리이사금이 6촌을 6부체제로 전환한 다음, 촌장들에게 성을 내려준 일련의 사실이 그것이다. 그러나 박·석·김의 연맹왕국단계와 김씨의 귀족국가시대에도 촌장의 주민통제권은 축소되지 않았다. 따라서 국가는 군현제를 실시하여 여러 지방세력을 지배하려고 하였지만 토착세력을 제어하지 못했다. 국가는 이러한 지역을 부곡으로 편제하여 촌장의 지배권을 보장할 수밖에 없었는데, 이들이 곧 천민집단의 부곡민이었다.

한편 사로국 6촌은 한국 고대국가 형성과정에서 볼 때 성읍국가 내지는 군장사회에 해당된다고 하겠다. 다시 말해서 성읍국가론을 적용하면, 6개의 하부 성읍국가를 병합한 사로연맹왕국이 되고, 군장사회설을 수용하면, 초기국가가 되는 셈이다.[52] 어느 경우라도 사로국은

---

49) 朱甫暾, 1992, 「三國時代의 貴族과 身分制 - 新羅를 中心으로 - 」, 『韓國社會發展史論』, 일조각, 7쪽.

50) 金哲埈, 1975, 『韓國古代社會研究』, 143쪽.

51) 金炳坤, 2001, 「斯盧 六村의 出自와 村長의 社會的 性格」, 『韓國古代史研究』 22.

52) 그동안 한국 고대국가의 형성과 전개에 관한 논의는 두 방향에서 이루어졌다. 하나는 부족국가에 대체되는 용어로서 유럽의 城砦王國과 중국의 邑制

시조대에 이미 성읍국가 단계에 있었으며, AD 3세기에는 영역국가[53)
단계에 진입하였다.

사로국이 영역국가였음은 다음 몇 가지 사실을 통해서도 알 수 있
다. 첫째 왕호·왕계·기년 등이 명확하고, 둘째 시조 박혁거세거서간
은 성곽(금성)과 궁실을, 2대 남해차차웅은 신전(시조묘)을, 3대 유리
이사금은 문물제도를 정비하였으며, 셋째 3대 유리이사금이 17등관제
조직을 체계화한 것이다.

그렇다면 사로국이 영역국가 단계에 진입한 것은 신분제와 어떤 관
계가 있을까? 그것은 씨족제의 해체, 생산력의 발달, 사유재산제의 확
립, 노예제도가 발달함으로써 피지배계급은 평민의 자영농민과 천민
의 예속민, 노비로 분화되었다. 여기서 예속민은 집단천민의 부곡민이

國家 등과 관련하여 성읍국가론이 제안되었다. 이 경우에 우리나라 고대국
가의 발전은 성읍국가→영역국가→대제국의 단계를 경과한 것으로 파악되
었는데, 이 성읍국가론은 실제로 한국사의 서술에서 성읍국가→연맹왕국→
중앙집권적 귀족국가론으로 정리되었다. 다른 하나는 신진화주의 인류학자
들이 모건의 인류사회 발전단계론과 이에 입각한 엥겔스의 군장사회설의 수
용이었다. 이 논리에 따르면 고대국가의 출현에 이르기까지 인류사회의 발
전과정은 군집→부족→군장사회→초기국가의 단계를 거친 것으로 파악되었
다. 여기서 종래 부족국가로 이해되던 소국이 바로 군장사회에 해당된다. 군
장사회설은 군장사회→초기국가→고대국가의 발전단계론으로 한국사 서술
에 적용되었다(김영하, 1995, 「고대국가의 형성과 사회성격」, 『한국역사입문
①』(원시·고대편), 풀빛, 118쪽).

53) 영역국가는 고대국가 형성기로서 연맹왕국 단계가 이에 해당된다. 사로국이
영역국가가 된 시기에 대해서는 상호 견해가 다르다. 천관우는 기원 1세기말
~2세기초 婆娑王代(재위 기원 80~112)가 이에 해당된다고 하였다. 반면에
백남운은 3세기말로 보았다. 한편 천관우는 斯盧·狗耶의 始祖代가 성읍국
가의 시작이었다면, 伯濟=百濟의 始祖代는 벌써 성읍국가 단계를 넘어서서
영역국가의 단계에 있었다고 하였다. 伽倻 諸國은 성읍국가 단계에서 영역
국가로 비약하지 못하고 멸망한 경우로 보았다.

었으며, 부곡민의 사회적 지위는 양인과 노비의 중간이었다.

다음 사료는 삼국시대에 부곡이 이미 존재했음을 말하고 있다.

① 9주에 소속된 군·현은 무려 4백 50개였다(방언에 이른바 향·부
곡 등 잡소는 기록하지 아니한다).[54]
② 신라가 州·郡을 정할 때 그 인구와 호수가 현이 될 수 없는 곳은
향이나 부곡으로 삼고 소재한 고을에 예속시켰다.[55]

위 사료 ①은 통일신라의 행정 구역 가운데 군·현의 숫자는 450개
인데, 향과 부곡은 여기에 포함시키지 않았다는 내용이고, ②는 신라
가 군현을 편성할 때 인구와 호수가 군이나 현이 될 수 없는 곳은 향
이나 부곡으로 편성했다는 내용이다. 사료 ①, ②를 통해 통일신라의
군현은 모두 450개였으며, 인구와 호수가 현이 될 수 없는 곳은 부곡
을 설치하여 소재한 고을이 지배하도록 했음을 알 수 있다.

그동안 부곡인 양인론자들은 군·현의 전신이었던 촌이 삼국통일
이후의 사료에 나타나지 않는다는 사례를 들어 부곡의 발생시기를 삼
국통일 이후로 비정하고 있다.[56] 그러나 사료 ②는 주군현의 단위까
지만 국가가 직접 지배하고, 인구와 호수가 현이 되지 못하는 곳은 부
곡으로 삼아 토호의 지배를 허용하였다.

한편 사료에 나타난 최초의 부곡이 "행정단위로서의 부곡"이라면,
부곡의 발생시점은 주군현의 명칭을 사용한 고대국가 성립시기로 비

---

54)『三國史記』卷34, 雜志3 지리1 신라, "九州所管郡縣無慮四百五十(方言所
謂鄕部曲等雜所 不復具錄)".
55)『新增東國輿地勝覽』卷7, 驪州牧 古跡 登神莊條, "新羅建置州郡時 其田丁
戶口 未堪爲縣者 或置鄕 或置部曲 屬于所在之邑".
56) 李宇泰, 1981, 앞의 논문, 81쪽.

정할 수 있다. 따라서 사로연맹왕국에서 사용한 州·郡·縣의 명칭은 이 문제를 해명하는 데 참고가 된다.

『삼국사기』 초기 기록에는 주군현에 관한 여러 경우의 기록이 있다. 첫째는 사로의 영역을 막연히 지칭한 경우인데, '州郡' '州縣' '州郡主' '郡邑' 등이 있고, 둘째는 사로의 영외 지역을 말한 경우인데, 華麗縣·不耐縣(元山), 多沙郡(河東), 大山郡(泰仁) 등이 있으며, 셋째는 사로가 정복한 지역에 州·郡을 둔 경우, 넷째는 사로 영내 지역을 지칭한 경우57) 등이 그것이다. 여기서 주군현은 어느 경우이든, 행정단위로 사용되었기 때문에 집단천민의 거주지로서의 부곡이 존재했을 것이다. 이러한 사실을 인정한다면, 부곡의 발생시점은 삼국의 건국시기와 크게 차이가 나지는 않을 듯하다.

중국의 『사기』·『삼국지』는 백제와 신라가 기원후 2~3세기까지도 소국의 상태로 존재했다고 했다. 이에 따라 『삼국사기』 초기 기록에 나타난 주·군·현은 행정단위가 아니고, 대취락에 불과하다58)는 견해를 제시하여 지방행정단위로서의 군현제는 지증왕 6년(505)에 처음 실시되었다고 하였다. 이러한 사실을 수용할 때 주현의 하부행정단위로서 부곡의 발생은 지증왕 6년으로 후퇴하게 된다. 그러나 군현의 모체로서의 촌락이 삼국시대에 이미 존재했다는 사실은 이 문제를 부정할 수 있는 근거가 되고 있다.59)

한편 향과 부곡은 군현과 동등한 행정단위였지만, 그 규모가 작았기 때문에 기재하지 않았다는 사실을 근거로 부곡인을 양인으로 보는 견해가 있다. 이것은 다음 두 가지 사실과 관련이 있다. 하나는 몇 개의 村과 城을 합하여 하나의 현을 만들었다는 것이고, 다른 하나는 현

---

57) 千寬宇, 1976, 「三韓의 國家形成」(상), 『韓國學報』 2, 8~9쪽.
58) 千寬宇, 1976, 위의 논문, 7쪽.
59) 李宇泰, 1981, 앞의 논문, 74~75쪽.

이 되는 촌과 그렇지 못한 촌이 있었다는 것이다. 여기서 전자보다 후자가 더 일반적이었다고 전제한 다음, 『新增東國輿地勝覽』 驪州牧 古跡 登神莊條, "其田丁戶口 未堪爲縣者"의 '其'가 곧, 村이라고 하였다.[60]

이러한 견해를 따르면, 신라의 현과 향·부곡과 지방행정조직 간에 상하관계가 성립할 수가 없게 된다. 이에 따라 1980년대 이후 부곡민을 양인으로 보았으며, 신라의 향·부곡이 군현의 하부행정단위로 성립한 시기가 통일 이후이기 때문에 부곡의 발생도 삼국통일 이후라고 해석하였다.[61]

그러나 당시 주군현과 향·부곡 사이는 종속관계였으며, 그것은 삼한시기 각 소국간의 관계에서 연유한다. 즉, 삼한 소국은 『삼국지』 韓傳에서와 같이 마한이 50여 개국이고, 진·변한이 24개국이었다. 이들 국가는 독립성을 가진 국가만을 의미하는 것이 아니다. 거기에는 ① 伯濟·斯盧國, ② 백제·사로국에 병합되지 않은 성읍국가들, ③ 백제·사로국에 편입된 성읍국가까지 포함하고 있다.[62]

우리는 각 소국의 왕은 그 세력에 따라 호칭이 달랐음을 알고 있다. 마한에서는 대국의 왕을 臣智, 소국의 왕을 邑借라고 불렀지만, 伯濟 국왕은 主師[63]라고 불렀으며, 진한에서는 渠帥, 險側, 樊濊, 殺奚, 邑

---

60) 李宇泰, 1981, 위의 논문, 119쪽.

61) 木村誠, 1983, 「新羅時代の鄕」, 『歷史評論』 403.

62) 千寬宇, 1976, 앞의 논문, 17쪽.

63) 『三國志』 韓傳 馬韓條에서 "國邑에 비록 主帥가 있으나 잘 제어하지 못한다"라고 한 것은 古爾王代에 伯濟와 帶方郡의 중간 지역에 있는 세력들이 ① 한편으로 伯濟國王의 지배하에 있으면서, ② 아직도 강인한 부족의 전통을 유지하고 더구나 그들이 실리를 취하여 魏 군현과 직접 교역을 하는 정도였으며, ③ 魏의 입장에서 보면 이것이 '主帥가 잘 제어하지 못하는' 상태로 인식되었다는 것이다(천관우, 1976, 앞의 논문, 16쪽).

借라는 호칭을 사용하였다. 진한의 호칭이 이와 같이 서로 다른 것은 여러 소국의 세력에 차이가 많았기 때문이다.

삼한에는 국읍의 수준에 미치지 못하는 별읍이 있었는데, 그것은 마한의 별읍과 그 성격이 다르다. 즉, 마한의 별읍은 국읍의 하부단위였던 반면, 진한의 별읍은 국(성읍)을 형성하지 못한 작은 취락이었다. 진한의 별읍이 작은 취락에 불과한 이러한 사실은 향후 국읍과 별읍이 종속관계로 발전할 개연성을 내포하고 있었다. 삼한 소국간의 이러한 일련의 지배복속관계는 이후 향·부곡이 주군현에 종속되는 선행적 사례가 되고 있다.

한편 왕권이 격상되고, 중앙과 지방의 지배체제가 정비되어 집권화가 진행되면서 신라의 신분제도가 정비되었다. 지배계급이 왕족과 6부의 귀족으로 분화된 반면, 피지배계급 또한 평민과 예속민, 하층의 노비로 분화되었다. 그러나 신라의 신분제는 평민의 숫자는 적고, 예속민과 노비의 숫자가 많은 구조를 이루었다.

그러면 신라의 백성 중 천민이 대부분을 차지하는 이유는 무엇일까? 그것은 삼국간에 정복전쟁이 잦아서 전쟁포로가 많았던 것이고, 다음은 귀족화한 토호들이 다수의 지방민을 예속했기 때문이다. 6세기 중반까지 지방의 유력한 세력을 賤奴로 대우하였던 사례는 신라초기 촌락민 가운데 대부분이 집단천민이었음을 시사하고 있다.[64]

따라서 삼국시대의 신분제도[65]는 양천제[66]로 규정할 수가 있는데,

---

64) 朱甫暾, 1986, 「新羅 中古期 村落構造에 대하여」(1), 『慶北史學』 9.

65) 남한학계는 한국 고대 사회구성 문제에 대해서 큰 관심을 기울이지 않았다. 그러나 북한학계는 삼국시기의 사회구성에 관해서 노예론자와 봉건론자의 토론구도 속에서 논의를 구체적으로 수행하였다. 노예론자는 역사발전의 보편성에 입각하여 삼국시기는 비록 노예가 완만하게 분화하던 촌락공동체의 농민보다 양적으로는 적었지만, 노예소유자적 생산방법이 공동체적 우클라드를 위시한 다른 우클라드를 희생시키면서 발전하였다고 했다. 반면에 봉

양천제는 삼국초기 군현제를 실시하면서 처음 나타나서 삼국통일 이후 확대실시되었으며, 고려시대부터는 전형적인 양천제 사회가 되었다. 그러나 같은 양천제 사회라고 하더라도 삼국시대가 통일신라시대보다 부곡민의 숫자가 더 많았다. 그것은 삼국시대에는 民의 대부분이 관료나 지방 호족의 예속민이었던 반면, 통일신라시대는 국가가 민을 직접 지배함으로써 공민의 숫자가 크게 확대되었기 때문이다.

4. 신라하대 부곡의 형성과 호족

신라의 지방행정 명칭은 경주와 그 부근에 한하여 里라는 명칭을 사용한 반면, 대부분의 지방에서는 城이나 村으로 호칭하였다.[67) 통일신라는 당나라의 군현제를 수용하여 지방제도를 개편하였고, 이 과정에서 부곡은 지방행정구역으로 쓰였다. 이러한 사실은 "신라가 주

건론자는 역사발전의 구체적 특수성에 입각하여 삼국시기는 노예제를 결여하고, 조기봉건사회로 비약했다고 보았다. 즉, 삼국시기의 광범한 농민층은 촌락공동체의 구성원으로부터 분화한 농노적 농민으로서 봉건적 우클라드가 매우 미약한 발전 수준에 있던 노예적 우클라드를 밀어내고 급속히 발전하였다는 것이다. 이러한 견해차는 노예론자가 삼국사회를 선행사회의 연속상에서 파악한 데 대하여 봉건론자는 후발사회의 시원적 형태로 이해한 데서 야기된 것이었다. 다만 토론의 결과는 삼국시기는 봉건사회에 진입한 것으로 마무리되었다(김영하, 1995, 앞의 논문, 121~122쪽).

66) 양천제는 구분하는 대상에 따라 두 가지 견해가 있다. 하나는 전체 인민을 양인과 천인으로 구분하는 것이고, 다른 하나는 양반을 제외한 피지배계급의 일반 농민만을 구분하는 것이다. 전자는 남한 학계의 한영우가, 후자는 북한학계의 김석형이 대표적이다(권영국, 1995, 「신분구조와 직역」, 『한국역사입문 2(중세편)』, 풀빛, 211쪽).

67) 李宇泰, 1981, 「新羅의 村과 村主」, 『韓國史論』 7, 서울대 국사학과, 76~84쪽.

군을 정할 때 그 인구와 호수가 현이 되지 못한 곳은 향이나 혹 부곡
으로 삼고 소재한 고을에 예속시켰다"[68]고 한 사료를 통해 알 수 있
다.

한편 당나라 천민 성격의 부곡은 나당연합군이 백제를 멸망시키고,
백제지역에 5도독부를 설치한 다음, 그 밑에 37주 250현 체제로 편재
하면서 처음 나타났다. 당시 軍知(郡智)部曲을 설치한 사례[69]가 한국
부곡이 중국 부곡과 연관되어 있음을 시사하지만, 통일신라가 당나라
를 축출함으로써 부곡민의 신분하강은 억제되었다.

한편 고려 건국 직후인 호족연합정권시기에는 천민집단인 부곡의
숫자가 크게 증대하였다. 그 이유는 다음 두 가지 사실과 관련이 있다.
하나는 태조 왕건이 호족의 도움을 받아 삼국통일을 실현한 결과 호
족의 정치세력이 더욱 증대한 것이고, 다른 하나는 고려 통합을 반대
한 통일신라 지역을 부곡으로 강등시킨 것이다. 여기서는 慶州府에
소속한 4개의 부곡이 형성되는 과정을 당시 호족의 정치세력 증대 및
태조 왕건의 후삼국통일에 따른 군현의 명칭개정과 관련하여 고찰하
려고 한다. 먼저 경주부에 소속한 4개 부곡의 형성 과정을 살펴보면
다음과 같다.

> ① 여량현은 본디 麻珍良縣(또는 麻彌良이라고도 함)인데, 경덕왕이
> 개명하였다. 지금의 仇史部曲이다. (중략) 長鎭縣은 지금의 竹長
> 伊部曲이다.[70]

---

68) 『新增東國輿地勝覽』 卷7, 驪州牧 古蹟 登神莊條, "今按 新羅建置州郡時
    其田丁戶口 未堪爲縣者 或置鄕 或置部曲 屬于所在之邑".
69) 『新增東國輿地勝覽』 卷40, 樂安郡 ; 『世宗實錄』 地理志에는 郡智部曲으로
    되어 있다.
70) 『三國史記』, 雜志3, 地理1, "餘粮縣 本麻珍(一作彌良縣) 景德王改名 今仇
    史部曲 (中略) 長鎭縣 今竹長伊部曲".

② 仇史는 본디 麻珍良縣인데, 경덕왕이 餘良으로 이름을 고쳐서 獐
   山郡의 領縣으로 삼았고, 竹長은 본디 장진현인데, 林皐郡의 領縣
   으로 삼았다. 위의 두 고을은 고려에서 지금의 이름으로 고쳐서 부
   곡을 만들어 모두 본부의 임내에 붙였다. 그리고 北安谷部曲과 省
   法伊部曲이 있다.[71]

③ 구사부곡은 경주부의 서쪽 60리에 있다. 본래 신라의 마진량현인
   데, 珍字는 彌字로도 썼다. 경덕왕이 여량현으로 고쳐 장산군의 속
   현으로 하였다가 뒤에 낮추어 부곡으로 하고, 지금의 이름으로 고
   쳤다. 竹長部曲은 본래 신라의 장진현이다. 고려 때에 낮추어 부곡
   으로 하였다. 경주부의 서쪽 60리 靑松府의 경계에 있다. 북안곡부
   곡은 경주부의 서쪽 50리에 있는데 永川府의 東南村으로 넘어 들
   어 갔다.[72]

위 사료 ①은 통일신라 경덕왕(742~764)이 麻彌良이라고도 불렀던
마진량현을 여량현으로 그 명칭을 고쳤는데, 고려시대에 읍호를 강등
시켜 구사부곡을 삼았으며, 장진현도 이때 竹長伊部曲으로 강등된 사
실을『삼국사기』지리지를 통해 알 수 있다. ②는 仇史部曲의 처음 군
현 명칭은 마진량현인데, 경덕왕이 여량현으로 개정하여 장산군의 속
현으로 삼았으며, 죽장이부곡 역시 처음 군현명칭은 장산현으로 임고
군의 속현이었다. 그런데 고려왕조에서 두 현의 읍호를 강등시켜 경주
에 소속시켰음을『세종실록』지리지를 통해 알 수 있다. ③은 고려왕

---

71)『世宗實錄』地理志, 卷150, 慶尙道 慶州府, "仇史本麻珍良縣 景德王改名餘
      良 爲獐山郡領縣 竹長本長鎭縣 爲林皐郡領縣 右二縣 高麗改今名 爲部曲
      皆屬府任內 北安谷省法伊(古作省仍伊)".
72)『新增東國輿地勝覽』卷21, 慶尙道 慶州府, 屬縣條, "(前略) 仇史部曲 在府
      西六十里 本新羅麻珍良縣 珍一作彌 景德王改餘粮縣 屬獐山郡 後降爲部
      曲 改今名 竹長部曲 本新羅長鎭縣 高麗時降爲部曲 在府北六十里 靑松府
      界 北安谷部曲 在府西五十里 越入永川東南村 (後略)".

조에서 여량현과 장진현을 각각 仇史部曲과 竹長伊部曲으로 읍호를
강등시켜 경주에 소속케 했다는 내용인데, 앞의 사료 ①·②와 똑같은
역사적 사실을 다만 『新增東國輿地勝覽』을 통해서 군현의 來屬관계
를 설명하고 있다. 한편 사료 ③에서 주목되는 사실은 北安谷部曲이
서쪽 영천부의 경계선을 넘어 들어가는 越境處의 사례가 처음으로 나
타난다는 것이다. 위 사료 ①·②·③을 종합해 볼 때 통일신라 경덕
왕대에 군현의 명칭개정이 큰 폭으로 이루어졌으며, 고려의 건국을 전
후하여 경주 소속의 여량현과 장진현이 각각 仇史部曲과 竹長伊部曲
으로 강등되었던 사실을 알 수 있다.

그렇다면 고려왕조 건국을 전후하여 군현이 부곡으로 강등된 이유
는 어디에 있을까. 이 문제는 다음 세 가지 사실과 관련이 있다. 첫째,
태조는 삼국통일의 과정에서 영토를 계속 확장하였기 때문에 군현의
명칭을 새로 편입한 행정체계에 맞추어 개정할 수밖에 없었다. 그리고
군현의 명칭개정은 단순히 명칭의 변경뿐 아니라 군현의 승격이나 강
등도 함께 이루어졌다.[73] 따라서 여량현과 장진현이 구사부곡과 죽장
이부곡으로 강등된 사실은 나말여초 사회변동을 반영한 결과였다.

둘째, 후삼국시대는 전란이 계속된 관계로 자영농민을 포함한 부곡
민들의 流民化가 진행된 반면, 호족의 정치세력은 상대적으로 증대하
였다. 당시 부곡인들은 호족의 농장에 들어가 佃戶가 됨으로써 신분
적 예속을 초래했는데, 부곡인들의 신분하강을 촉진한 직접적 원인은
토지집중과 인구집중이다. 다시 말해서 토지집중은 신라하대 국가권
력이 약화된 이후 자영농민의 民田이 호족의 농장으로 유입된 결과이
고,[74] 인구집중은 토지를 상실한 무토지농민 가운데 양인과 부곡민이

---

73) 金甲童, 1992, 「高麗王朝의 成立과 郡縣制의 變化」, 『國史館論叢』 35.
74) 盧明鎬, 1992, 「羅末麗初 豪族勢力의 경제적 기반과 田柴科體制의 성립」,
    『震檀學報』 74.

호족의 佃戶가 되어 점차 신분적 예속관계로 발전하는 상태를 지칭한
다.

셋째, 경주 지역은 신라의 수도였기 때문에 처음부터 고려에 협조
하지 않았다. 따라서 국가는 집단으로 저항한 경주 지역에 대해 차별
정책을 실시할 수밖에 없었으며, 이러한 정책은 군현을 부곡으로 강등
시키는 것으로 나타났다. 이때 대부분의 부곡은 촌주·성주·장군 등
으로 불리는 호족에게 예속되었으며, 반역의 정도가 큰 부곡 지역은
중앙관료에게 녹읍으로 주어져 부곡인들의 신분하강현상이 빠르게 진
행되었다. 특히 이와 같은 사례는 후백제 지역의 陸昌鄕에서도 찾아
볼 수가 있다. 육창향은 신라시대 碣島縣이었다. 그러나 고려시대에
육창향으로 강등되어 영광군에 내속되었다. 갈도현은 909년 왕건이
나주 지역을 정벌할 때 왕건에게 대항했던 지역인데, 이때 압해현의
能昌이란 자가 갈도현의 사람들과 결탁하여 왕건을 기다리고 있다가
죽이려고 하였다.75)

이와 같이 태조 왕건은 고려왕조에 항거한 신라와 후백제 지역을
부곡으로 편제하여 호족의 지배를 받게 하였다. 이러한 사실은 "고려
시대 5도 양계의 역자·진척·부곡의 사람들은 모두 태조대에 명령을
거역하였으므로 賤役을 담당케 하였다"76)라고 한 사료를 통해 입증되
고 있다.

한편 그 지방의 토지와 인민을 장악하고, 그곳의 통치권을 행사하
는 호족은 流民 출신의 부곡민과 私奴婢 등으로 私兵을 결성해서 향
촌의 치안유지에 적극 참여하였다.77) 당시 호족의 이러한 적극적인

---

75) 金甲童, 1992, 앞의 논문, 238쪽.

76)『太祖實錄』卷1, 원년 8월 20일(己巳), "(前略)前朝五道兩界 驛子津尺部曲
　　之人 皆是太祖時逆命者 俱當賤役(後略)".

77) 李弘斗, 1998,「部曲의 意味變遷과 軍事的 性格」,『韓國史研究』103, 121~

군사활동은 왕건의 후삼국 통일에도 크게 공헌했는데, 그 공헌도는 고려 건국 직후 논공행상의 형태로 반영되었다. 이때 각 호족들은 그들이 갖는 세력 범위에 따라 중앙관료로 진출하거나 또는 2군 6위의 장군이 되었다. 과거제도가 시행되기 이전에 호족이 중앙관료로 진출한 사실은 결과적으로 왕권을 제약하는 요인으로 작용하여 부곡인의 壓良爲賤을 증대시켰다.[78]

그런데 영토 확장은 태조가 즉위한 918년부터 후삼국을 통일한 936년까지 계속되었는데, 이 기간에 군현명칭의 개정이 이루어졌으며, 940년(태조 23)에는 체제정비의 일환으로 재차 지명을 개정하였다. 물론 이와 같은 지명개정은 役分田의 확보나 三韓功臣의 제정 및 土姓의 分定[79]과 밀접한 관계가 있지만, 한편으로 전국의 주요 지역을 주라는 행정체제로 편제했는데 이것은 통일 후의 중앙집권화를 실현하는 데 목적이 있었다. 이처럼 군현이 부곡으로 강등하는 경우는 통일 후 지방의 통치체제 정비와 관련이 있지만, 경주가 고려의 반체제지역이라는 점이 부곡 형성의 일차 요인이었다.

이러한 사실은 사료 ②를 통해 잘 알 수 있다. 다시 말해서 竹長伊部曲의 명칭은 長鎭縣이며, 臨皐郡의 領縣이었다. 그러나 태조대에 金剛城將軍 皇甫能長이란 자가 태조를 보좌한 공이 있으므로 임고군은 道同縣·臨川縣과 더불어 永州가 되었으며, 이 과정에서 장진현이 죽장이부곡으로 강등되었을 것으로 짐작된다. 따라서 당시 경주 소속 여랑현과 장진현이 구사부곡과 죽장이부곡으로 강등된 이유는 먼저 호족에 대한 군공논상을 반영한 결과이며, 한편으로 호족을 회유하

122쪽.

78) 李弘斗, 1999, 앞의 논문, 97~98쪽.

79) 李樹健, 1984, 「太祖王建의 郡縣名號改定과 土姓分定」, 『韓國中世社會史研究』, 一潮閣, 60~69쪽.

려는 목적도 있었다.

그렇다면 경주부 임내로 내속된 네 부곡의 발생 시점은 언제이며, 위 사료 ①에서 언급한 領縣은 屬縣과 어떤 차이가 있을까. 먼저 『고려사』 지리지에 의하면 군현 간의 내속은 신라 경덕왕 때부터 발생했다고 하였다. 그러나 이것은 의문의 여지가 없지 않다. 왜냐하면 『삼국사기』 지리지에는 이들 현이 모두 屬縣이 아닌 領縣으로 되어 있기 때문이다. 다시 말해서 主邑과 領縣과의 관계는 外官과 外官의 관계인 반면, 主邑과 屬縣과의 관계는 外官과 鄕吏의 관계에 해당된다.[80]

5. 맺음말

이상에서 고대 신분제와 부곡에 관한 문제를 삼한시기 하호, 삼국시대 호족과 부곡, 신라하대 부곡의 형성을 중심으로 살펴보았다. 그 결과 부곡의 연원을 삼한시기 하호에서 찾았으며, 삼국이 군현제를 실시하는 과정에서 하호를 집단천민의 부곡에 거주토록 했는데, 부곡은 신라하대에 이르러 호족의 예속민으로 존재했음을 알 수 있었다. 이상 연구한 내용을 요약하면 다음과 같다.

첫째, 삼한시기 부곡의 모체였던 하호에 관한 것이다. 삼한시기 하호는 노비였다. 그것은 ① 소국의 국읍과 별읍, ② 국읍의 주수와 읍락의 호민, ③ 읍락의 호민과 하호의 관계를 분석함으로써 알 수 있다. 소국의 중심부에는 국읍과 별읍이 있었는데, 국읍은 성곽으로 둘러싸였으며, 국읍의 주수는 상비군을 소유한 강력한 지배자였다. 그러나 蘇塗라고 칭했던 별읍은 특수 종교지역으로 범죄자들의 도망장소에

---

80) 金甲童, 1992, 앞의 논문, 241~243쪽.

불과했다. 따라서 이들 범죄자들은 주수의 보호가 필요하였고, 이로 인해 그들은 예속민이 될 수밖에 없었다. 다음으로 국읍의 주수와 읍락의 호민의 관계인데, 주민과 영토의 지배권을 놓고 이들은 서로 충돌하였다. 세력이 열세한 호민들은 읍락을 지배하기 위해 責禍 제도를 만들어 대항했지만, 전투에서 패배한 읍락은 천민으로 전락하였다. 마지막으로 읍락의 호민과 하호에 대한 것이다. 호민의 신분은 삼한시기는 부족장, 삼국시대는 호족이었다. 남한에서는 하호를 평민으로 보지만, 『삼국지』 동이전의 "대방군에서 먼 곳은 죄수 무리나 노비들이 서로 모여 살았다"는 기사는 하호가 특수 행정구역이었음을 말하고 있다. 백남운이 노예집단의 특정한 부락민을 부곡이라 한 것도 같은 맥락이다.

둘째, 삼국시대 호족의 예속민으로 존재한 부곡이다. 고구려와 신라의 사료는 부곡민이 집단천민이었음을 말하고 있다. 『삼국지』 고구려조에 경작하지 않고 놀고먹는 1만 명의 大家가 하호로부터 일체의 생활용품과 세금을 거둔다는 내용은 戰士團인 大家의 특권적 성격과 하호의 천민적 처지를 반영한다. 한편 신라의 건국신화도 부곡의 발생을 간접적으로 시사한다. '事鬼神 尙祭祀'하고, 전통적 尊長者(慈充)로서 성을 갖고, 경주 일대를 다스렸던 6촌장은 경주 하층민들을 부곡으로 예속시켰다. 『신증동국여지승람』 여주목 고적 등신장조의 "신라가 주군을 정할 때 그 田丁과 戶口가 현이 될 수 없는 곳은 향이나 부곡을 두어 소재한 고을에 예속시켰다"는 사료는 부곡이 행정구역임을 시사한다. 그러나 鹽卒·歸化·造紙·躬耕部曲 등 부곡의 명칭을 검토하면, 부곡은 씨족에서 분화된 특수 부족집단임을 알 수 있다.

셋째, 신라하대 부곡의 생성과 군현제에 관한 문제이다. 신라는 삼국통일 이후 당나라 군현제를 수용하여 지방제도를 개편하였다. 이때 부곡은 외형상 군현의 하부행정단위였지만, 신라하대에 96角干의 왕위쟁탈전과 후삼국 간의 전쟁으로 인해 실제는 호족에게 예속되었다. 특히 나말여초 호족연합정권시기에는 유민과 전쟁포로를 집단으로 부곡에 거주케 하였으며, 태조 왕건은 고려에 적대적인 신라지역을 부곡으로 강등시킨 결과 집단천민의 부곡이 크게 증대하였다. 이들 부곡의 형성시기는 구사부곡과 죽장이부곡이 나말여초인 반면, 나머지 부곡은 현종대부터 여말선초의 시기로 추정된다. 그런데 북안곡부곡이 서쪽 영천부의 경계선을 넘어 들어가는 월경처의 사례가 처음으로 나타난 점이 주목된다.

나말여초 부곡의 병사적 성격

1. 머리말

그동안 한국 부곡의 성격에 관해서는 천인 또는 양인이라는 신분제적 관점에서 연구되었다. 그러나 신라하대 전쟁과 기근이 끊이지 않는 상황에서 호족은 부곡을 私兵으로 예속하였고, 고려 광종대 이후 부곡인들은 점차 관군으로 편제되었다. 광종이 奴婢按檢法을 실시하여 호족의 군사 기반을 축소함으로써 부곡의 관군편입이 실현되었다. 나말여초 부곡을 군사적 관점에서 고찰하면 그동안 천인론과 양인론으로 구분한 이분법적 역사해석의 문제점을 보완할 수가 있다.

중국의 부곡은 논자들 간에 견해차가 있지만 한대의 양인, 남북조시대 호족의 사병, 당대의 천인[1]이 지배적이며, 일본 부곡은 호족의 사유민[2]이었다는 견해가 있다. 이기백은 중국 남북조시대 사병적 성격의 부곡을 일반적으로 衆·士衆·兵이라고 불렀다[3]는 견해를 원용

---

1) 何士驥, 「部曲考」, 『國學論叢』 제1권 1호 ; 濱口重國, 1941, 「南北朝時代の 兵士の身分と部曲の意味の變化に就いて」, 『東方學報』 東京第12冊之1.
2) 平野邦雄, 1962, 「大化前代の社會構造」, 『岩波講座日本歷史 古代 2』, 112 쪽.
3) 宮川尙志, 「南北朝의 軍主 隊主 戌主 등에 대하여」, 『東洋史硏究』 13-6, 1 쪽.

하여『삼국사기』사료의 衆을 兵衆 내지 私兵으로 해석하였다.[4] 그는 이러한 사실을 바탕으로 신라 정규군인 九誓幢이 천민 출신의 兵士나 외국의 포로로 구성되었다고 하였다. 이와 같은 문제의식을 견지하면서 여기서는 먼저 나말여초 부곡이 호족의 사병으로 존재한 사실을 고찰하고, 다음으로 고려초기 부곡의 官軍的 성격을 대외전쟁과 관련해 고찰하려고 한다.

2. 신라하대 귀족의 사병적 부곡

신라 중앙귀족은 하대[5]에 이르러 대규모 사병을 거느렸다. "재상가에는 녹이 끊이지 않고, 奴僮이 3천인이며, 甲兵과 소·말·돼지가 이와 비슷하다"[6]고 한 사료를 통해 그것을 알 수 있다. 여기서 재상가는 중앙의 대귀족을 가리키며, 3천의 갑병은 무장한 귀족의 사병인 셈이다. 이들 귀족들은 왕위를 차지하기 위해 반란을 일으켜 궁궐을 침범하고, 한편으로 귀족들은 서로 전투를 하였다. 신라하대 귀족간에 행해진 이러한 수많은 반란은 사병의 존재를 확인시켜 주고 있다. 따라서 여기서는 신라하대의 부곡을 귀족의 사병으로 간주하고 논리를 전개하려고 한다. 다음의 사료가 이러한 사실을 설명하고 있다.

① 희강왕 원년(836) 흥덕왕이 돌아가고 적장자가 없음에 왕의 당제 均貞과 당제 憲貞의 아들 悌隆이 후사를 다투었다. 金陽이 균정의

---

4) 李基白, 1957,「新羅私兵考」,『歷史學報』9.
5) 신라하대는 일반적으로 선덕왕(780) 이후부터 경순왕(935)까지를 말하지만, 선덕왕 직전 혜공왕(765)부터 하대로 다루기도 한다(李基白, 1957, 앞의 논문, 39쪽).
6)『新唐書』新羅傳.

아들인 아찬 우징과 균정의 妹壻인 예징과 함께 균정을 받들어 왕
으로 하고, 적판궁에 들어가 族兵으로써 숙위케 하였으나 제융의
무리인 김명·이홍 등에게 포위당하였다. (중략) 2년(837) 8월에
전 시중 우징이 잔병을 거두어 청해진으로 들어가 大使 弓福과 결
탁하여 불구제천의 원수를 갚으려고 하였다. 김양이 소식을 듣고
謀士와 兵卒을 거두어 3년 2월에 해중으로 들어가 우징을 만나보
고 함께 거사할 것을 모의하였다. 3월에 强兵 五千人으로써 武州
를 습격하여 城下에 이르니, 고을 사람들이 모두 항복하였다.[7]

② 정월 19일 김양의 군사가 대구에 도착하자, 왕이 군사를 보내 항거
하였지만, 김양의 군사가 역습하니, 왕의 군사가 패배하여 생포되
거나 죽고 노획당한 것이 수없이 많았다. (중략) 김양이 배훤백을
불러 "개는 제 주인이 아니면 짖는 법이다. 네가 주인을 위하여 나
를 쏘았으니, 의사로다. 내가 탓하지 않을 것이니, 너는 안심하고
두려워하지 말라"고 하였다. 衆이 이 말을 듣고 "훤백에게도 저렇
게 하니, 다른 사람이야 무엇을 근심하랴" 하였다.[8]

③ 궁예는 신라인으로 성은 김씨이다. (중략) 진성왕 8년(894)에는 명
주로 들어가니, 군사가 3천 5백 명이나 되었다. 이를 14대로 나누
어 김대검·모흔·장귀평·장일 등으로 부장을 삼고, 사졸과 함께
생활을 같이 하고, 주고 빼앗는 것도 공평무사하게 하니, 衆이 마
음으로 외경하여 추대하여 장군을 삼았다.[9]

위 사료 ①은 홍덕왕 사후 왕위를 놓고 均貞과 悌隆 일당이 왕위쟁
탈전을 벌인 결과 균정은 살해되고, 金陽은 부상했다는 것이고, 사료

---

7) 『三國史記』 卷44, 列傳4 金陽.
8) 『三國史記』 卷44, 列傳4, 金陽.
9) 『三國史記』 卷50, 列傳10, 弓裔, "乾寧元年 入溟州 有衆三千五百人 分爲十
   四隊 金大黔毛昕長貴平張一等舍上(舍上謂部長也) 與士卒同甘苦努逸 至
   於予奪 公而不私 是以衆心畏愛 推爲將軍".

②는 김양이 민애왕(金明)을 죽이고 왕의 휘하 배훤백을 용서했다는 내용이며, 사료 ③은 진성여왕 이후 궁예의 무력집단에 대한 설명이다. 여기서 우리의 주목을 끄는 것은 김양이 균정을 국왕으로 세운 다음 적판궁에 들어가 숙위했다는 族兵인데, 여기 족병은 김양의 私兵을 지칭한다. 그러므로 김양이 청해진으로 갈 때 거느렸다는 謀士와 兵卒 역시 사병이었다고 판단된다. 특히 김양이 强兵 5천 명을 거느렸다는 사실을 통해서 중앙귀족이 거느린 사병의 규모가 대단히 컸음도 알 수 있다. 당시 중앙 귀족들은 일반적으로 누구나 사병을 소유하고 있었다.10) 귀족들은 사병의 막강한 군사력을 토대로 국왕을 시해하고 왕위를 찬탈할 수 있었는데, 국왕도 왕위를 지키기 위해서 禁軍을 출동시켜 모반한 무리들을 축출하였다. 따라서 금군도 크게 보면 국왕의 사병이었다.

여기서 "衆을 모아 왕궁을 포위했다"거나, "衆이 3천 5백 인이 있어서 14隊로 나누었다"고 한 사료 중 "衆"은 兵衆을 지칭하는데, 이는 중국 남북조시대 부곡을 일반적으로 衆·士衆·兵이라고 불렀던11) 사실과 수·당대 부곡이 천민이었던 사실에 근거를 두고 있다. 그러면 삼국시대 부곡이 신라 하대에 사병으로 존재한 이유는 어디에 있을까. 이 문제를 구명하려면 먼저 사병의 발생 배경부터 살펴보아야 한다.

신라 하대에 이르러 중앙집권적 정치체제가 약화됨과 동시에 중앙군제인 停幢制가 붕괴되었음은12) 주지의 사실이다. 당시 왕도와 五道 州郡의 96角干이 크게 싸웠다13)는 사료를 통해서 이와 같은 사실이 확인된다. 이때 중앙귀족과 지방의 城主·將軍 등은 독자적인 세력을

---

10) 李基白, 1957, 앞의 논문, 42쪽.
11) 李公範, 1968, 「北朝의 部曲形成過程」, 『大東文化硏究』 5.
12) 李基白, 1957, 앞의 논문, 55쪽.
13) 『三國遺事』 卷2, 奇異 제2, 惠恭王 3년 7월 3일.

확장하는 군사적 토대로서 수 백 내지 수 만의 사병을 거느렸다. 그런데 이들 사병은 일차적으로 호족의 私奴로 구성되었으며, 다음으로 토지를 상실한 유민이나 전호가 그 대상이었다.

한편 왕위쟁탈전에 참여한 중앙귀족들이 그들의 정치·군사적 토대를 사병에 둘 수밖에 없었듯이 지방의 귀족들도 사병을 소유하였다. 그것은 당시 대부분의 지방 호족들이 골품제에 편제되지 못한 결과 반신라적 성향을 갖게 된 것과도 관계가 있겠다. 그러나 停幢의 관군 조직이 붕괴된 상황에서 말갈족의 침입과 고구려·백제의 유민반란, 원종·애노의 민란 등 일련의 내우외환에 대비하기 위해서도 사병은 필요하였다.

당시 귀족들의 사병 소유를 언급한 『신당서』 신라전, "奴僮이 3천이고, 같은 수의 甲兵이 있었다."고 했는데, 여기의 甲兵을 백남운은 무장한 사병으로 해석한 반면에, 이기백은 무기로 보았다. 그러나 어느 경우이든 귀족은 사병을 소유하지 않으면 정치·경제·사회적 기반을 확대할 수가 없었다.

지방귀족으로서 사병을 거느린 대표적 사례가 청해진의 장보고이다. 장보고는 당나라에서 군인으로 활약했는데, 당시 해상무역의 발달에 따라 자주 나타난 해적을 소탕한 공로로 반독립적인 군진세력을 형성하였으며, 1만의 사병이 곧 군진세력의 무력기반이라고 할 수 있겠다. 그러면 청해진의 사병은 어떻게 모병되었으며, 그들의 사회신분은 어떠하였을까. 그것은 邊民을 규합하여 청해진을 만들었다는 것과 장보고 암살 이후 그곳 인민을 벽골군으로 옮기었다는 사실을 통해 볼 때 사병의 구성원은 천민집단이 많았을 것으로 보인다.

다시 말해서 청해진 사병의 근간은 그곳의 鎭民과 일반 군현의 유민·향, 부곡인·도망한 공사노비 등 다양한 신분계층이 그 대상이었을 것으로 판단된다. 그런데 募兵에 응모한 자들은 노비와 부곡인 및 전호가 그 주류였을 것이다. 왜냐하면 해적의 출몰이 잦았던 당시 섬이나 해변가는 군현의 유민과 부곡인들이 국가의 통제로부터 벗어나 자유롭게 거처할 수 있는 집단 촌락이었기[14] 때문이다. 특히 모병에 응모한 공사노비 중에는 신분해방의 수단으로 사병을 선택하였을 가능성이 많으며, 벽골군으로 옮겨 간 청해진의 사병들은 국가의 屯田 경영에 使役되었을 것이다.

한편 진골이나 6두품으로서 일족을 거느리고 낙향한 太守와 같은 중앙귀족의 지방 호족들도 사병을 소유하였다. 이때 郡의 태수가 거느린 사병은 停이나 幢이 붕괴된 상황에서 관군의 역할을 하였다.『삼국사기』권10, 헌덕왕 11년 3월조에 "초적이 두루 일어남에 여러 주군의 도독·태수에게 명하여 잡게 하였다"는 사료를 통해서 이 같은 사실이 확인된다. 그러나 지방의 태수나 촌주들은 이들 초적들과의 전투에서 대부분 전사하였는데[15] 그것은 궁예와 견훤의 사례에서 알 수 있듯이 이들 초적집단들의 군사력은 지방 군사력보다 더 강대했다.

사료 ③은 진성여왕 이후 중앙세력에 반기를 들어 각 지역에서 초적과 반란이 계속 일어났으며, 그 중 가장 큰 것이 궁예의 무력집단이었음을 설명하고 있다. 이들 초적집단은 약탈적 방법으로 사병을 구성하였는데 그것은 이들 집단이 토착적 세력기반이 아닌 농민봉기나 유이민을 규합하여 성장한 세력이었기 때문이다. 그렇다면 초적집단에 불과한 궁예가 신라와 함께 후삼국의 형상을 이룰 정도로 막강한 군사력을 어떻게 소유하였을까. 그것은 다음 두 가지 요인과 밀접한 관계가 있다. 하나는 신라 골품제사회의 구조적 모순을 전제로 한 반신

---

14)『新增東國輿地勝覽』卷31, 南海縣.
15)『三國史記』卷11, 眞聖王 3년.

라 정책 및 고구려 계승을 표방한 것이고, 다른 하나는 盜賊·群盜 등 하층 유민집단을 광범하게 결집한 사실이다. 특히 궁예는 사병들과 동고동락함으로써 군사력을 결집하였는데, 이들 사병은 장보고의 군진세력과 마찬가지로 공사노비와 부곡인 등 천민집단이 대부분이었을 것으로 판단된다.

그러면 군진세력의 사병으로 존재하였던 부곡은 고려초에 그 의미가 어떻게 변하였을까. 중국 부곡을 설명한 다음의 두 견해가 이 문제와 관련하여 많은 것을 시사하고 있다.

① 漢代에 부곡은 軍隊編制 상의 용어였다가 어느새 병사를 뜻하게 되고, 다시 私兵을 지칭하게 되었다. 후한말·삼국시대 부곡은 주로 사병에게만 쓰여진 용어로 전용되었다. 이때의 부곡은 가족과 더불어서 主家에 永代隸屬하고, 유사시에는 사병으로 평시에는 노예와 같이 使役한 신분이다. 이래서 이들의 사회적 지위는 점차로 저하되어 천민으로 간주되게 되었다. 결국 남북조시대부터 수·당대 부곡은 천민의 일종을 뜻하게 되었다.16)

② 삼국, 서진시대도 부곡의 용어는 官私雙方의 군대병사 등을 뜻하고, 결코 何士驥氏의 견해와 같이 사병만을 의미하지 않았다. 부곡이 私賤民의 법제적 명칭으로 사용한 시기는 북주 健德 6년을 소급해서 얼마 올라가지 아니한 때라고 예상된다. 그리고 부곡이 형성된 과정은 늦어도 동진 초에는 私賤民 계급에 2등의 구별이 성립되어 상급천민을 出客이라고 하고, 하급천민을 노비라고 하였다. 늦어도 송대는 上級客을 衣食客이라고 부르고, 하급천민을 노비라고 호칭했다. 이 衣食客이 수·당대 부곡의 전신이다.17)

---

16) 何士驥, 「部曲考」, 『國學論叢』 제1권 1호.

17) 濱口重國, 1941, 「南北朝時代の兵士の身分と部曲の意味の變化に就いて」, 『東方學報』 東京第12冊之1.

위 사료 ①에서 何士驥는 군대편제 내지 사병의 뜻을 갖는 한나라 부곡의 신분은 양인이었지만, 남북조시대부터 수·당대의 부곡은 천민이라고 했다. 사료 ②에서 濱口重國은 何士驥가 부곡을 한·위대의 私兵 賤民으로 보는 견해를 부정하였다. 즉, 동진시대에 客의 최하층으로 出客이 생기고, 남북조시대는 衣食客이라고 칭했으며, 당대에는 상급천민인 部曲客女로 변천했다고 논증하였다. 특히 씨가 부곡이 전통적으로 軍兵을 지칭했다면, 군병과 관계없는 천민이라는 용어를 굳이 사용할 수 없다고 보고, 노예출신의 군병과도 관련해서 생각해 봄이 타당하다는 견해를 제시하였다.[18] 또한 일본 부곡은 중국 남북조시대의 부곡이 우리 나라를 거쳐서 일본으로 들어가 호족의 사유민을 지칭하게 되었다는 坂本太郎의 견해가 주목된다.[19]

3. 고려초기 부곡의 관군적 성격

앞에서 살펴본 중국 부곡과 일본 부곡에 관한 일련의 사실은 고려초기의 부곡 역시 호족에게 예속된 사병적 성격과 천민적 의미가 동시에 내재해 있음을 시사하는 경우가 되겠다. 고려초 부곡이 호족의 사병으로 지칭되는 과정은 다음과 같다. 신라하대 후삼국 간의 끊임없는 전쟁의 결과 많은 유민이 발생하였고, 이 유민의 대부분이 호족의 전호가 되었으며, 이때 무술을 겸비한 부곡인은 호족의 군사적 기반이 되었다. 병농일치의 사회에서는 이 양자의 구분이 명확하지 않았지만, 호족 상호간의 군사적 대립이 잦았던 당시는 노비와 부곡인의 사병적 역할이 더욱 증대되었을 것이다. 태조 왕건이 고려를 창업한 초기에

---

18) 金文經, 1969, 「回顧와 展望 - 魏晉南北朝·隋唐」, 『歷史學報』 40.
19) 오일순, 1985, 「高麗前期 部曲民에 관한 一試論」, 『學林』 7.

호족들은 실제로 많은 從軍捕虜를 확보하여 그들을 노비로 삼았다. 왕건은 이들 포로를 석방하여 양인으로 만들려고 하였지만, 공신들의 뜻이 동요될까 우려하여 실행에 옮기지 못했다[20]는 사료에서 당시 피정복 지역의 자영농민과 부곡인들이 호족의 사병적 존재로 전락한 사실을 알 수 있다. 호족에게 예속된 이후 부곡인의 사회적 지위는 良人과 奴婢의 중간 정도였으나 신분적으로 천민에 더 가까웠을 것이다. 그러므로 당시 호족은 부곡인 출신의 私兵을 군사적 기반으로 삼아 호족연합정권을 실현할 수 있었다. 호족의 이와 같은 군사력의 집중은 왕권 안정의 저해요인으로 인식됨으로써, 광종은 동왕 7년(956) 노비안검법을 실시하게 되었다.[21] 이후 호족의 군사력은 급격히 약화되었는데, 그것은 부곡인들 역시 노비안검법의 대상이었기 때문이다. 다음의 사료를 통해서 볼 때 당시 호족의 사병인 부곡민이 관군에 편제되는 과정을 살펴볼 수가 있다.

在家和尙은 가사를 입지 않고 계율을 지키지 않으며, 흰 모시의 좁은 옷에 검정색 깁으로 허리를 묶고 맨발로 다니는데, 간혹 신발을 신은 자도 있다. 거처할 집을 자신이 만들며 아내를 얻고 자식을 기른다. 그들은 관청에서 기물을 져서 나르고 도로를 쓸고 도랑을 내고 성과 집을 수축하는 일들에 모두 종사한다. 변경에 경보가 있으면 단결해서 나가는데 비록 달리는 데 익숙하지는 않지만 자못 씩씩하고 용감하다. 군대에 가게 되면 각 자가 양식을 마련해 가기 때문에 나라의 경비를

---

20) 『高麗史』 卷93, 列傳6, 崔承老, "我聖祖創業之初 其群臣除本有奴婢者外 其他本無者 或從軍得俘 或貨買奴之 聖祖嘗慾放俘爲良 而慮動功臣之意 許從便宜".

21) 『高麗史』 卷93, 列傳6, 崔承老, "光宗始令 按驗奴婢 辨其是非 於是功臣等 莫不嗟怨 而無諫者 大穆王后 切諫不聽 賤隷得志 凌轢尊貴 競構虛僞 謀陷本主者 不可勝紀".

소모하지 않고서 전쟁을 할 수 있게 된다. 듣기로는 중간에 거란이 고려인에게 패전한 것도 바로 이 무리들의 힘이었다고 한다. 그들은 사실 형벌을 받은 복역자들인데, 夷族의 사람들은 그들이 수염과 머리를 깎아버린 것을 가지고 和尙이라고 이름한 것이다.22)

위 사료는 고려초기 재가화상에 관해서 설명한 내용인데 당시 재가화상은 평시의 경우 관청의 잡역에 동원되거나, 변방의 축성에 참여하였다가 전시에는 지방군의 일원으로 戰線에 동원되었다. 이와 같은 사실을 통해 재가화상이 국가에 대해 노역과 국역을 지고 있었음을 알 수 있다. 그렇다면 호족의 사병이었던 부곡민을 국가가 직접 통제하는 이유는 무엇 때문일까. 그것은 광종대 이후 실시된 일련의 호족세력 약화정책과 무관하지 않다. 다시 말해서 광종이 왕권강화 정책을 실시함으로써 호족의 사병혁파는 결과적으로 부곡민이 국가의 통제를 직접 받게 되는 계기가 되었고, 이에 따라 재가화상이 광군에 편제되었다. 여기서 거란이 고려인에게 패전했다고 한 것은 현종 원년(1010)의 2차 침입을 말한다. 30만의 고려 광군이 처음 조직된 것은 정종 2년(947)이다. 그러나 실제로 관군이 전투에 참여한 것은 현종 원년(1010) 거란의 2차 침입 때다. 이와 같이 광군은 중앙정부의 직접적인 징병에 의한 것이 아니고, 당시 지방통치를 사실상 반독립적 입장에서 담당해 나가고 있던 지방호족의 징병에 의해서 조직되었다.23)는 연구

---

22)『高麗圖經』卷18, 在家和尙, "在家和尙 不服袈裟 不持戒律 白紵窄衣 束腰
  皁帛 徒跣以行 間有窄履者 自爲居室 娶婦鞠子 其於公上 負載器用 掃除道
  路 開治溝洫 修築城室 悉以從事 邊睡有警 則團結而出 雖不閑於馳逐 然頗
  壯勇 其趨軍旅之事 則人自裹糧 故國用不備 而能戰也 聞中間契丹 爲麗人
  所敗 正賴此輩 其實刑餘之役人 夷人以其髡削鬚髮 而名和尙耳".

23) 李基白, 1965,「高麗光軍考」,『歷史學報』27/ 1968,『高麗兵制史研究』에 재
  수록.

를 통해서 볼 때 광군은 호족연합군의 성격이 지배적이었다고 이해된
다. 그러나 광종대를 기점으로 광군은 점차 관군으로 편제되기 시작하
였다. 왜냐하면 광군이 현종 초년에 開心寺의 石塔造成에 동원되고
있는 사실이[24] 이를 입증한다. 그러면 광군에 편제된 부곡인의 신분
을 어떻게 규정할 수 있을까. 그것은 위 사료 "재가화상은 형벌을 받
는 복역자들이었다"는 것에서 그 실마리를 찾을 수 있다. 김부식이 묘
청의 서경반란을 진압한 다음 '그 중에 용감하고 사나와서 항거한 자
는 "西京逆賊"이란 네 글자를 자자하여 해도에 유배시키고, 그 다음
은 "西京"이라는 글자를 자자하여 향·부곡에 나누어 배속시켰다'[25]
는 내용과 관련해 볼 때 거란의 침입을 물리친 재가화상이 부곡인이
었다는 사실은 의심의 여지가 없다고 하겠다. 따라서 현종 원년(1010)
호족의 사병으로 존재하였던 부곡인의 신분은 천인으로 규정할 수가
있다. 일찍이 旗田巍는 화개·살천의 두 부곡장이 모두 剃頭하고 있
었으며, 僧首라고 불렸던 점과[26] 그 외양이 재가화상과 비슷한 점을
들어 화개부곡장도 재가화상과 같은 受刑者 집단이라는 견해를 제기
하였다.[27] 백남운 역시 호족의 사유민 집단인 일본 부곡이 "까끼"라고
불리어졌던 것을 『삼국지』 마한전의 "皆斷髮爲奴"와 관련하여 이해
하였다.[28] 한편 김용덕은 『파한집』(상)에 화개현으로 되어 있는 점을
들어 화개 부곡장은 受刑者가 아니라 雙雞寺와 관련있는 승려 부락
이나 승려에 준하는 帶妻僧 부락의 長이라고 해석하였다.[29] 그러나

---

24) 李泰鎭, 1972, 「醴泉開心寺 石塔記의 分析」, 『歷史學報』 53·54합집.
25) 『東史綱目』 제8하, 仁宗 14년 춘2월 23일.
26) 『高麗史』 권57, 地理志2, 晉州牧 中 ; 『新增東國輿地勝覽』 권30, 晉州牧.
27) 旗田巍, 1972, 「高麗王朝成立期의「府」와 豪族」, 『朝鮮中世社會史의 硏究』.
28) 白南雲, 1933, 『朝鮮社會經濟史』, 354쪽.
29) 金龍德, 1981, 「部曲人의 規模 및 部曲人의 身分에 대하여(下)」, 『歷史學
報』 89, 89쪽.

김용덕의 견해는 타당하지 않다고 본다. 왜냐하면 당시 재가화상이 소속된 광군은 쌍계사 주변뿐만 아니라 전국적으로 통일된 군사조직이었으며[30] 이인로가 『파한집』을 편찬한 시기 역시 1260년(원종 원년)으로, 이때는 이미 많은 부곡이 군현으로 승격한 이후의 시기에 해당되기 때문이다.

그러면 광군의 일원이었던 재가화상은 거란군을 물리친 대가로 신분상승의 혜택이 주어졌을까. 이에 관한 대답은 당시 호족의 사병 집단인 노비·부곡인·전호 등이 국가의 관군으로 편제됨으로써 새로운 군역 담당계층이 되었지만 종군에 따른 부곡인의 신분상승은 실현되지 않았다. 그러나 부곡인의 사회적 지위는 어느 정도 상승하였다고 보여진다. 광군은 현종 9년(1017) 소멸되어 주현군으로 개편됨으로써[31] 이후 노비와 부곡인의 군역담당은 현실화되었다. 숙종대 동여진의 침략에 대비한 윤관의 별무반 설치,[32] 무인집권시대 관군이 권신의 가병으로 전락함에 따른 천인의 군역담당,[33] 몽고복속기의 奴軍·雜類別抄,[34] 고종 때 거란족의 침입[35] 등 일련의 사례에서 이와 같은 사실을 확인할 수 있다. 특히 고려 서북지방의 익군제도를 설명한 "高麗式目形止案"에 양인병종인 白丁軍과 함께 천인병종인 雜尺所丁·津江丁·部曲丁·驛丁이 구체적으로 설명되고 있는데, 그 내용은 다음과 같다.

예문관 제학 이선제가 글을 올렸다. 첫째, 신이 그전에 서북지방의

---

30) 李基白, 1965, 앞의 논문, 167쪽/ 1968, 『高麗兵制史研究』.
31) 李基白, 1968, 앞의 논문, 173쪽.
32) 『高麗史』 卷96, 列傳9, 尹瓘 ; 권81, 志35, 兵1.
33) 『高麗史』 卷81, 志35, 兵1.
34) 『高麗史』 卷103, 列傳16, 李子成.
35) 『高麗史』 卷81, 志35, 兵1, 高宗 3년 10월조.

익군제도를 보고 마음속에 유감스럽게 생각하면서 그에 대한 계책을 생각해 온 지 오래되었습니다. 이제 고려의 式目形止案을 가지고 城들을 방어하던 제도를 상고해 본 결과 그것이 여러 위를 둔 중국의 제도와 어느 정도 부합되었습니다. 우선 몇 개 고을의 군사제도를 들어서 올리는 바입니다. 귀주성은 1,500간으로서 여기에는 都領中郎將이 1명, 中郎將이 2명, 郎將이 6명, 別將이 14명, 校尉가 28명, 隊正이 57명이고, 抄軍이 24대, 左軍이 20대, 右軍이 5대, 保昌軍이 8대이며, 합계하면 군사가 1,637명이고, 白丁軍은 125대로서 그 인원수가 3,294명입니다. 귀주는 바로 지금의 정주입니다. (중략)

　여러 성들이 모두 41개인데 초맹군의 장상, 장교와 군사의 수를 합하면 모두 14,491명이고, 隊의 수를 계산하면 538대이며, 기병 97대를 포함한 행군이 모두 13,460명입니다. 左猛軍의 將相, 將校와 군사의 수를 합치면 모두 13,475명이고, 隊의 수를 계산하면 503대이며, 騎兵 71대 쇠뇌군 48대를 포함한 行軍이 12,570명입니다. 右猛軍의 將相 將校와 군사의 수를 합하면 모두 4,797명이고, 隊의 수를 계산하면 107대이며, 기병 16대를 포함한 行軍이 4,803명입니다. 保昌軍의 장상, 장교, 군사들을 합계하면 모두 7,451명이고, 隊의 수는 모두 268대이며 行軍이 7,168명입니다. 이상 抄猛軍의 將相, 將校, 군사수가 모두 40,396명이고, 雜尺所의 軍丁이 1,268명, 津江의 軍丁이 624명, 부곡의 軍丁이 382명, 역참의 軍丁이 1,585명, 白丁軍이 70,960명이며, 隊의 수는 모두 2,895대입니다. 이것이 전 왕조가 흥성하던 때 서북계의 군사 정원수의 대략입니다.[36]

위 사료는 文宗 원년(1451) 6월 군제개혁[37]이 단행되기 직전 예문

---

36) 『文宗實錄』 卷4, 卽位年 10월 10일.
37) 문종은 국초에 "十衛"를 "五司"로 개편한 군주인데 개혁은 첫째 "十二司"에서 "五司"만을 남겨놓고, 둘째 각 兵種은 五司 25領에 분속시키는 것으로 요약된다. 千寬宇, 1979, 「朝鮮初期 五衛의 形成」, 『近世朝鮮史研究』, 일조

관 제학 이선제가 서북지역 익군의 군사제도를 개혁하기 위해 高麗式
目形止案을 참고한 것으로 생각된다. 여기서 우리는 고려전기 서북지
역의 군사제도 일반 즉, 각 병종별 부대단위와 군사의 숫자, 지휘계통
의 귀속관계 및 각 지역 城의 숫자 등을 구체적으로 살펴볼 수가 있겠
다. 특히 주목을 끄는 것은 다음 두 가지 사실이다. 하나는 양인병종
인 白丁軍과 대비되는 천인병종의 所丁, 部曲丁, 津丁, 驛丁의 존재
에 관한 것이고, 다른 하나는 고려의 군사제도가 중국의 그것과 어느
정도 부합된다는 사실이다. 전자의 경우 천인들이 군역을 담당할 수밖
에 없었던 이유는 여진족의 침입과, 무신란 이후 관군의 私兵化 때문
이며, 후자를 통해서는 고려 병제와 중국 병제가 상호 연관관계에 있
었음을 알 수 있다. 이 문제는 다음 장에서 살펴보도록 하겠다.

지금까지 고려 所丁을 비롯한 部曲丁, 津丁, 驛丁은 현역으로 징발
되지 않고, 서북지역의 방어를 위해 성을 수축하는 등의 특정한 역을
부담하였다고 이해하였는데[38] 이와 같은 주장에는 당시 향·부곡·
소와 진·역의 주민이 良人이었다는 사실이 내재해 있는 것으로 보인
다. 그러나 고려전기의 부곡과 진·역의 거주자가 천민이었다는 사실
은 앞에서 설명한 바와 같다. 다시 말해서 "고려시대 5도양계의 진, 역
과 부곡인은 모두 태조 때 逆命한 자들이었다"[39]는 사료와 "津의 거
민은 12세기말에 머리를 깎고 반은 승려였는데, 그 진척은 당시 신분
상 부곡민과 비슷하였다"[40]는 내용 및 "진, 역, 부곡인과 잡척인이 서
로 혼인하여 출생한 자녀는 절반씩 나누되, 남는 수는 어미 편에 따른
다"[41]는 것이 그것이다. 따라서 위의 高麗式目形止案을 통해서 볼 때

각, 70~73쪽.
38) 朴宗基, 1990, 『高麗時代 部曲制研究』, 서울대학교출판부, 160~161쪽.
39) 『太祖實錄』 卷1, 元年 8월 20일(기사).
40) 오일순, 1985, 앞의 논문, 27쪽.

천인 군정은 처음부터 양인 병종인 白丁軍에서 독립된 軍丁이었음을 알 수 있겠다.

한편 부곡인이 관군으로 편제된 직접적 동기는 당시 많은 부곡인과 진, 역의 백성들이 호족세력으로부터 독립된 사실에 기인하며, 위 사료 중 천인의 軍丁이 白丁軍의 숫자보다 훨씬 적은 것은 고려 부곡과 진, 역 등이 신라 지역인 경상도와 후백제 지역인 전라도에만 집중되고 서북 지역에는 부곡의 숫자가 적었기 때문에 나타난 현상이다. 그러면 여진족 침입 이전 기록으로 보이는 高麗式目形止案 당시 부곡의 군정과 진, 역에 거주한 군정의 무력은 어느 정도였을까. 이 문제는 신라하대 지방호족 간의 영토전쟁과 후삼국 기간 동안의 왕위쟁탈전 및 고려초기 30만 광군이 거란의 침입을 물리쳤을 때 재가화상의 공헌이 컸다는 사례를 통해서 당시 부곡정의 군사력은 아주 우수하였던 것으로 이해된다.

한편 이 문제와 관련하여 호족의 사병이 국가의 관군으로 편제된 고려중기 이후부터 부곡정의 군사력은 점차 약화되었을 것이다. 그 이유는 첫째, 대부분의 부곡이 군현의 속현으로 편제됨으로써 국가에 대한 부곡인의 조세와 공납 부담이 증가된 사실이고, 둘째는 이 시기부터 부곡인들에게 종전에 없던 군역 부담이 추가되었기 때문이다. 그럼에도 불구하고 당시 民亂이 천민집단인 부곡 지역에서 빈번하게 발생하였던 사실은 한편으로 부곡인들이 기본적으로 군사력을 소유하고 있음을 시사하는 경우가 되겠다.

① 공주 명학소의 백성 망이, 망소이 등이 자기 당류를 규합하여 山行兵馬使로 자칭하고, 공주를 공격하여 함몰시켰다. (중략) 병술일에

---

41) 『高麗史』 卷84, 刑法1, 戶婚條.

亡伊의 고향인 명학소를 충순현으로 승격시키고, 內園丞 梁守澤
을 현령으로, 내시 김윤실을 縣尉로 임명하여 그 고을을 무마하게
하였다. (중략) 신해일에 망이 등이 홍경원에 불을 지르고 그 절에
있는 중 10여 명을 죽인 다음 주지를 위협하여 요지가 다음과 같
은 글을 가지고 서울로 가게 하였다. "우리 고향을 현으로 승격시
켰고,' 수령까지 배치하여 백성들을 안무하게 하더니, 이내 군사를
보내어 우리 고을을 치고 우리 어머니와 처를 잡아 가두니 그건
무슨 까닭인가. 차라리 싸우다가 죽을지언정 끝까지 굴복하지 않
을 것이며, 반드시 서울까지 가겠다."42)

② 당시 협주의 적 광명과 計勃이도 또한 크게 성하여 한 지방의 큰
해독물로 되어 있었다. 그런데 진주 사람으로 정방의와 사이가 나
쁜 자 20여 명이 협주로 가서 도둑 무리들 속에 들어 노올부곡에
거주하였다. 그들의 군사를 빌어서 정방의를 공격코저 하니 적이
허락하였다. 정방의가 나가서 그들을 격퇴하고 그 승리를 이용하
여 노올부곡까지 가서 그 무리를 모두 죽였다.43)

③ 금년 12월 16일에는 水州에 속한 고을인 處仁部曲의 조그만 城에
서 몽고군과 대적하다가 그들의 괴수인 살례탑을 쏘아 죽였고 포
로로 잡은 것도 많았으며 패배를 당한 잔당들은 사방으로 분산되
었다. 이때부터 그들의 기운이 꺾여서 일정한 곳에 편히 있을 수
없게 되어 군사를 철수하였다.44)

위 사료 ①은 공주 명학소의 망이·망소이란을 설명한 것이고, ②
는 陜州의 도둑 光明과 計勃이 奴兀部曲에 그들의 세력거점을 형성
하고 있었음을 말한 것이며, ③은 水州의 處仁部曲이 몽고군과 항전
하여 적장 살례탑을 죽이고, 승리하였음을 설명한 내용이다. 1176년

---

42) 『高麗史』卷19, 世家, 明宗1.
43) 『高麗史』卷128, 列傳41, 叛逆2, 鄭方義.
44) 『高麗史』卷23, 世家, 高宗2.

(명종 6) 1월부터 1177년 7월까지의 기간에 발생한 망이·망소이란은 충청도와 경기도 일대를 점령한 대규모의 것이었다. 그런데 이 난의 직접적 동기는 국가가 명학소의 주민들을 일반 군현의 백성들과 차별한 데에 기인한다. 명학소 봉기 이후 중부지방에서 민란이 동시에 발생하였던 사실45)과 관련하여 볼 때 망이·망소이란은 무인집권기 민란의 기폭제 역할을 하였다. 그렇다면 이 난의 무력적 배경은 어디에 있을까? 그것은 나말여초 호족의 私兵으로 존재하였던 부곡이 고려 성종조 이후 점차 관군화됨으로써 그 전투력이 계승·발전되었기 때문이다. 한편 당시 부곡인들은 왜구와 해적의 침략으로 버려진 해변가나 섬에서 농경생활을 하였던 바 자체 방어의 필요성 때문에 무기와 전술이 독자적으로 발전하였다.

　사료 ②에서는 公私奴隷의 반란을 진압한 정방의가 포악한 행위를 일삼자, 부곡인들이 협주의 광명, 計勃 세력과 연합하여 정방의를 공격하였다는 것이다. 당시 정방의를 타도하는 데는 실패하였지만 노올부곡은 민란의 중심지 역할을 수행하였으며 그 군사력은 부곡정의 무력에 기반을 두고 있다고 하겠다. 한편 부곡정의 전투력이 우수하였음은 대몽항쟁을 통해서도 입증된다. 다시 말해서 몽고장군 살례탑이 처인부곡과 교전 중에 살해되었던 사실은 처인부곡의 군사력을 간접적으로 평가할 수 있는 근거가 된다.

---

45) 洪承基, 1979, 「高麗 武人執權時代의 奴婢叛亂」, 『全海宗華甲記念史學論叢』 ; 洪承基, 1983, 『高麗貴 族制社會와 奴婢』 ; 朴宗基, 1989, 「高麗時代 郡縣 支配體制와 構造」, 『國史館論叢』 4.

4. 맺음말

이상에서 나말여초 부곡은 호족의 사병이었으며, 호족의 사병이 혁파된 고려초기에는 관군이 되었음을 확인하였다. 논의한 내용을 요약하면 다음과 같다. 먼저 신라하대 호족의 사병으로 존재한 부곡이다. 신라하대 부곡민들은 대부분 호족의 전호였는데, 전시에는 호족의 사병으로 출전하였다. 당시 귀족들은 누구나 사병을 소유했는데, 지방에서 성주·장군 등으로 호칭되던 호족들은 고을의 자체 방어를 위해 독자적인 군사력이 필요한 실정이었다. 또한 停幢의 관군 조직이 붕괴된 상황에서 말갈족의 침입과 고구려·백제의 유민반란, 元宗·哀奴民亂 등 일련의 내우외환에 대처하기 위해서도 사병은 필요하였다. 사병의 규모는 대략 3천 명이 상한선이었다. 청해진 장보고의 군진, 궁예의 초적, 후백제의 견훤, 고려의 왕건 부대가 이에 해당된다. 특히 초적집단에 불과하였던 궁예가 막강한 사병을 소유할 수 있었던 것은 반신라정책과 고구려 계승을 표방했기 때문에 가능하였다.

호족의 군사력 집중 현상은 왕권 강화의 저해 요인으로 인식되었다. 광종은 동왕 7년(956) 노비안검법을 실시함으로써 호족의 사병을 혁파하였다. 혁파된 호족의 사병은 관군인 광군에 편제되었다. 광군 소속의 재가화상이 거란족을 물리치는 데 크게 공헌했다는 사실이 부곡의 병사적 성격을 반영한다. 현종 9년(1017) 광군이 주현군으로 개편되면서부터 부곡인은 군역을 담당하게 되었으며, 숙종 때 동여진의 침략에 대비한 윤관의 별무반 설치, 몽고복속기의 노군·잡류별초, 高麗式目形止案의 雜尺所丁·津江丁·部曲丁·驛丁의 사례를 통해 부곡민의 軍役 참여를 확인할 수 있다. 천인신분의 부곡인이 몽고군과 항전하여 적장을 죽이고, 민란의 기폭제 역할을 수행한 사실도 부곡정의 군사력이 우수하였음을 입증한다.

제2부
고려시대 부곡과 부곡인의 신분상승

부곡인의 신분과 법제규정

1. 머리말

한국의 중세사회 성격을 해명할 수 있는 부곡에 대한 연구는 천인론1)과 양인론2)으로 구분할 수 있다. 양인론은 다음 두 가지 사실에 근거를 두고 있다. 하나는 한국 부곡은 중국이나 일본 부곡과 다른 독자성을 갖고 있다는 것이고, 다른 하나는 천인론은 부곡의 발생 문제를 연역적으로 접근했기 때문에 실증성이 없다는 것이다. 따라서 부곡

---

1) 부곡인 천인론자의 논고는 다음과 같다. 白南雲, 1933,「部曲制の歷史的 意義」,『朝鮮社會經濟史』; 旗田巍, 1951,「高麗時代の賤民制度 部曲について」/1971,『朝鮮中世社會史の硏究』所收 ; 임건상, 1963,『조선의 부곡제에 관한 연구』, 과학원출판사/1997, 백산자료원 ; 임건상, 2001,『임건상전집』, 혜안 ; 오일순, 1985,「高麗前期 部曲民에 대한 一試論」,『學林』7 ; 李弘斗, 1998,「部曲의 意味變遷과 軍事的 性格」,『韓國史硏究』103.
2) 부곡인 양인론자의 논고는 다음과 같다. 李佑成, 1966,「高麗末期 羅州牧 居平部曲에 대하여」,『震檀學報』23・30합집 ; 李佑成, 1983,「李朝時代 密陽 古買部曲에 대하여 - 部曲制의 發生 形成에 관한 一推論」,『震檀學報』56 ; 金龍德, 1980・1981,「部曲의 規模 및 部曲人의 身分에 대하여」,『歷史學報』88・89 ; 北村秀人, 1969,「高麗時代の ‘所’制度について」,『朝鮮學報』50 ; 武田幸男, 1971,「良賤制の展開」,『岩波講座世界歷史』6 ; 朴宗基, 1986,「高麗의 部曲史」,『高麗史의 諸問題』; 金蘭玉, 2000,『高麗時代 賤事・賤役良人 硏究』, 신서원.

인 천인론은 현재 연구사적 가치가 크게 떨어져 있었다.3) 그러나 양인론자들이 실증적 근거로 제시한『신증동국여지승람』의 이러한 내용은『고려사』의 법제규정과 큰 차이가 있어서 주목된다.

부곡인 양인론은 이우성이 1966년 처음 주장하였고, 김용덕이 이를 계승 발전시켰으며, 박종기가 완성하였다. 그러나 이우성은 여말선초의 사료를 인용해 부곡인을 양인으로 해석하였기 때문에 설득력이 부족하다. 한편 김용덕과 박종기는 부곡인 양인론을 입증하기 위해『고려사』의 원전을 자의적으로 해석하는 측면이 없지 않다.

따라서 여기서는 고려시대 부곡인의 신분은 천인인가 아니면, 양인인가의 문제를『고려사』법제규정을 통해 살펴보려고 한다. 먼저 부곡인 천인론을 선거규정과 관련해 고찰하고, 다음으로 부곡인의 신분귀속 문제를 형법규정을 통해 살펴보며, 마지막으로 부곡의 군현승격과 부곡인의 신분상승을 검토할 것이다.

2. 부곡인의 신분과 선거규정

부곡인의 신분에 대해서는 역사가에 따라 상호 다른 해석이 가능하다. 부곡인의 신분규정은『고려사』선거규정을 바탕으로 해명할 수 있는데, 선거규정은 과거응시와 국학 입학의 두 영역으로 구분할 수 있다. 고려시대는 원칙적으로 양인에게만 이것들이 허용되었다. 따라서 부곡인의 仕路進出 여부를 밝히면 부곡인의 법제적 신분을 규정할 수

---

3) 部曲制에 관한 연구사는 다음 논고를 참조할 것. 具山祐, 1988,「高麗時期 部曲制의 研究成果와 課題」,『釜大史學』12, 8쪽 ; 朴宗基, 1990,『高麗時代 部曲制研究』, 서울대학교출판부, 19쪽 ; 金義煥, 2000,「部曲制 研究現況에 대한 검토」,『충북향토문화』11, 충북향토문화연구소.

가 있다.

고려 광종대에 처음으로 실시한 과거제도는 그 기능에 따라 제술업, 명경업, 잡업으로 구분된다. 성종대 이후 문치주의가 강조되면서 제술업과 명경업이 더욱 중시된 반면, 醫·卜·地理 등 잡업은 상대적으로 비중이 축소되었다. 한편 국학 출신자와 현직 관직자는 과거에 응시할 수 있는 자격을 가졌는데, 그 관직을 세 가지로 분류하였다. 첫째, 品官 둘째, 吏屬 셋째, 未入仕職의 地方吏가 그것이다. 품관이 아닌 중앙 관직자를 이속이라 하였는데, 이들은 미입사직의 胥吏와 미입사직의 雜類로 구분하였다.4)

따라서 여기서는 잡류 신분인 부곡인은 실제로 과거응시와 국학 입학이 가능하였는가의 여부를『고려사』법제규정을 통해 고찰할 것이다.『고려사』에서는 부곡인에 대한 과거응시 규정을 다음과 같이 전하고 있다.

① 정종 2년 7월判에 의하여 생도가 입학하여 3년이 되면 監試에 응시함을 허락하였다. 11년 4월判에 의하여 五逆·五賊·不忠·不孝한 자와, 鄕·部曲·樂工·雜類의 자손은 과거에 응시하는 것을 허락하지 않는다.5)

② 문종 2년 10월判에 의하여 (前略) 醫業 같은 것은 반드시 널리 학습시킴이 요청되므로 戶正 이상의 아들에게 한정하지 말고, 비록 庶人이라도 樂工이나 雜類와 혼인하지 않았으면 모두 해제시켜 시험보도록 한다.6)

---

4) 許興植, 1981,『高麗科擧制度史硏究』, 일조각, 80~81쪽.
5)『高麗史』卷73, 志27, 選擧 科目 科擧, "靖宗二年七月判 生徒入學滿三年 方許赴監試 十一年四月判 五逆·五賊·不忠·不孝·鄕·部曲·樂工·雜類子孫 勿許赴擧".
6)『高麗史』卷73, 志27, 選擧 科目 科擧, "若醫業 須要廣習 勿限戶正以上之

위 사료 ①은 '靖宗 2년(1036)의 判'과 '11년(1045)의 判'인데, 전자는 국자감 생도의 경우 입학한 지 3년이 지나야만 監試에 응시할 수 있다는 규정이고, 후자는 부곡인 등 과거에 응시할 수 없는 자들을 열거한 내용이다. 사료 ②는 '문종 2년(1048)의 判'으로 醫業은 본래 戶正 이상의 신분만 禮部試에 응시토록 규정하였다. 그러나 문종 2년부터는 악공과 잡류를 제외한 모든 庶人에게 과거응시를 허용했다는 설명이다.

사료 ①의 감시는 국자감시를 말하는데 여기서 국자감시는 예비고시다. 국자감시가 설치되기 이전에는 鄕貢이나 國學生은 예비고시를 거치지 않고 예부시에 응시하였지만, 국자감시를 실시한 이후에는 국자감시에 합격하여 진사가 되어야만 예부시에 응시할 수 있었다. 그러나 정종 2년부터는 국자감 생도라도 3년 이상을 수학해야만 국자감시에 응시할 수 있었는데 이러한 일련의 사실은 예부고시 응시자격의 강화에 목적이 있다.

한편 관직자도 과거에 응시할 수 있었다. 그들은 신분에 따라 세 가지로 분류할 수 있다. 첫째, 品官 둘째, 吏屬 셋째, 長吏가 그들이다. 여기서 본 주제와 직접 관련이 있는 계층은 이속과 장리이다. 따라서 중앙의 이속은 入仕職의 胥吏와 未入仕職의 雜類로 구분한 반면, 지방의 장리는 주·부·군·현에서 행정을 담당하는 입사직의 鄕吏와 진·역·향·소·부곡에서 身役을 담당하는 미입사직의 驛吏·部曲吏 등으로 구분하였다. 이때 입사직의 胥吏와 鄕吏는 과거에 응시할 수 있었지만 미입사직의 잡류와 部曲吏 등은 과거응시가 금지되었다.[7] 미입사직의 잡류는 賤流로 취급되었기 때문에 그들의 입사는 雜

子 雖庶人 非係樂工雜類 橙令試解".

7) 洪承基, 1973, 「高麗時代의 雜類」, 『歷史學報』 57, 66~69쪽.

路로 제한되어 자신은 물론 자손들도 과거에 응시할 수가 없었다.[8]

그런데 박종기는 사료 ①의 내용을 "五逆·五賊·不忠·不孝의 (죄를 범한) 鄕·部曲·樂工·雜類의 자손들은 과거에 응시하는 것을 허락하지 않는다."라고 해석한 다음 그 해석을 근거로 부곡인의 仕路 진출이 법제적으로 보장되었다고 하였다.[9] 그러나 이러한 해석은 誤譯이며, 이 사료는 "五逆·五賊·不忠·不孝한 자와 鄕·部曲·樂工·雜類의 자손은 과거응시를 금지한다"고 해석해야 한다.

한편 박종기는 잡류층이 5품의 한품 적용 대상자라는 것과 그들의 사로 진출 사례를 원용하여 부곡인의 과거응시가 합법적이었음을 주장하고 있다.[10] 그러면 이러한 주장은 타당한 견해일까? 박종기가 인용한 다음의 사료를 통해 부곡인의 과거응시 합법성 여부를 확인해 보도록 하자.

① 이자연이 (중략) 식목도감사가 되어 아뢰기를, "제술업에 응시한 강사후는 열 번째 응시하였으나 불합격한 예이니, '甲午年 赦詔'에 의해 마땅히 脫麻(出身)시켜야 합니다. 그러나 사후는 유림낭이며, 당인이었던 상귀의 증손입니다. 당인은 구사관인데, 戊子年制에 電吏·所由·注膳·幕士·驅士·門僕의 자손들은 제술·명경·율·서·산·의·복·지리업을 공부하여 등과한 자나 혹은 싸움에서 큰 공을 세운 자는 조반의 반열에 오를 수 있게 하였습니다. 또 살펴보건대 丙申年制에 위의 자손으로 임금의 은혜를 입어 입사한 자는 부조의 사로에 의해 헤아려 관직을 제수받게 했습니다. 지금 사후는 탈마할 수 없습니다."라고 하였다.[11]

---

 8) 허흥식, 1881, 앞의 책, 80쪽.
 9) 박종기, 1990, 앞의 책, 43~60쪽.
10) 박종기, 앞의 책, 43~51쪽.
11) 『高麗史』 卷95, 李子淵傳, "子淵(中略) 爲式目都監使 奏曰 製述業康師厚

② 인종 3년 1월 판문에 電吏·杖首·所由·門僕·注膳·幕士·驅
史·大丈 등의 자손은 군인 자손이 과거에 응시하는 예에 따라 제
술과 명경의 두 시험에 급제한 자는 5품까지 허용한다. 醫·卜·
地理·律·算業에 급제한 자는 7품까지 허용하되 만약 지조가 굳
고 명망이 있는 자, 특별한 능력이 있는 자, 兩大業에서 갑·을과
에 급제한 자는 청요·치민의 직책을 제수한다. 병과·동진사는 3
품직까지 제수하며, 의·복·지리·율·산업자는 4품직까지 제수
하고, 급제하지 않고 입사한 자는 역시 7품까지 허용하되, 玄孫에
서는 차이를 두지 않는다.12)

위 사료 ①은 성종 7년(988)의 사례로서 잡류의 자손이 제술업·명
경업·잡업에 등과하거나 군공을 세우면 조반의 반열에 오를 수 있었
으며, 성종 15년(996)에는 잡류의 자손들은 과거에 급제하지 않고 入
仕하더라도 조상의 사로에 따라 관직을 높게 제수받았다는 내용이다.
사료 ②는 인종 3년(1125)의 사례로서 과거에 급제한 잡류자손들의
한품에 관한 규정인데, 잡류가 만약 제술업과 명경업에 급제하면 5품
까지 허용하였고, 잡업에 급제하면 7품까지 허용하였음을 말하고 있
다. 양 대업과 잡업의 급제자 중 능력이 뛰어나면 제술·명경업의 급

十擧不中例 依甲午赦詔 當脫麻 然師厚 儒林郎堂引上貴之曾孫 堂引是驅
史官 伏見戊子年制 電吏所由注膳幕士驅史門僕子孫 工製迷明經律書算醫
卜地理學業登科 或兵陣之下 成大功者 許陞朝行 又見丙申年制 上項人子
孫 得蒙入仕者 依祖父仕路量授 今師厚不宜脫麻".
12) 『高麗史』卷75, 志29, 選擧3 限職, "仁宗三年正月判 電吏·杖首·所由·門
僕·注膳·幕士·驅史·大丈等子孫 依軍人子孫 許通諸業選路例 赴擧 其
登製迷明經兩大業者 限五品 醫·卜·地理·律·算業者 限七品 若堅貞節
操 有名聞者 所業特異者 擢大業甲乙科 則許授淸要理民職 丙科同進士 則
三品職 醫·卜·地理·律·算業 則四品職 其非登科入仕者 亦限七品 至玄
孫許通".

제자는 3품까지 제수하고, 잡업의 급제자는 4품까지 승진토록 하였다. 과거를 거치지 않고 입사한 자는 7품까지 허용하였지만 玄孫부터는 이러한 차이를 두지 않았다.

박종기는 "戊子年制"의 연대를 988년(성종 7)으로 이해한 다음, 잡류 강상귀의 증손자 사후가 열 번이나 과거에 응시했던 사례를 통해 988년에는 잡류의 과거응시가 법제적으로 보편화되었다고 하였다.[13] 그러나 사후가 당시 과거에 응시할 수 있었던 것은 그 증조부 상귀가 국가에 공을 세운 음덕의 대가 때문이었다. 더구나 사후는 결과적으로 관직진출에 실패했기 때문에 법제가 보편적으로 실시되었다고는 할 수 없다.

그러면 잡류에 대한 과거응시 규정이 이처럼 시대에 따라 변화하는 이유는 무엇 때문일까? 그것은 사회변동의 반영에 따른 결과 때문이다. 이러한 관점에서 고려 잡류의 과거응시 추이를 세 시기로 구분할 필요가 있다. 먼저 잡류 자손의 과거응시가 허용된 시기는 성종 7년(988)이고, 다음은 잡류 자손의 과거응시를 금지한 시기는 정종 11년(1045)이며, 마지막으로 잡류 자손의 과거응시가 법제적으로 허용된 시기는 인종 3년(1124)이다.

성종 7년(988) 잡류들에게 과거응시를 허용한 것은 이 시점이 광종대 직후이기 때문에 가능하였다. 즉, 광종은 과거를 처음 실시한 임금으로서 당시는 과거응시 자격과 관련한 신분체계가 미숙했을 뿐만 아니라 신분 차별이 덜한 중국 과거 풍습이 아직 남아 있었기 때문에 잡류들의 과거응시에는 큰 어려움이 없었다.

그러나 사료 ②의 내용으로 볼 때 인종 3년부터 잡류 자손의 과거응시가 허용되었음을 알 수 있다. 여기서 주목되는 사실은 잡류 본인

---

13) 박종기, 1990, 앞의 책, 47~49쪽.

은 과거응시를 규제하고, 관직진출에 한품을 적용하였지만 잡류 자손에게는 개방적이었던 점이다.

여기서 국가가 吏屬 신분인 잡류를 계속 국역에 종사시키려 하였음을 알 수 있으며, 당시 중국에서 귀화한 발해인과 여진족 출신들을 잡류 신분으로 편제한 것14)도 잡류 자손의 과거응시 허용에 영향을 주었다. 그러나 잡류 자손에 대한 이러한 조처에도 불구하고 부곡인에게 과거응시를 허용한 법제규정은 아직까지 찾아볼 수가 없다.

다음은 부곡인의 국학 입학을 금지한 규정이다. 이에 대해 『고려사』는 다음과 같이 기술하고 있다.

> 인종조 식목도감에서 학식을 상정하였다. (중략) 무릇 잡로에 관계된 자와 工·商·樂에 名籍을 등록한 천업 종사자, 大·小功親을 범하거나 嫁娶한 자, 家道가 부정한 자, 악역을 범하고 歸鄕한 자, 천인과 향·부곡인 등의 자손, 자신이 私罪를 범한 자는 입학을 불허한다.15)

위 사료는 당시 국학 입학이 금지된 자들을 말하고 있다. 먼저 잡로와 관계된 자, 공·상·악을 세습하는 천업 종사자, 가도가 바르지 못한 자, 대·소공친 간에 혼인한 자, 악역을 범하고 귀향한 자, 자신이 私罪를 범한 자, 향·부곡인 자손들이 그들이다. 또다시 이들을 더 큰 범주로 구분한다면, 첫째, 잡로 관직에 진출한 자, 둘째, 국역 가운데 천역에 종사한 자, 셋째, 국법이나 윤리적 규범을 위반한 자, 넷째, 향

---

14) 허흥식, 1981, 앞의 책, 81쪽.

15) 『高麗史』 卷74, 選擧2 學校條, "仁宗朝式目都監詳定學式(中略) 凡係雜路及工商樂名等賤事者 大小功親犯嫁者 家道不正者 犯惡逆歸鄕者 賤鄕部曲人等子孫 及身犯私罪者 不許入學".

·부곡인의 자손 등으로 나눌수 있다.

잡류 자손들은 잡로를 통해서 그들의 吏職을 세습하였지만, 만약 과거에 급제하면 품관이 될 수 있었다. 그러나 잡로 직역을 수행중인 본인은 과거응시 자체가 금지되었기 때문에 이들의 국학 입학은 처음부터 불가능하였다. 따라서 공장과 상인 등 천역 종사자와 천인·향·부곡인은 처음부터 과거응시가 금지되었던 셈이다.

한편 박종기는 위 사료 "賤鄕部曲人等子孫"의 字句를 기존의 해석과 다르게 부곡인을 양인으로 규정하였다. 즉, 여기의 "賤"字는 앞에서 살펴본 1045년의 "五逆·五賊·不忠·不孝의 죄를 범한 향·부곡인들을 총칭하여" 賤鄕部曲人으로 표기했다고 이해하였다.

따라서 국학 입학이 금지된 대상자는 "賤事者, 大·小功親犯嫁者, 家道不正者, 賤鄕部曲人等子孫, 犯惡逆歸鄕者, 身犯私罪者 등 대체로 국법이나 윤리적 규범 등을 위반한 자들이 해당될 뿐 국법이나 윤리규범을 위반하지 않은 부곡인 자손들은 원칙적으로 국학 입학이 가능했다"[16]고 하였다. 그러나 여기 '賤鄕部曲人' 가운데 賤字의 뜻은 賤人[17]을 지칭하고 있다.

3. 부곡인의 신분과 형법규정

고려사회의 신분제는 양천제였는데, 천인은 향·소·부곡·진·역·관 등의 집단거주자와 노비로 구성되었다. 양천의 구분은 "國役"의 수행 여부에 따라 정해졌다. 양인은 국역을 부담한 대가로 과거에

---

16) 박종기, 1990, 앞의 책, 51~52쪽.
17) 일찍이 武田幸男은 여기 賤字를 '賤人'으로 해석하였다(1971, 「良賤制の展開」, 『岩波講座世界歷史』 6, 78쪽).

응시하고, 관직에 진출할 수 있었던 반면, 천인은 국역의무가 없었기 때문에 과거응시와 국학 입학이 금지되었다. 특히 노비는 매매·증여·상속의 대상이 되어 물건처럼 취급되었다. 그러나 집단천인은 정치·경제·사회적으로 많은 제약을 받았지만 최소한의 자기경리를 소유했다는 점에서 대조를 이루고 있다.[18] 따라서 같은 천인이라고 하더라도 집단천인과 노비 사이에는 차별이 존재했음을 알 수 있다.

국학 입학과 과거응시에서 부곡인은 양인과 차별이 있었음을 앞에서 살펴보았다. 그런데 부곡인이 군현인과 혼인할 경우 부곡인의 신분 귀속 문제 역시 양인과 다르게 적용되었다. 이러한 사실은『고려사』형벌조를 통해서 알 수가 있다. 다음의 사료가 그러한 것을 설명하고 있다.

① 군현인이 津·驛·部曲人과 혼인하여 출생한 자녀는 모두 진·역·부곡에 속하게 하고, 진·역·부곡인이 雜尺人과 혼인하여 출생한 자녀는 절반씩 나누되, 남는 수는 어미 편에 따른다.[19]

② 부곡인이나 노비가 주인과 주인 집안의 존장을 간통하였을 경우 화간이면 絞刑에 처하고, 강간이면 斬刑에 처한다. 화간한 자가 여자일 경우 죄 1등을 경감하고, 주인의 緦麻服 이상의 친족을 간통하면 죄 1등을 경감한다.[20]

③ 鄕·部曲·津·驛과 양계 主鎭의 編戶는 僧이 되는 것을 금한다.[21]

---

18) 박창희, 1989,「高麗後期의 身分制 動搖」,『國史館論叢』4, 125쪽.

19)『高麗史』卷84, 志38 刑法1 戶婚條, “郡縣人與津驛部曲人 交嫁所生 皆屬津驛部曲 津驛部曲與雜尺人 交嫁所産中分之 剩數從母”.

20)『高麗史』卷84, 志38 刑法1 奸非條, “部曲人及奴 奸主及主之周親尊長 和絞 强斬 和者婦女 減一等 奸主之緦麻以上親 減一等”.

21)『高麗史』卷85, 志39 刑法2 禁令條, “禁鄕部曲津驛 兩界主鎭 編戶人爲僧”.

　위 사료 ①은 양인의 군현인과 천인의 부곡인이 혼인했을 경우 자녀의 신분귀속에 대한 설명이고, ②는 부곡인과 노비가 주인 또는 주인집 존장을 간통했을 때의 처벌규정이며, ③은 부곡인은 노비와 마찬가지로 승려가 될 수 없다는 내용이다. 어느 경우이든 고려시대 부곡인의 법제적 신분은 천인이었음을 확인할 수 있다.

　고려 부곡인과 군현인의 신분적 차별은 다음 두 가지 사실에 근거를 두고 있다. 하나는 부곡인의 신분을 규정할 때 "若父若母 一賤則賤"22)의 법칙을 적용한 것이고, 다른 하나는 소유규정인데, "賤者隨母法"23)의 법칙을 적용하였다. 전자의 법칙에 따라 군현인과 혼인한 부곡인 자손은 천인이 되었으며, 후자의 법칙에 따라 雜尺人과 혼인한 부곡인은 자손을 절반씩 소유하였다. 특히 진·역·부곡인과 잡척인 간에 출생한 자녀는 부모편에서 중분하되, 나머지는 어미쪽 주인이 소유한다는 사실은 부곡인의 신분이 노비처럼 천인이었음을 입증하고 있다.

　부곡인과 함께 진·역인이 천인이 된 것은 고려 건국과 관련이 있다. 즉, "고려시대 5도 양계의 역자·진척·부곡인은 모두 태조대에 명령을 거역하였기 때문에 천역을 담당케 하였다."24)라고 한 사실이 그것이다. 태조 왕건은 삼국통일 직후 두 가지 신분정책을 실시하였다. 하나는 양인을 천인으로 강등하는 신분하강 정책이고, 다른 하나는 노비와 천인을 양인으로 삼는 良人化 정책이다. 당시 신분하강 현상은 특정 지역의 "반왕조적 성향" 때문에 발생하였다. 부곡이 지역적으로 경상도와 전라도에 집중한 소이가 여기에 있다. 아무튼 이러한

---

22)『高麗史』卷85, 刑法2 奴婢 忠烈王 26년 10월條, "小邦之法 於其八世戶籍 不干賤類 然後乃得筮仕 凡爲賤類 若父若母 一賤則賤".
23)『高麗史』卷85, 刑法2 奴婢條.
24)『太祖實錄』卷1, 원년 8월 20일.

사실은 고려 건국 초기의 津·驛人의 신분이 천민이었음을 설명해 주고 있다.

후자의 양인화 정책은 "왕건이 창업 초기에 호족들의 노비를 해방시키려 하였으나 공신들의 뜻이 동요될 것을 우려하여 실행하지 못했다"[25]는 기록을 통해서 알 수 있다. 그런데 왕건의 양인화 정책이 실패한 것은 호족의 권력이 왕권보다 강했기 때문이다.

노비의 양인화 정책은 광종이 노비안검법을 실시하여 호족의 노비를 해방함으로써 실현되었다. 그러나 당시 진·역·부곡인의 신분상승은 노비에 미치지 못했다. 그것은 호족에 의한 이들의 신분적 예속관계가 노비의 그것에 미치지 못했기 때문이다. 한편으로 이들은 국가에 대해 천역을 수행 중에 있었던 이유도 있다.

그런데 박종기는 사료 ①의 군현인과 부곡인이 혼인한 사실을 마치 양자의 혼인이 보편화되었던 것처럼 해석하여 향·부곡인의 신분을 良人으로 해석하였다.[26] 그러나 이러한 해석은 양천간의 혼인에 따른 자녀 신분의 귀속법칙을 간과한 측면이 있다. 부곡인의 신분귀속과 그들의 소유권은 앞에서 살펴본 것과 같이 노비와 동일하게 적용되었다.

한편 박종기는 8대 호적에 천인이 없어야 관직에 진출할 수 있었던 사실을 상기시키면서 당시 부곡인은 비록 한품을 적용받았지만 관직에 진출하였기 때문에 부곡인의 신분을 천인으로 볼 수 없다고 주장하였다.[27] 그러나 부곡인의 관직진출 유무만을 가지고 부곡인의 신분을 평가하는 것은 성급한 판단이 아닌가 한다. 왜냐하면 잡류와 부곡인에 대한 과거응시와 금지의 추이가 선행조건이기 때문이다.[28]

---

25) 『高麗史』 卷93, 列傳6, 崔承老.
26) 朴宗基, 1990, 앞의 책, 61쪽.
27) 박종기, 위의 책, 60~61쪽.
28) 품관이 아닌 중앙관서에 배치된 관직자는 吏屬이 있었다. 그런데 이속은 입

사료 ②는 奸行에 대한 부곡인의 처벌규정인데 처벌의 내용을 통해 부곡인의 신분을 알 수 있다. 내용을 성격에 따라 분류하면 다음과 같다. 첫째, 부곡인과 노비가 주인 혹은 주인 집의 존장을 간통할 경우에 화간이면 교형에 처하고, 강간이면 참형에 처한다. 둘째, 화간한 자가 여자이면 죄 1등을 경감한다. 셋째, 주인의 緦麻服 이상의 친족을 간통하면 죄 1등을 경감한다. 그런데 여기서 주목되는 것은 부곡인이 주인과 그 친족을 강간하면 노비와 똑같이 처벌을 받는다는 것이다. 지금까지 이러한 내용을 근거로 고려 부곡인의 신분을 천인으로 규정하였다.

한편 위 사료는 부곡인도 노비처럼 주인이 있었던 사실을 시사하고 있어서 주목된다. 이러한 사실은 부곡인의 신분이 천인이라는 명백한 근거가 될 뿐 아니라 부곡인 역시 노비처럼 주인에게 예속된 私屬人이었음을 알 수 있다.[29]

그러나 박종기는 여기의 律은 唐律을 준용하려 했던 당시의 사정에서 연유했을 뿐 고려왕조의 독자적인 律이라고 보기 어렵다고 하였다. 다시 말해서 중국 부곡은 개인에게 예속된 私賤民이었던 반면, 고

사직의 서리와 미입사직의 잡류로 구분하였다. 이들 잡류의 신분은 천인이었고, 입사는 잡로에 한정하였으며, 자신은 물론 자손들도 과거응시가 불가능하였다. 이러한 사실은 정종 11년 4월의 사료에서 언급되고 있다. 문종 11년에는 그 자손들에게 과거응시가 허용되었으며, 인종 3년부터 잡류의 자손들은 모든 과목에 응시할 수 있게 되었다. 다만 잡류 본인은 과거응시가 허용되지 않았는데 그것은 국가가 국역을 세습시키려는 목적 때문이었다(허흥식, 1981, 앞의 책, 80~81쪽).

29) 임건상은 토호인 호장을 실질적인 部曲主로 보았다. 이들 호장은 주·군·현의 국가기관을 매개로 하여 간접적으로 그들의 賤籍을 장악함으로서 부곡집단을 지배하였다고 보았다(임건상, 1963, 앞의 책, 54~55쪽/2001, 『임건상전집』, 혜안에 재수록).

려 부곡인은 租·調·力役을 부담한 공민으로서 국가의 공적인 질서 체계 내에 존재하는 公民이었기 때문에 고려 部曲主의 실재를 부정할 수밖에 없다는 것이다.[30]

그러면 고려 부곡인의 신분규정과 관련하여 『唐律疏義』의 내용을 살펴보자.

> 부곡이나 노비가 주인과 주인의 기년복 친척이나 기년복 친척의 처를 간통한 자는 絞刑에 처하고, 여자는 죄 1등을 감하되, 강간한 자는 斬刑에 처한다. 주인의 시마복 이상의 친척이나 시마복 이상 친척의 처를 간통한 자는 流刑에 처하되, 강간한 자는 絞刑에 처한다.[31]

위 사료에서 당나라 형률은 奸行의 주체가 부곡과 노비라는 것과 여자가 奸行했을 경우 죄를 "減一等"한다는 내용이 고려 刑律과 동일하다. 다만 당나라 刑律은 그 대상을 기년복의 친족과 시마복 이상의 친족으로 세분하였으며, "減一等"의 내용을 和姦은 流刑에, 강간은 교형에 처한다고 자세히 언급한 것이 고려 刑律과 다를 뿐이다. 고려 刑律은 당나라 刑律을 준용하면서 한편으로 그것을 고려 자체 현실에 맞도록 참작하였음을 알 수 있다.[32] 따라서 고려초기에는 부곡인도 노비처럼 주인이 실제로 존재했을 것이다.

그러나 박종기는 고려 부곡주의 실체를 전면 부정하고 있다. 즉, 『고려사』 형법지를 편찬한 조선의 찬자들이 고려 부곡인이 公民이었던 점을 고려하지 않고, '奸主及主之緦親尊長…' 부분을 그대로 당률

---

30) 박종기, 1990, 앞의 책, 54~55쪽.
31) 『唐律疏義』卷26, 雜律條, "其部曲及奴 奸主及主之緦親 若緦親之妻者絞 婦女減一等 强者斬 卽奸主之緦麻以上親 及緦麻以上親之妻者流 强者絞".
32) 『高麗史』卷84, 志38, 刑法1.

에서 옮겨 적게 됨으로써 혼란을 가져왔다고 하였다. 이러한 역사인식은 당나라 부곡이 私賤民이었던 반면, 고려 부곡인의 신분은 양인이었다는 자신의 주장을 바탕에 깔고 있다. 이런 바탕 위에서 고려 부곡은 鄕·所·部曲·處·莊으로 구성된 부곡제 하의 지방행정단위이며, 일반 농민과 동등한 수취체계 내에 포함된 公民이라고 해석하였다.

향·부곡·진·역인과 양계의 주진에 거주한 사람은 승려가 될 수 없다는 사료 ③의 내용 역시 고려 부곡인의 신분이 천인이라는 법제적 근거를 제공하고 있다. 물론 부곡인은 승려가 될 수 없다는 내용만을 가지고 부곡인의 신분을 천인으로 규정하기에는 한계가 있다. 그러므로 지금까지 천인론자들은 "노비는 승려가 될 수 없다"[33]는 규정을 원용하여 부곡인의 신분을 천인으로 이해하였다. 즉, 임건상은 부곡인은 승려가 될 수 없다는 규정을 노비는 승려가 될 수 없다는 규정에 준하여 부곡인을 천인으로 보았으며,[34] 旗田巍는 양인의 경우는 도첩을 받아 승려가 될 수 있었지만 부곡인은 도첩을 받을 수 없다는 사례를 근거로 부곡인을 천인으로 해석하였다.[35]

한편 박종기는 승려가 되는 것을 금지한 조처는 부곡인의 신분 판별과 차별보다는 직역의 확보라는 차원에서 해석할 필요가 있다고 보았다. 다시 말해서 국가가 부곡인의 승려 진출을 금지한 것은 이들의 직역을 확보하려는 데 목적이 있다는 것이다. 이러한 해석은 고려 부곡인의 신분이 양인이라는 전제하에 내려진 해석이다. 물론 고려후기에 이르면 이러한 해석이 가능하지만 고려초기까지 적용하기에는 무

---

33) 『高麗史』 卷85, 刑法2 禁令 奴婢條, "仁宗十三年 禁奴婢代身僧".
34) 임건상, 앞의 책, 34쪽.
35) 旗田巍, 1962, 「高麗時代의 賤民制度 '部曲'에 대하여」, 『朝鮮中世社會史の 研究』, 67~68쪽.

리일 듯하다.

4. 군현의 강등과 신분하강

나말여초는 고대사회적 잔재를 청산하고 중세사회로 진입하는 변혁기였다. 따라서 정치·경제·사회적으로 큰 변화가 있었지만, 특히 신분제의 변화가 컸다. 당시 신분제 변화의 특징은 지배신분층과 천인층의 폭이 크게 확대되는 신분의 양극화 현상이다. 전자는 신라 골품제가 붕괴됨으로써 6두품과 호족세력이 새로운 지배신분층을 형성하였으며, 후자는 호족에 의한 양인의 私民化 및 왕건이 반체제지역 군현을 부곡으로 강등함으로써 집단천민화가 이루어졌다.

나말여초 양인이 천인으로 전락하는 신분하강 현상은 호족에 의한 개인적 신분이동과 군현강등[36]에 의한 집단적 신분이동이 있다. 여기서는 군현이 부곡으로 강등함으로써 군현인의 신분이 천인이 되는 경우와 부곡에 거주하기 때문에 신분적 차별을 받게 되는 사례를 중심으로 살펴보려고 한다.

---

36) 나말여초부터 고려시대까지의 郡縣降等 문제를 다룬 논고는 다음과 같다. 金甲童, 1990, 『羅末麗初의 豪族과 社會變動硏究』, 고려대학교출판부 ; 金泰亨, 1991, 「高麗時代 郡縣의 昇降에 관한 硏究」, 『弘益史學』 5 ; 金甲童, 1992, 「高麗王朝의 成立과 郡縣制의 變化」, 『國史館論叢』 35 ; 朴恩卿, 1996, 「高麗時代의 邑號陞降」, 『高麗時代鄕村社會硏究』, 일조각 ; 李弘斗, 1999, 「高麗 部曲의 郡縣昇格과 賤人의 身分上昇」, 『實學思想硏究』 10·11 합집 ; 林承豹, 2001, 『朝鮮時代 賞罰的 邑號陞降制 硏究』, 홍익대 대학원 사학과 박사학위논문.

<표 1> 고려초기 군현강등 현황

군현명	부곡명	강등시기	전거
餘良縣	仇史部曲	고려초기	『세종실록』 지리지 권150
長鎭縣	竹長伊部曲	고려초기	『세종실록』 지리지 권150
省良縣	金良部曲	고려초기	『삼국사기』 지리지
玄武縣	召彡部曲	고려초기	『삼국사기』 지리지
碣島縣	陸昌鄕	고려초기	『신증동국여지승람』 권36, 영광군 고적조

앞에서 살펴본 것과 같이 한국 부곡의 발생시기와 성격에 대해서는 양인론자와 천인론자가 상호 다르게 이해하고 있다. 임건상 등 북한 학자들은 부곡의 성립시기를 고대국가 성립시기와 일치한다고 보았다.[37] 그러나 남한 학자들은 부곡의 발생시기를 통일신라 또는 고려 건국 초기로 인식하였다. 다만 부곡인의 신분이 양인이라는 점에서는 서로 일치하고 있다. 특히 부곡의 성립 배경에 대해 이우태[38]가 신라 부곡은 邑勢의 차이에서 발생한다고 이해한 반면, 박종기[39]는 반왕조적 행위에 기인한다고 하였다.

한편 필자는 한국 부곡의 성립은 고대국가의 생성과 그 궤를 같이 한다고 이해하였다. 특히 신라하대에 이르러 국가 통치력이 약화됨과 동시에 호족에 의한 부곡인의 私民化 현상이 증대하였다.[40] 신라하대부터 시작된 부곡민의 천민화는 광종이 호족억압 정책을 실시할 때까지 보편적으로 시행되었다. 그것은 다음의 사료를 통해서 알 수 있다.

① 태조 왕건은 창업 초기에 호족들의 노비를 해방시키려 하였으나 공신들의 뜻이 동요될 것을 우려하여 실행하지 못하였다.[41]

---

37) 임건상, 1963, 앞의 책.
38) 李宇泰, 1981, 「新羅의 村과 村主 - 三國時代를 중심으로」, 『韓國史論』 7.
39) 朴宗基, 1990, 앞의 책.
40) 李弘斗, 1999, 앞의 논문.
41) 『高麗史』 卷93, 列傳6, 崔承老.

② 고려시대 5도와 양계의 驛子·津尺·部曲人들은 모두 태조대에 天命을 거역한 사람들이었으므로 賤役을 담당케 하였다.[42]

사료 ①은 태조 왕건이 고려왕조를 건국한 직후 호족의 노비를 從良하려 하였지만 호족의 권위에 눌려 실행하지 못했다는 내용이며, 사료 ②는 후삼국통일 과정에서 고려왕조에 저항한 逆命者 집단을 賤役에 편성했다는 내용이다. 사료 ①·②의 내용을 통해 볼 때 호족의 도움으로 고려왕조를 건국한 왕건은 그 대가로 호족연합정권을 성립시켰는데 그것은 호족에 의한 부곡민의 私民化가 증대한 것으로 나타났다. 특히 사료 ②의 驛子·津尺·部曲人 등 逆命者 집단은 당시 태조 왕건에게 저항한 반왕건적 호족의 예속민들로 여겨진다. 이들 예속민 집단은 그들이 주인으로 섬겼던 호족이 몰락함으로써 새로운 功臣 호족의 소유가 되었다.

이들 공신 호족들은 族的 향리세력과 유민출신의 역자·진척·부곡인·사노비 등으로 私兵을 결성해서 향리의 치안유지와 함께 후삼국 통일에 크게 공헌하였다. 그들의 공헌도는 고려 건국 직후 논공행상의 형태로 반영되었으며, 이후 호족들은 그들이 갖는 세력 범위에 따라 지방과 중앙의 관료가 되었다. 따라서 고려왕조에 저항한 군현을 부곡으로 강등시켜 호족에게 자치권을 부여한 것 역시 호족의 관료화에 따라 기득권이 반영된 결과였다.

군현이 부곡으로 강등되는 현상은 고려 전시기를 통해 있었지만 특히 고려초에 집중적으로 실현되었다. <표 1>에서 보는 것과 같이 고려초 군현이 부곡으로 강등된 사례는 모두 다섯 곳이다. 이 지역의 邑

---

42)『太祖實錄』卷1, 元年 8월 20일(己巳), "前朝 五道兩界 驛子津尺部曲之人 皆是太祖時逆命者 俱當賤役".

號降等은 해당 지역에 대한 응징의 목적도 있었지만 한편으로 세력있는 호족을 회유하는 수단이었다.

長鎭縣이 竹長伊部曲으로 강등된 것은 왕건이 후삼국 통일을 수행할 때 임고군 사람이었던 金剛城 장군 皇甫能長이 왕건을 잘 보좌한 공으로 자치권을 부여받았으며,[43] 碣島縣이 陸昌鄕이 된 것은 왕건이 나주를 정복할 당시 능창이 葛草島 주민과 함께 왕건을 공격하였기 때문이다.[44] 경순왕 金傳가 고려에 항복하자 경주를 식읍으로 주면서 주위의 부곡을 경주에 내속시킨 경우도 같은 맥락이다. 또한 驛吏로 강등되어 천역을 담당한 사례도 보인다.[45] 군현이 부곡으로 강등된 사례는 고려후기까지 지속되고 있지만, 고려후기의 특징은 강등된 부곡을 군현으로 승격하는 기간이 전기보다 짧아졌다는 것이다.

그러면 고려 중·후기의 군현강등 문제는 어떠하였을까? 다음의 사료가 이러한 사실을 잘 설명하고 있다.

① 감음현. 본래 신라의 남내현으로 경덕왕이 이름을 餘善으로 고쳐 거창군의 領縣으로 삼고, 고려초에 다시 지금의 이름으로 갈아 현종 9년에 내속하였다. 의종 15년에 감음현 사람 子和 등이 "鄭敍의 아내가 그 고을의 아전 仁梁과 함께 왕과 대신을 저주하였다"고 거짓으로 아뢰어 자화를 강에 던져 죽이고, 감음현을 강등하여 부곡으로 삼았다가 공양왕 2년에 다시 監務를 두어 이안현을 이에 소속시켰다.[46]

---

43) 朴宗基, 1990, 앞의 책, 118~119쪽 ; 金甲童, 1994, 「新羅高麗의 王朝交替와 郡縣制의 變化」, 『新羅末 高麗初의 政治·社會變動』, 신서원.
44) 『新增東國輿地勝覽』 卷36, 靈光郡 古跡條, "陸昌鄕 (前略) 本百濟阿老縣 一云葛草 一云加位 新羅改名碣島 爲壓海郡領縣 高麗改今名來屬".
45) 『遁村遺稿』 권4, 附錄.
46) 『高麗史』 卷57, 志11, 地理 慶尙道 陜州, "感陰縣 本新羅南內縣 景德王 改

② 박의는 밀양 사람이다. 매를 길러 충렬왕에게 잘 보이고 여러 차례
  옮겨 장군이 되었다. 앞서 밀양 사람 조천이 수령을 죽이고, 적에
  게 붙은 죄를 논하여 밀성을 귀화부곡으로 강등시켰다. 박의가 좌
  우에 뇌물하여 왕에게 이르기를 "밀성은 큰 군으로서 貢賦가 매우
  많은데 강등하여 부곡으로 삼아 진무하는 자가 없으니, 그 백성이
  흩어질까 두렵습니다."라고 하였다. 이에 蘇復別監을 두었다.47)
③ 全州牧. 본래 백제의 完山(比斯伐 또는 比自花라고도 하였음)이
  다. (중략) 공민왕 4년에 원나라 사신 야사불화를 잡아가둠으로써
  부곡으로 강등시켰다가 5년에 完山府로 하였다.48)

  사료 ①은 감음현 사람 子和 등이 鄭敍의 아내가 고을 아전 인량과
함께 왕과 대신을 저주했다고 고변함에 따라 감음현을 강등하여 부곡
으로 삼았음을 말하고 있고, 사료 ②는 밀양 사람 趙阡이 수령을 죽이
고, 삼별초란에 동조했기 때문에 밀성군을 귀화부곡으로 강등했다는
내용이며, 사료 ③은 전주에서 원나라 사신 야사불화를 잡아 가둔 사
건이 발생하자 전주목을 부곡으로 강등시켰음을 알 수 있다.
  사료 ①·②·③에서 당시 백성들은 국가에 대한 불만을 왕실과 대
신을 저주하고, 지방 수령을 죽이며, 원나라 사신을 가두는 형태로 나
타내고 있다. 그런데 국가는 이를 통치권에 대한 반역행위로 여겨 군

  名餘善 爲居昌郡領縣 高麗初 更今名 顯宗九年 內屬 睿宗十五年 縣人子和
  等 誣告鄭敍妻 與縣吏仁梁 呪詛上及大臣 投子和于江 降縣爲部曲 恭讓王
  二年復置監務 以利安縣屬之".
 47)『高麗史』卷124, 列傳37, 嬖幸 朴義, "朴義密陽人 以鷹犬 嬖於忠烈 累遷將
  軍 先是 密陽人趙阡 殺守應賊 降密城 爲歸化部曲 義 賂左右 白王曰 密城
  大郡 貢賦甚夥 降爲部曲 無鎭撫者 恐其民流散 乃置蘇復別監".
 48)『高麗史』卷57, 志11 地理 全羅道 全州牧, "全州牧. 本百濟完山(一云比斯
  伐 一云比自火) (中略) 恭愍王四年 以囚元使野思不花 降爲部曲 五年 復
  爲完山府".

현을 부곡으로 강등시켰다고 할 수 있다. 다만 사료 ③은 그 대상이
원나라 사신이지만 고려는 당시 원나라 속국이었기 때문에 고려왕조
에 저항한 것과 같은 맥락의 것으로 인식하였다.

한편 利旨縣이 국가의 명령을 위반하여 利旨所로 강등한 사례[49]
또한 백성들이 집단으로 국가의 명령을 거역한 결과 逆命者로 간주되
어 천민집단의 利旨所로 강등된 경우가 되겠다. 따라서 고려 중·후
기 군현강등에 대한 내용을 정리하면 <표 2>와 같다.

<표 2> 고려 중·후기 군현강등 현황

군현명	부곡명	강등 시기	전거
感陰縣	感陰部曲	의종 15년	『고려사』 권57, 지11, 지리, 경상도 합주
密城郡	歸化部曲	충렬왕 원년	『고려사』 권124, 열전37, 폐행 박의
全州牧	全州部曲	공민왕 4년	『고려사』 권57, 지11, 지리, 전라도 전주목
利旨縣	利旨所		『졸고천백』 권2

그러면 군현이 부곡으로 강등되면 백성들의 생활은 그 이전과 어떠
한 차이가 있을까? 먼저 군현인과 부곡인의 신분적 차이를 말할 수
있다. 고려시대 양인은 조·용·조의 국역을 부담한 대신 과거응시와
관직진출이 허용되었지만 천인은 국역부담이 없기 때문에 양인과 동
등한 권리가 보장되지 않았다. 양인의 신분적 지위는 신라사회보다 고
려사회에서 더욱 향상되었다. 그것은 고려의 良賤制가 "전제주의에
입각한 일원적인 농민지배를 실현하기 위해 성립된 신분제"[50]라는 사
실이 이를 반영하고 있다.

따라서 고려 국가는 양신분의 확보에 주력할 뿐 호족의 천신분 지

---

49) 『拙藁千百』 卷2, 永州利旨銀所陞爲縣碑, "永州利旨銀所 古爲縣 中以邑子
　　違國命 廢而籍民 稅白金 稱銀所者久"(박종기, 앞의 책, 122쪽에서 인용함).
50) 권영국, 1995, 「신분구조와 직역」, 『한국역사입문 2』, 풀빛, 211쪽.

배에 대해서는 신분귀속 내지는 소유 문제에 이상이 없다면 이를 간여하지 않았다. 그러나 호족의 부당한 壓良爲賤에 대해서는 국가가 이를 적극 저지하였다. 그 이유는 양인신분은 국가재정과 영토 방위의 근간이기 때문이다.

이러한 현상은 중기에도 계속된 듯하다. 사료 ②의 "密城郡은 큰 고을로서 貢賦가 매우 많은데 부곡으로 강등하여 진무하는 자가 없다."라고 한 사료의 내용은 당시 토착세력이 부곡민을 지배하였음을 말하고 있다. 즉, 당시 밀성부곡에는 중앙에서 파견한 관리가 없었으므로 호족이 그 곳의 民을 지배하였다.

한편 읍호의 강등을 통해 신분적 차별이 발생한 것은 아니지만 부곡에 거주하는 사실 자체가 신분적 차별로 인식된 사례가 있다. 다음의 내용이 그것을 말하고 있다.

공정·근영·유관·덕칭·영년 및 윤첨의 친척과 老幼·廢疾者는 모두 용서하고, 그 나머지는 모두 서울로 잡아보내어 옥에 가두고, 그 거칠고 사납게 항거한 자는 먹실로 얼굴에 "西京逆賊"이란 네 글자를 새겨 海島에 귀양보냈다. 그 다음은 "西京"이란 두 글자를 새겨 鄕과 部曲에 나누어 보냈다. 그 나머지는 여러 주·부·군·현에 분치하되 처자는 편리할 대로 할 것을 들어주고 양인이 됨을 허락하였다. (하략)51)

위 사료는 金富軾이 묘청의 서경반란을 진압한 직후 반란에 참여한

---

51) 『高麗史』 卷98, 列傳11 諸臣 金富軾, "公鼎·瑾英·儒瑄·德稱·永年 及 尹瞻親屬與老幼廢疾者 皆原之 其餘並執送京師下獄 其勇悍抗拒者 黥西京 逆賊四字 流海島 其次 黥西京二字 分配鄕部曲 其餘分置諸州府郡縣 妻子 聽任便 許爲良人 (下略)".

자들을 등급에 따라 형벌을 다르게 적용하였음을 설명하고 있다. 먼저 타의에 의해 반역에 참여한 자와 노약자 및 병든 자는 용서하고, 나머지는 모두 감옥에 가두었다. 주모자들은 저항의 정도에 따라 다시 세 가지로 분류하였다. 먼저 가장 사납게 저항한 자는 얼굴에 먹물로 "西京逆賊"이라는 글자를 찍어 섬으로 귀양보내고, 저항한 정도가 다음인 자는 "西京"이라는 글자를 새겨 향·부곡에 배속시켰으며, 나머지는 군현에 나누어 보냈다.

여기서 반역죄가 무거운 자는 천민지역의 섬이나 향·부곡에 보내졌다는 사실이 주목된다. 이러한 사실은 부곡지역이 죄수들의 특정 부락이었음을 반영하고 있는데, 부곡이 죄수집단이라는 증거는 "花開·薩川 두 部曲(그 長은 모두 머리를 깎고 있었기 때문에 칭하기를 僧首라 하였다)이 있다"[52]라고 한 사료를 통해 알 수 있다.

부곡이 受刑者 집단이라는 견해는 일찍이 백남운과 旗田巍가 주장하였다. 백남운은 부곡을 호족의 私有民的 부곡과 공유에 속하는 직업별 公民의 品部로 구분했지만, 본질적으로 그들은 원시 부족국가시대의 집단노예라고 하였다. 『삼국지』 마한전의 "죄수의 무리처럼 노비가 서로 모여 살았다"고 한 내용이 종족 노예제를 뜻한다. 이와 같이 조선 최초의 노예는 포로노예이며, 그들은 어떤 목적에서 모두 머리를 짧게 깎았기 때문에 당시에는 "깩기"라고 불렀다. 따라서 백남운은 깩기는 조선 부곡의 어원인데, 이것이 일본에 전해져서 가치부(勝部 : 귀화한 부곡)가 되었으며, 일반적 私民을 의미하게 되었다고 하였다.[53]

旗田巍는 화개·살천의 두 부곡장이 모두 剃頭하고 있었으며, 僧首

---

52)『高麗史』卷57, 지리11 경상도 진주목, "有花開·薩川兩部曲[其長 皆剃頭 稱爲僧首]".

53) 백남운 저, 박광순 역, 1989,『조선사회경제사』, 범우사, 321~325쪽.

라고 불렀던 점과 그 외양이 在家和尙과 비슷한 점을 들어 화개·살천의 부곡장도 수형자 집단이라는 견해를 제기하였다.54) 한편 김용덕은『파한집』(상)에 화개현으로 되어 있는 점을 들어 화개부곡장은 수형자가 아니라 쌍계사와 관련있는 승려 부락이나 승려에 준하는 대처승부락의 장이라고 해석하였다.55) 김용덕의 이러한 주장은 고려 부곡인의 신분을 양인으로 해석하려는 일련의 작업과 관련이 있으나 당시 재가화상이 소속된 광군은 쌍계사 주변뿐만 아니라 전국적으로 통일된 군사조직이었던56) 점을 고려할 때 설득력이 부족하다고 생각된다.

5. 맺음말

이상에서『고려사』선거규정과 형법규정 및 군현승격을 통한 고려 부곡인의 신분상승에 대해 고찰하였다. 여기서 부곡인의 신분은 양천제가 확립되는 고려왕조에서 법제화되었음을 알 수 있었다. 현재 부곡인의 신분에 관해서는 천인론과 양인론으로 양분되어 있다. 양인론자들은 한국 부곡이 중국이나 일본 부곡과 다르게 독자적이고, 부곡 거주자의 조세부담이 군현인과 차이가 없으며, 천인론자들이 부곡의 발생문제를 연역적으로 접근했다는 것이다.

그러나 부곡인은 과거응시와 관직진출은 금지되고, 혼인에 따른 부곡인의 신분귀속은 '若父若母 一賤則賤'의 법칙을 적용하였으며, 양

---

54) 旗田巍, 1972,「高麗王朝成立期の'府'と豪族」,『朝鮮中世社會史の硏究』.
55) 金龍德, 1981,「部曲人의 規模 및 部曲人의 身分에 대하여」(下),『歷史學報』89, 89쪽.
56) 李基白, 1965,「高麗光軍考」,『歷史學報』27, 167쪽/1968,『高麗兵制史硏究』, 일조각 재수록.

인과 차별적으로 적용한 형벌규정 등 일련의 법제규정은 부곡인이 천민임을 입증하고 있다. 부곡인의 과거응시를 금지한 규정은 "靖宗十一年四月判 五逆五賊不忠不孝 鄉部曲樂工雜類子孫 勿許赴擧"이다. 박종기의 해석은 "오역·오적·불충·불효의 (죄를 범한) 향·부곡·악공·잡류의 자손들은 과거에 응시하는 것을 허락하지 않는다"는 것이고, 기존의 연구자들은 "오역·오적·불충·불효한 자와 향·부곡·악공·잡류의 자손은 과거응시를 금지한다"고 새겼다. 박종기의 해석에 하자가 있다면, 부곡인의 사로진출이 법제적으로 보장되었다는 그의 견해도 수정해야 마땅하다. 물론 몽고복속기 이후 부곡의 군현승격이 보편화됨으로써 부곡인의 양인화가 확대되었지만, 군현승격이 보류된 부곡인의 법제적 신분은 여전히 천민이었다.

부곡인의 국학 입학을 금지한 규정은 賤事者, 家道不正者, 大·小功親犯嫁者, 犯惡逆歸鄉者, 賤鄉部曲人等子孫(賤人과 鄉·部曲人 등의 子孫), 身犯私罪者 등이다. 박종기는 "賤鄉部曲人等子孫"의 字句를 "천한 향·부곡인 등의 자손"으로 해석하여 부곡인을 양인으로 규정하였다. 그러나 "양인과 진·역·부곡인이 혼인하면 자녀의 신분은 모두 진·역·부곡인에 속하게 하고, 진·역·부곡인이 잡척과 혼인하여 출생한 자녀는 절반씩 나누되, 남는 수는 어미편이 소유케 한다"는 사료는 부곡인이 천민이며, 주인이 있었음을 시사한다. 이때 부곡인의 신분귀속은 "若父若母 一賤則賤"의 법칙과 "賤者隨母法"에 따라 정해졌다. "부곡인이나 노비가 주인과 주인 집안의 존장을 간통했을 경우 화간이면 교형에 처하고, 강간이면 참형에 처한다"는 처벌규정도 양인과 다르다.

한편 나말여초 부곡인의 신분이동은 군현이 부곡으로 강등되어 천민이 되는 경우와 부곡이 군현으로 승격함에 따라 양인이 되는 경우가 있다. 전자는 태조 왕건이 반고려지역의 군현을 부곡으로 강등시킨 것이고, 후자는 몽고간섭기에 보편적으로 이루어졌다. 고려초기에 군현이 부곡으로 강등된 사례는 다섯 곳이 확인된다. 이밖에 군현강등의 사례는 고려후기에 실현되었다. 특히 묘청의 서경반란을 진압한 직후 국가는 저항의 정도에 따라 세 가지로 분류하였다. 가장 사납게 저항한 자는 "서경역적"을 새겨 섬으로 귀양보내고, 다음은 "서경"이라고 새겨 향·부곡에 귀양보냈으며, 나머지는 주·부·군현에 살게 했는데, 여기서 형벌의 경중에 따라 섬이나 부곡 및 군현에 배치한 것은 군현인과 부곡인의 신분적 차별을 반영한다.

고려시대 부곡과 수취체제

1. 머리말

고려시대 국가재정은 租·役(庸)·調의 三稅를 근간으로 하였다. 三稅의 수취기준은 租稅와 調布가 田結이었던 반면, 力役은 人丁이었다. 다시 말해서 민전을 소유한 백성은 국가에 전세를 납부하였고, 국가나 개인의 사유지를 경작한 전호는 수조권자에게 전세를 납부하였다. 그리고 국가는 각 호의 전결을 기준으로 특산물인 조포를 징수하였다. 한편 국가는 모든 민호를 단위로 노동력을 징발했는데, 역역은 국가 차원의 徭役과 군현 차원의 常徭가 있었다. 이러한 3세의 수취는 군현제적 지배를 통해 실현되었는데, 부곡제가 군현제 영역의 일환으로 간주되어 부곡제 양인설을 주장하였다.[1]

그동안 부곡인은 고려전기 전시과 토지의 경작자였다[2]는 견해와 군현의 하부행정단위로 존재한 公民이었다는 견해가 존재했다.[3] 전자에서 부곡민은 지주의 전호였지만, 실제는 나말여초 호족에 대한 예속관계가 당시에도 토지를 매개로 지속되고 있다고 하여, 부곡인을 천민으로 규정했다. 반면에 후자에서는 부곡민이 공민의 자격으로 국가 직

---

1) 朴宗基, 1990, 『高麗時代部曲制研究』, 서울대학교출판부, 139~142쪽.
2) 오일순, 1985, 「高麗前期 部曲民에 관한 一試論」, 『學林』 7, 13~16쪽.
3) 朴宗基, 1990, 앞의 책, 142~145쪽.

속지인 둔전과 국가공유지인 공해전, 학전을 경작했다는 사실을 근거
로 부곡인을 양인으로 해석하였다.

그러나 이러한 견해는 전호와 둔전경작자라는 한정된 수취관계만
을 다루었기 때문에 부곡의 성격을 규정하는 데는 한계가 있다. 따라
서 여기서는 부곡민이 부담하는 수취체계를 총제적으로 고찰하여 부
곡의 본질을 구명하려고 한다. 먼저 부곡에 대한 조세수취를 살펴보
고, 다음으로 부곡민이 부담한 역역수취를 고찰하며, 마지막으로 부곡
민이 납부한 조포수취를 살펴보려고 한다.

2. 부곡에 대한 조세수취

부곡의 사회경제적 성격을 구명하려면 부곡의 수취체계와 생산형
태를 고찰해야 한다. 지금까지 이 문제와 관련하여 천인론자[4]와 양인
론자[5]의 견해가 대립되고 있다. 전자는 旗田巍의 豪族隷民說[6]로 대
표되는데, 그는 여기서 군현인과 부곡인의 차별성을 전제로 부곡인의
사회경제적 존재형태를 밝히려고 하였다. 후자는 군현인과 부곡인을
동시에 국가의 공적 질서체계에 편제한 박종기의 屯田耕作說[7]이 있

---

4) 임건상, 1963, 『조선의 부곡제에 관한 연구』; 旗田巍, 1951, 「高麗時代の賤
   民制度部曲について」/1972, 『朝鮮中世社會史の硏究』所收 ; 오일순, 1985,
   앞의 논문 ; 李弘斗, 1998, 「部曲의 意味變遷과 軍事的 性格」, 『韓國史硏
   究』103.

5) 李佑成, 1966, 「高麗末期 羅州牧 居平部曲에 대하여」, 『震檀學報』29·30합
   집 ; 李佑成, 1983, 「李朝時代 密陽古買部曲에 대하여 - 部曲의 發生 形成
   에 관한 一推論」, 『震檀學報』56 ; 金龍德, 1980·1981, 「部曲人의 規模 및
   部曲人의 身分에 대하여(上·下)」, 『歷史學報』88·89 ; 朴宗基, 1990, 앞의
   책.

6) 旗田巍, 앞의 논문.

다.

  그러나 부곡인이 국가의 公役에 참여한 사실만으로 부곡인을 양인
으로 해석한 견해는 논란의 여지가 없지 않다. 따라서 여기서는 부곡
인의 토지소유와 경작 및 조세수취 등을 부곡인의 신분과 연관하여
그 내용을 검토하려고 한다. 먼저 고려의 전시과체제에서 부곡인들이
관직진출과 관련하여 국가로부터 토지를 분급받았는가의 여부가 핵심
사항이 될 것이다. 왜냐하면 고려시대는 관직에 진출한 部曲吏에게만
公廨田을 지급하였기 때문이다. 따라서 부곡리가 토지를 소유하고, 그
대가로 국가에 전세를 납부한 사실이 입증된다고 하더라도 이것이 부
곡인의 신분을 양인으로 규정하는 요인이 될 수 없다. 부곡과 관련한
다음의 사료를 통해서 그러한 사실을 알 수 있다.

① 공해전시는 성종 2년 6월 주, 부, 군, 현, 관, 역의 토지를 다음과 같
   이 제정했다. 1천정 이상의 주, 현은 공수전 3백결. 5백정 이상의
   주, 현은 공수전 1백 50결, 紙田 15결, 長田 5결. 2백정 이상의 주,
   현은 기록이 누락되었음. 1백정 이상의 주, 현은 공수전 70결, 지전
   10결. (중략) 향·부곡의 1천정 이상은 공수전 20결, 1백정 이상은
   공수전 15결, 오십정 이하는 공수전 10결, 지전 3결, 장전 2결을 지
   급한다.[8]
② 공양왕 3년 5월에 도평의사사에서 왕에게 글을 올려 과전법을 다
   음과 같이 제정할 것을 요청하였는 바, 왕이 이 제의를 따랐다. (중

---

7) 朴宗基, 1990, 앞의 책, 145쪽.
8)『高麗史』卷78, 食貨1, 公廨田柴條, "公廨田柴 成宗二年六月 定州府郡縣館
   驛田 千丁以上州縣 公須田三百結 五百丁以上 公須田一百五十結 紙田十
   五結 長田五結 二百丁以上缺 一百丁以上 公須田七十五結 紙田十結 (中
   略) 鄕部曲 千丁以上 公須田二十結 一百丁以上 公須田十五結 五十丁以下
   公須田十結 紙田三結 長田二結".

략) 1품으로부터 9품과 수직관원에 이르기까지를 나누어서 18과로 한다. 경기와 6도의 토지를 모두 踏驗打量하여 (중략) 이것을 일정한 면적에 따라 作定하되, 丁마다 각각 글자 번호를 붙여 토지대장에다 기재하거나 公私의 지난 시기의 토지대장들은 회수하여 철처히 검토하며, 그 진실과 거짓을 규명하고, 옛 규정에 의거하되, 다소의 가감을 실시하여 陵寢, 倉庫, 宮司, 軍資寺, 寺院, 外官職田, 廩給田, 鄕吏, 津·軍·匠·雜色田을 결정한다.9)

위 사료 ①은 성종대에 이르러 군현과 향·부곡에서 丁을 기준으로 公須田, 紙田, 長田을 지급했다는 내용이고, 사료 ②는 공양왕대 경기 지역을 대상으로 과전법을 제정하여 전현직 관원에게 토지를 지급했으며, 한편으로 전국의 토지를 대상으로 과전법을 제정하여 公田과 私田으로 분류하였다는 내용이다. 특히 사료 ①에서 1천정 이상의 주에 지급된 公須田이 3백결인데 비해 향·부곡의 그것은 20결에 불과한 사실이 주목된다.

그러면 군현과 향·부곡의 丁의 수가 동등한 데도 불구하고, 공수전의 결수에 차이가 있는 것은 무엇 때문일까. 그것은 군현제 영역과 향·부곡 지역이 신분적 예속관계에 있었음을 뜻하는 바 성종 2년 고려 정부가 12목에만 지방관을 파견하였던 사실을 통해서 알 수 있다. 당시 천인의 토지지급에 대하여 국가는 대단히 배타적이었다. 문종 3년 5월 功蔭田柴科를 제정하는 과정에서 "樂工과 賤人을 양인으로 승격시킨 관원들에게는 공음전시를 분급하지 않는다.10)"고 한 사례가

―――――――

9)『高麗史』卷78, 食貨1, 田制, "恭讓王三年五月 都評議使司上書 請定給科田法 從之 (中略) 自一品至九品散職 分爲十八科 其京畿六道之田 一皆踏驗打量 (中略) 計數作定 丁各字號 載之于籍 拘收公私往年田籍 盡行檢 覆覈其眞僞 因其損益 以定陵寢倉庫宮司軍資寺及寺院外官職田廩給田鄕津驛吏軍匠雜色之田".

그것이다.

사료 ②에 나타난 여러 토지지목은 과전법에서의 공전과 사전을 지칭한 것이다. 여기서 과전법체제가 전시과체제보다 하급관인층과 농민의 토지분급을 증대했음을 알 수 있다. 즉, 과전법에서는 公私賤口·工·商·돈받고 점치는 맹인·巫覡·娼妓·僧尼 등에게 자신과 자손대까지 토지분급을 금지하였다. 그러나 개국공신과 귀족세력을 중심으로 토지가 분급되었던 전시과와 비교할 때 지급기준이 크게 완화되었음을 알 수 있다. 이러한 사실은 과전법을 제정하는 과정에서 대사헌 조준 등이 공사천인과 差役 담당자에게 白丁代田을 지급토록 주장한 것에서도11) 저간의 사정을 알 수 있다. 그러나 조준 등이 주장한 과전법 시안과는 다르게 실제 과전법에서는 천인들에게 토지를 지급하지 않았다. 그리고 부곡인의 관직진출에 따른 토지분급 사례도 찾아볼 수가 없다. 이러한 이유 때문에 그동안 부곡인을 천인으로 해석하였다.

그러면 관직에 진출하지 않고, 농업에 종사하였던 대부분의 부곡인들은 국가와 어떠한 수취관계에 있었을까. 이 문제는 『新增東國輿地勝覽』의 "今按 新羅建置州郡時 其田丁戶口未堪爲縣者 或置鄕 或置部曲 屬于所在之邑"이라고 한 사료 가운데 부곡은 "所在之邑"에 소속케 한다는 내용을 통해 당시 부곡민은 군현인보다 국가와 토호에 대해 더 예속적인 처지에 있었음을 알 수 있다. 따라서 당시 장·처에 예속된 처간12)이나 외거노비13)가 2분의 1租를 납세했듯이 호족이나

---

10) 『高麗史』卷78, 食貨1, 田制, 文宗 3年 5月, "樂工賤口 放良官吏 皆不得與受功蔭田柴".

11) 『高麗史』卷78, 食貨1, "白丁代田 百姓付籍 當差役者 戶給田一結 不許納租 其在公私賤人 當差役者 亦許給之 明白書籍".

12) 『新增東國輿地勝覽』驪州牧의 細註에는 "分隷于各宮殿寺院內莊宅 以輸其

귀족의 사유지를 경작한 대부분의 부곡인도 전호의 입장에서 2분의 1 租를 납세할 수밖에 없었다.

그러면 부곡인들이 거주한 지역의 토지는 누가 소유하였을까? 그곳의 토지는 토착세력 내지는 중앙 권력자들이 대부분을 차지하였다. 한편 사유지를 차경하지 못한 부곡인들은 국유지 둔전의 전호가 되거나 그것도 여의치 못할 경우는 왜구의 침략으로 버려진 해변이나 섬으로 들어가 거주하였다.14) 고려시대 부곡인들이 해변이나 섬에서 거주하였다는 것은 여러 사료를 통해서 알 수 있다.15) 한편 이와 같은 사실은 많은 수의 부곡인들이 농업생산에 참여하였다는 그동안의 연구결과를 통해서도 입증되고 있다.16)

税”라고 하였는데, 處干은 당시 莊·處民이 宮殿과 寺院 등에 예속된 신분이었다. 한편 金錫亨은 여기 ‘以輸其稅’ 가운데 ‘稅’의 뜻을 『朝鮮封建時代農民의 階級構成』106쪽에서 田稅의 뜻으로 보지 않고, 부과된 부과물이라는 막연한 의미로 해석하였다. 그러나 필자는 租稅의 의미로 보고 싶다. 왜냐하면 당시 處干들의 경우 田租는 그 地主에게 바치고, 庸과 調는 관청에 내는 농사꾼이었기 때문이다.

13) 『高麗史』 卷93, 崔承老 列傳, “太祖除內屬奴婢在宮供役外 出居外郊 耕田納稅”.

14) 여러 섬의 백성들은 그 선조들이 국가에 죄를 지었기 때문에 섬에서 생활하게 되었다. 따라서 그들의 생활은 처음부터 곤궁할 수밖에 없었다. 그런데 섬에 있는 光祿寺에서 때도 없이 租稅를 거두었으므로 생활이 더욱 어려웠다(『高麗史節要』 卷2, 成宗 元年 六月, “諸島居民 以其先世之罪 生長海中 活計甚難 又光祿寺 徵求無時 日至窮因 請從州郡之例 平其貢役”). 이와 같은 사실과 관련해 볼 때 섬에서 생활하는 대부분의 부곡인들도 농사할 만큼의 충분한 토지를 소유하지 못했을 뿐만 아니라 사원의 수탈도 적지 않았을 것이다.

15) 『高麗史』 卷9, 文宗 27년 6월 丙申, “兵馬使奏 東蕃海賊 寇東京轄下 波潛部曲 奪掠民口 元興鎭都部署軍將卒 戰艦數十船 出椒島與戰 斬十二級 奪俘十六人”；『高麗史』 卷9, 文宗 32년 9월 甲午, “都兵馬使奏 八助音部曲成 在海濱平地 屢被東路海賊來侵 民不安居 請徙其成 制從之”.

지금까지 부곡인 천인론자들은 군현인과 부곡인의 수취제도는 차이가 있다고 이해했으며, 사적 토지소유 측면에서도 부곡인들은 전호였기 때문에 지주에게 예속될 수밖에 없다고 하였다.17) 반면에 양인론자들은 부곡인의 호적이 군현인과 상호 다른 방식으로 편제되었지만 크게 보아 국가의 공적인 질서체계를 벗어나지 않았다고 하였다.18) 그러나 양인론자들은 고려전기 군현인과 부곡인 간의 차별적인 조세체계를 입증하지 못한 사실, 지방에 외관을 파견하지 않았던 고려 초기 外職으로 파견된 使臣들의 칭호를 租臟이라고 했던 사실,19) 태조대에 內屬奴婢를 外居시켜 농사케 한 대가로 2분의 1稅를 거두었던 사실20) 등을 해명하지 못하고 있다.

그런데 자연재해를 입었을 경우 부곡인은 일반양인과 똑같이 국가로부터 조세를 감면받았던 사례가 주목된다. 다시 말해서 정종 26년 6월 密城 管內에 있는 노산부곡에서 홍수가 났을 때 손실한 농작물에 대해 국가는 1년간의 조세를 면제하였으며,21) 숙종 3년 10월에는 주, 부, 군, 현, 부곡의 그해 조세 중 절반을 감해 주었던22) 사실이 그것이

---

16) 金龍德, 1954, 「鄕所部曲考」, 『白樂濬博士華甲紀念國學論叢』; 임건상,
      1963, 앞의 책 ; 洪承基, 1975, 「鄕所部曲人」, 『韓國史』 5, 國史編纂委員會.
17) 金錫亨, 1957, 『朝鮮封建時代 農民의 階級構成』/1993, 신서원 재발행, 107~
     109쪽.
18) 朴宗基, 1990, 앞의 책, 142~143쪽.
19) 『高麗史』 卷77, 百官2 外職, "今有租臟 幷外邑使者之號 國初有之 成宗二
     年罷".
20) 『高麗史』 卷93, 列傳6, 崔承老, "太祖除 內屬奴婢 在宮供役 外出居外郊 耕
     田納稅 至光宗多作佛事 役使日繁 乃徵在外奴婢 以充役使 內宮之分 不足
     支給 幷費倉米 及乎聖祖 弊猶未除".
21) 『高麗史』 卷80, 食貨3, 賑恤條, "靖宗二年六月 三司言 去年密城管內牢山部
     曲等三所 大水漂 損田禾 請放一年租稅 從之".
22) 『高麗史』 卷80, 食貨3, 恩免之制, "肅宗三年十月 (中略) 諸州府郡縣部曲
     減今年租稅之半".

다. 여기서 부곡인은 군현인과 동등한 입장에서 조세를 감면받았음을
알 수 있는데, 이는 국유지 경작자에 대한 한정적인 조치일 뿐 이러한
사실이 곧 부곡인의 민전 소유에 대한 이론적 근거가 될 수는 없다.
또한 입사와 관련한 토지분급 문제를 배제한 상황에서 자연재해에 대
한 조세감면 사실만으로 부곡인을 양인으로 규정할 수가 없다.

알다시피 고려시대 공전과 사전의 수취비율은 상호 차등이 있었다.
공전은 4분의 1租로서 이는 지세에 해당되고, 사전은 2분의 1租로서
이는 지대에 해당되었다.23) 한편 지주가 국가에 바치는 稅는 공민왕
대에 이르러 10분의 1을 징수함이 원칙이었다. 그러나 이와 같은 差率
取租는 규정대로 지켜지지 않았다. 당시 수조권을 갖고 있는 권력자
들이 백성들의 사유지를 강탈하였기 때문이다.

그러면 당시 권력자들은 어떠한 방법으로 백성들의 사전을 침탈하
였을까. 다음의 사료를 통해서 그 해답을 찾을 수 있다.

① 명종 18년 3월에 다음과 같은 명령을 내렸다. "모든 주, 현에는 각
   각 서울과 지방의 양반, 군인들의 家田인 永業田이 간사한 吏民들
   이 권세있는 자들에게 의탁하려는 생각으로 이 토지들을 거짓말로
   閑地라고 하여 권세있는 자의 이름으로 써놓고, 권세가도 그것을
   자기의 토지라고 거짓말을 하면서 公牒을 얻어내려고 즉시 사환을
   보내어 편지로 부탁한다. 그 고을의 관원들은 권세가의 요청을 어
   기지 못하여 사람을 보내어 田租를 징수하니 한 토지에서 받는 전
   조가 1년에 두세 번씩 되는 수가 있다.24)

---

23) 『高麗史』 卷78, 食貨1, 田制. 고려시대 公田·私田의 개념에 대해서는 다음
    논고를 참조할 것. 朴鍾進, 1984, 「高麗初 公田·私田의 性格에 대한 재검
    토 - 顯宗代 <義倉租收取規定>의 해석을 중심으로」, 『韓國學報』 37.
24) 『高麗史』 卷78, 食貨1, 田制, "明宗十八年三月下制 凡州縣 各有京外 兩班
    軍人 家田永業田 乃有姦黠吏民 欲托權要 妄稱閑地 記付其家 有權勢者 又

② 참지정사 최이가 국왕의 안녕을 기원하여 油香寶에 시납하고, 토
　지대장을 부쳐주었는데 승평군의 葦長伊村·鐵谷村·新谷村 木
　叱庫의 토지 10결 50부를 시납하였다. 國大夫人 송씨의 忌日寶로
　승평군의 임내인 가음부곡의 토지 40결 30부, 進體部曲 1결, 赤良
　部曲 2결, 富有縣의 전답 2결 49부를 시납하였다. (중략) 檢校軍器
　監 徐敦敬이 부모의 忌晨寶로서 이천군의 전지 25결로서 장군 宋
　緖의 장흥부 임내인 拂音部曲 5결과 荳原縣의 전답 30결 64부를
　멀고 가까운 관계로 교환하여 시납하였다.[25]

위 사료 ①은 전시과체제에서 사전으로 지칭된 양반전과 군인전을
권세가가 탈취하여 전조를 징수하였다는 내용이고, 사료 ②는 고종년
간 무신정권시대 최고 권력자였던 최이 등이 토지를 송광사에 시납하
였다는 내용이다. 사료 ①의 양반전과 군인전은 국가로부터 수조권을
위임받은 토지지만, 실제는 조상 때부터 세습되어 온 민전이다. 다시
말해서 전시체제에서 국유지나 공유지 자체는 개인이나 사적 기관에
분급될 수 없었다. 따라서 수조권을 국가로부터 위임받았다는 것은 그
들의 사적 소유지에서 국가에 부담해야 할 지세로서 租를 면제받았
다[26]는 것을 뜻한다. 그런데 권력자와 결탁한 지방의 관원들이 이들
의 토지를 자의적으로 한지라 칭한 다음 권세가의 소유로 이전하였기

　稱爲我家田 要取公牒 卽遣使喚 通書屬托 其州官僚 不避干請 差人徵取 一
　田之徵 乃至二三 (下略)".

25) 아세아문화사, 1976, 『曹溪山松廣寺庫』, "參知政事崔怡 祝聖油香寶 以施納
　宣給 文付昇平郡 葦長伊村·鐵谷村·新谷村木叱庫 幷十結五十卜 國大夫
　人宋氏 忌日寶 以納同郡任內 加音部曲 四十結三十卜 進禮部曲一結 赤良
　部曲二結 富有縣地田畓 幷二結四十九卜 (中略) 檢校軍器監徐敦敬 父母忌
　晨寶 以施納利川郡田 幷二十五結乙用良 遠近廻換 以將軍宋緖 長興府任
　內 拂音部曲 幷五結 以荳原縣田畓 幷三十結六十三卜".

26) 朴鍾進, 앞의 논문, 75쪽.

때문에 권세가는 합법적으로 토지를 소유하게 되었고, 1년에 전조를
두세 번씩 수취하였다.

그러면 양반과 군인들조차 그들의 家田을 지키지 못하는 상황에서
부곡인들은 권세가로부터 그들의 사유지를 온전히 지켜갈 수 있었을
까. 이 문제는 사료 ②를 통해서 볼 때 그렇지 않았음을 알 수 있다.
물론 위에 제시한 사료만을 근거로 사원의 부곡지배를 단정할 수는
없다. 그러나 당시 사원세력은 왕권을 압도하는 최씨가의 권력을 배경
으로 주변의 부곡민들을 보다 용이하게 지배하였다. 이러한 사실은 무
신정권이 성립한 13세기 이후 귀족과 宮院 및 寺社까지도 토지겸병,
인구집중에 앞장서고 있었기 때문에 국가의 간접통제 하에 있던 부곡
이 權貴들의 사유지로 편성되었을 것임은 충분히 짐작된다. 이러한
상황에 편승하여 최이 같은 실권자는 비록 먼 지역의 부곡이나 현이
라고 하더라도 그들의 권력을 이용하여 토지를 사유화[27] 하였다.

고려시대 사원은 장·처와 같은 특수취락을 통해 토지를 지배하였
다. 이와 같은 사실은 나말여초 사회변화를 겪으면서 당시 지방에 할
거하던 유력세력이 지배하던 촌락을 왕실의 주요 재정기반으로 삼았
기 때문이다. 그런데 이러한 토지지배가 사원에서도 이루어졌다. 특히
고려전기에 사원의 장·처 지배는[28] 국가가 사원에 대하여 지급한 분
급수조지 이상으로 촌락을 지배하고 있었다. 따라서 장·처민들은 사
원에 경제적으로 예속될 수밖에 없었다.[29]

사원의 촌락지배는 부곡지역에서도 보편적으로 행해지고 있었다.
그것은 "화개·살천 두 부곡이 있는데 그 長은 모두 머리를 깎았으며,

---

27) 李相瑄, 1991, 「高麗 寺院의 村落支配에 대한 試考」, 『人文科學研究』, 성신
　　여자대학 인문과학연구소, 153~156쪽.
28) 李弘斗, 2000, 「慶州府 所屬 部曲의 存在形態」, 『慶州文化研究』 3, 66쪽.
29) 裵象鉉, 1998, 『高麗後期 寺院田硏究』, 국학자료원, 262~264쪽.

승수라고 칭한다"[30]는 사료를 통해서 알 수 있다. 물론 진주목의 속현인 이 두 부곡에서만 그 장을 "僧首"라고 불렀는지는 알 수가 없다. 그러나 남효온이 "이 지역은 불교세력의 영향권에 있었다"[31]고 한 사실은 부곡이 사원에 예속되었음을 간접적으로 시사한다.

3. 부곡에 대한 역역수취

고려는 국가에서 노동역이 필요하면 농민을 직접 징발하였다. 이러한 역역의 수취는 양인과 부곡인 간에 상호 차이가 있었다.[32] 그러나 근자에 부곡인 양인론자들이 부곡인의 役은 양인의 그것과 차이가 없다고 주장하였다.[33] 따라서 부곡인에 대한 역역의 수취방식이 밝혀진다면 부곡인의 존재뿐 아니라 부곡인의 신분도 드러날 것이다. 한편 고려전기에 이미 役의 物納制가 시행되었다는 견해가 제시되었는데,[34] 역의 물납제 시행여부는 곧 부곡인이 담당한 역의 형태를 밝혀준다는 점에서 의의가 크다고 생각된다. 따라서 여기서는 부곡인의 役과 일반 양인의 役은 상호 어떤 차이가 있으며, 다음으로 고려 전후기를 통해서 부곡인을 대상으로 한 役의 物納制가 실시되었는가에 대해서 고찰하려고 한다.

---

30) 『高麗史』 卷57, 地理2, 晉州牧, "有化開薩川兩部曲 其長皆剃頭 稱爲僧首".
31) 『秋江錄』 卷6, 智異山, 日課條.
32) 李惠玉, 1984, 「高麗時代 庸(役)制 硏究」, 『梨花史學硏究』 15 ; 李貞熙, 1985, 「高麗後期 徭役收取의 實態와 變化」, 『釜大史學』 9 ; 李載名, 1991, 「高麗時代의 雜貢과 常役」, 『淸溪史學』 8 ; 朴鍾進, 1992, 「高麗後期 徭役의 發達構造」, 『蔚山史學』 5.
33) 朴宗基, 앞의 책.
34) 李載名, 1996, 「高麗時代 役의 收取와 戶等制」, 『淸溪史學』 12, 24~27쪽.

租·調와 함께 三稅의 하나였던 '役'은 흔히 사료에서 力役·徭役·差役·課役·賦役 등으로 표현하고 있다. 또한 징발주체에 따라서 국가 차원의 역과 군현 차원의 역으로 구분할 수 있다. 그런데 전자의 경우는 보통 力役이라고 하였으며, 후자는 雜貢과 常徭로 통칭하였다.[35] 특히 3세의 하나였던 '役'이 力役이었음은 다음 사료에서 확인된다.

① 숙종 7년 3월 三司에서 왕에게 보고하기를, "동경 관내의 주·군·향·부곡 도합 19개소에서는 작년에 오랫동안 가뭄이 들어서 많은 백성들이 굶주리고 곤궁하니, 명령대로 손해가 4分(40%) 이상이면 租稅를 면제하고, 6分(60%) 이상이면 조세와 調布를 면제하며, 7분(70%) 이상이면 課役까지 모두 면제하며 이미 관청에 납부한 자는 내년의 조세를 면제토록 할 것입니다"라고 하니, 왕이 이를 허락하였다.[36]

② 여러 섬에 사는 백성들은 그 선조가 죄를 지었기 때문에 바다 가운데서 성장하였고, 따라서 그들의 생활은 매우 곤궁합니다. 그런데 光祿寺에서 무시로 세금을 거두어 들이니 그들이 날로 곤궁한 지경에 이르게 되었습니다. 청컨대 주군의 예에 따라 그 공물과 요역을 공평하게 하소서.[37]

③ 현종 15년 정월에 도병마사가 아뢰기를, "서경과 경기 관내 하음부곡민 1백호를 가주 남쪽에 옮겨 둔전을 짓게 합시다"라고 하였다.[38]

---

35) 李載名, 앞의 논문, 4~6쪽.
36) 『高麗史』 卷80, 食貨, 賑恤, "肅宗七年三月 三司奏 東京管內 州郡縣鄉部曲 十九所 因去年久旱 民多飢困 乞依令文 損四分以上免租 六分以上免租調 七分以上課役俱免 已輸者聽折減 來年租稅制可".
37) 『高麗史節要』 卷2, 成宗 元年 六月, "諸島居民 以其先世之罪 生長海中 活計甚難 又光祿寺 徵求無時 日至窮因 諸從州郡之例 平其貢役".

위 사료 ①은 동경 관내의 주·군·부곡을 대상으로 재해의 등급에 따라 조·용·조 3세를 면제하였고, ②는 섬에 거주하는 백성들의 공물과 요역이 주군의 그것보다 많았으며, ③은 둔전의 경작을 위해 서경과 경기 관내 하음부곡민 1백호를 가주 남쪽에 집단으로 이주시키자고 건의한 내용이다. 특히 사료 ①에서 손해의 정도에 따라 租·調·役을 차례로 면제하며, 이미 관청에 납부한 자는 내년의 조세를 면제토록 한다는 사실을 통해 課役에 대한 物納制 실시를 반증하고 있어서 주목된다. 여기의 災免 규정은 당나라 稅役制의 영향을 받았기 때문에 사료에서 庸이라는 어휘의 사용 여부와는 관계없이 役의 物納制가 실시되었다.39)

그러면 당시 力役의 수취대상자는 구체적으로 어떤 신분이었을까? 16세부터 60세까지의 남자는 國役을 담당하였다. 그런데 현직의 관원과 검교직의 양반들은 직역을 국역으로 대체하였고, 사노비와 승려는 처음부터 역이 면제되었으며, 신역을 담당한 驛吏·津尺·工匠 등도 正役을 면제받았기 때문에 역역의 주된 담당계층은 농업에 종사하는 일반 농민이었다. 그러나 力役의 크기는 일반 군현민과 향·소·부곡민 간에 차이가 있었다. 그 차이는 토지의 소유관계 때문에 발생했는데, 국유지를 경작하면 국가부역에, 사유지를 경작하면 일반지주의 요역에 징집되었다. 따라서 대부분의 부곡인은 처음부터 사유지를 갖지 못한 전호였으므로 지주인 귀족이나 호족의 토지를 경작하는 대가로 徭役을 담당할 수밖에 없었다. 따라서 부곡인이 일반 지주들의 수취기반이었다면, 군현인은 국가의 수취대상이었다.

---

38) 『高麗史』 卷82, 兵2, 屯田, "顯宗十五年正月 都兵馬使奏 發西京畿內 河陰部曲民百餘戶 徙嘉州南屯田所 以充佃作".

39) 고려시대 役의 物納制에 관해서는 다음 논고를 참조할 것. 李貞熙, 1985, 앞의 논문 ; 李載名, 1996, 앞의 논문, 24~28쪽.

역역 수취에 대한 양인과 부곡인 간의 법적 차이를 명시한 사료는 아직 발견되지 않았다. 그러나 일반 양인을 징집하기 전에 一品軍이나 品從 등을 먼저 징집한 일련의 역역의 운영과정을 볼 때 군현인과 부곡인 간에는 상호 다른 力役의 수취체계가 적용되었을 것이다. 한편 사료 ②에서 알 수 있듯이 군현인과 부곡인의 차이는 국가권력을 배경으로 한 사원의 촌락지배를 통해서 확인된다. 光祿寺가 어느 섬에 있는 사원인지는 알 수 없으나 이러한 사원의 촌락 지배40)는 "승려가 촌락을 왕래하면서 館·驛에 유숙하고, 지방의 吏民을 매질하여 꾸짖었으며, 吏民이 두려워 감히 말하지 못한다."41)고 한 사실을 통해서 그 광범함을 짐작할 수 있다.

사원의 촌락지배는 부곡에도 나타나고 있다. "화개·살천 두 부곡이 있는데 그 부곡장은 모두 머리를 깎았으며, 칭하기를 僧首라고"42) 한다는 사실이 그것이다. 여기서 화개·살천 두 부곡장은 모두 머리를 깎았다고 한 사실이 주목된다. '僧首'의 존재가 곧 사원과의 연관성을 시사한다. 이 지역의 발생에 관해서는 여러 견해가 있지만 군현과는 다른 특수 행정단위의 사원촌락이었다. 따라서 이러한 사원촌락은 일반 행정구역에서 벗어난 관계로 요역을 사원에 납부할 수밖에 없었다. 당시 대부분의 사원은 인접한 군현과 사원과의 촌락지배를 둘러싼 갈등의 소지를 사전에 방지할 목적으로 국가로부터 지배력을 공인받거나 혹은 長生表를 세웠는데, 이러한 일련의 조처는 촌민을 장악하거나 영역내의 경제기반을 확고히 하는데 목적이 있었다.

이밖에 사원촌락에는 茶村이나 茶所村이 있었는데, 지금까지 이러

---

40) 李弘斗, 2000, 앞의 논문, 67쪽.
41)『高麗史』卷93, 列傳6, 崔承老傳, "臣聞僧人往來郡縣 止宿館驛 鞭撻吏民 責其迎候 供億之緩 吏民疑其銜命 畏不敢言".
42)『高麗史』卷57, 地理2, 晉州牧, "有花開薩川兩部曲 其長皆剃頭 稱爲僧首".

한 사원의 다촌을 노동지대로 파악한 견해[43]도 있고, 부곡의 일환으로 해석한 경우도 있다.[44] 어느 경우이든 이들은 사원전을 경작하는 전호로서 사원에 요역을 부담하면서 부수적으로 茶의 제조에 관여하였을 것이다.[45] 여기서 부곡인은 사원전과 양반전을 경작하는 대가로 요역을 전주에게 바치는 전호였음을 알 수 있다. 물론 양인이라고 하더라도 경제적 처지가 전호였다면, 그 요역을 지주에게 바치는 것이 원칙이다. 그러나 같은 전호의 처지일지라도 사회경제적 예속의 정도는 부곡인이 군현인보다 더 컸다.

한편 사료 ③에서와 같이 부곡인은 둔전을 경작하는 역에 집단으로 동원되기도 하였다. 둔전은 국둔전과 관둔전으로 구분되는데, 전자가 주로 군사를 사역하여 경작한 반면, 후자는 각 관에 소속한 관노비를 통해 경작하고 수확하여 군량에 충당하였다. 둔전은 원나라 복속기에 크게 증대했는데, 그것은 다음 두 가지 문제와 관련이 있다. 하나는 일본정벌에 필요한 군량을 고려에서 조달하려는 것이고 다른 하나는 둔전 경영을 통해 백성들을 효과적으로 지배하는 것이었다.[46] 한편 고려후기에 해변의 비옥한 농토를 왜구에게 점령당하고, 군사제도를 翼軍體制로 전환한 상황에서 수군 만호의 군사력을 이용해 陳田을 둔전으로 개간하였다. 즉, 군사를 둔전 경영에 참여시킴으로써 주변의 군현을 안정시키는 효과가 있었다.[47]

그러나 군졸을 사역하여 경작하는 사례는 소수일 뿐이고 대부분은 백성들의 부역노동에 의존하였다.[48] 뿐만 아니라 당시 권문세가는 국

---

43) 최길성, 1961, 「1328년 통도사의 농장경영형태」, 『력사과학』 1961-4.
44) 武田幸男, 1966, 「高麗時代における通度寺の寺領支配」, 『東洋史研究』 25-1.
45) 裵象鉉, 1998, 『高麗後期 寺院田研究』, 국학자료원, 249~268쪽.
46) 『高麗史』 卷27, 世家27, 元宗3, 12년 3월.
47) 『高麗史』 卷82, 兵2, 屯田, 禑王 14년 8월.
48) 『太宗實錄』 卷1, 1년 1월 14일(甲戌), "門下府郎舍上疏曰 (中略) 武備不可

가로부터 둔전을 賜牌받았다고 하면서 백성의 둔전을 빼앗았는데, 이
러한 둔전 경영은 농민들의 부역 부담을 더욱 증대시키는 결과를 가
져왔다. 그러면 당시 국둔전의 과역에 참여한 부곡인의 사회경제적 처
지는 어떠하였을까.

『高麗圖經』과 『高麗史』의 사료를 통해서 당시 부곡인이 담당한 役
의 의미를 엿볼 수가 있다.

① 재가화상은 가사를 입지 않고, 계율을 지키지 않으며, 흰 모시의 좁
   은 옷에 검정색 깁으로 허리를 묶고 맨발로 다니는데, 간혹 신발을
   신은 자도 있다. 거처할 집을 자신이 만들며, 아내를 얻고 자식을
   기른다. 그들은 관청에서 기물을 져서 나르고, 도로를 쓸고, 도랑을
   내고, 성과 집을 수축하는 일들에 모두 종사한다. 변경에 정보가
   있으면 단결해서 나가는데, 비록 달리는 데 익숙하지는 않지만 자
   목 씩씩하고 용감하다. (중략) 그들은 사실 형벌을 받는 복역자들
   인데 夷族의 사람들은 그들이 수염과 머리를 깎아버린 것을 가지
   고, 화상이라고 이름하였다.49)

② 5년 6월에 전교하기를, "전라도 臨陂 둔전은 근래에 권세있는 집들
   이 이것을 국가에서 자기에게 준 땅이라 하면서 거의 다 빼앗았으
   니, 마땅히 도평의사에 지시하여 둔전관을 별도로 두고, 권세 있는
   집들이 빼앗아 가진 것을 모두 복구할 것이며, (중략) 그리고 권세
   있는 집들에게 준 토지 중에서 평평하고 비옥하여 둔전으로 할만

不預然 軍器監置屯田於近州 以爲供億 衆工之費 奪民之田 取民之牛 聚民
而耕穫之 近州之弊 莫甚於此 願自今 給田收租 以充其用 罷屯田 悉還本
主".

49) 『高麗圖經』 卷18, 在家和尙, "在家和尙 不服袈裟 不持戒律 白紵窄衣 束腰
   早帛 徒跣以行 間有窄履者 自爲居室 娶婦鞠子 其於公上 負載其用 開治溝
   洫 修築城室 悉以從事邊睡有警 則團結而出 雖不閑於馳逐 然頗壯勇 (中
   略) 其實刑餘之役人 夷人以其髡削鬚髮 而名和尙耳".

한 것은 역적의 가족과 行省에서 찾아온 사람들을 이용하여 隊를 나누어 땅을 주고, 농사짓는 책임을 맡길 것이며, 각 도의 옛날 둔전하던 곳은 臨陂屯田의 예대로 할 것이다.[50]

사료 ①은 고려전기 재가화상에 관해서 설명한 내용인데, 평시에는 관청의 잡역과 공공기관을 위한 역사, 성의 수축에 종사하였고, 전시에는 종군하여 전투에 참여했다는 내용이다. 특히 재가화상은 그들의 선조 대부분이 형벌을 받은 복역자였다는 사실이 주목된다. 김부식이 묘청의 서경반란을 진압한 다음, 그 중에 용감하고 사납게 항거한 자는 "西京逆賊"이란 네 글자를 얼굴에 새겨 海島에 유배시키고, 그 다음은 "西京"이란 글자를 얼굴에 새겨 향·부곡에 나누어 배속시켰다[51]는 사실은 재가화상을 부곡민으로 해석할 수 있는 근거가 된다. 일찍이 旗田巍는 화개·살천 두 부곡장도 재가화상과 같은 受刑者 집단이라고 하였다.[52] 따라서 재가화상을 부곡민으로 규정할 수 있다면, 受刑者 집단으로서 부곡인이 담당한 '役'은 군현인의 그것보다 훨씬 무거울 수밖에 없었다.

사료 ②는 공민왕대에 권문세가들이 강제로 점유한 둔전은 둔전관을 통해서 모두 복구할 것과 새로 설치한 둔전 경작은 역적의 가족과

---

50) 『高麗史』 卷82, 兵2, 屯田, 恭愍王 원년 5월, "五年六月敎曰 一, 全羅道臨陂 屯田 近來權勢之家 稱爲賜給 奪占殆盡 仰都評議使 別置屯田官 諸家占奪 一皆復舊 (中略) 諸家賜給田 平衍膏腴 可屯田者 以賊家及行省所占人物 分隊給地 以責其事".

51) 『東史綱目』 第八下, 仁宗 14년 2월 23일, "其勇悍抗拒者 黥西京逆賊四字 流海島 其次黥西京字 分配鄕部曲".

52) 金龍德은 花開부곡장은 受刑者가 아니라 雙雞寺와 관련 있는 승려부락이나 승려에 준하는 帶妻僧부락의 長이라고 해석하였다(金龍德, 1981, 앞의 논문 (下), 『歷史學報』 89집, 89쪽).

行省이 차지한 자들을 이용하여 隊를 나누어 땅을 주고, 그들에게 농사를 책임지게 할 것이며, 전국의 둔전 경작은 전라도 臨陂 둔전의 사례에 따른다는 내용이다. 여기서 "逆賊의 家族"은 "受刑者 集團"을 지칭한 것이다.

따라서 고려후기까지도 둔전 경작은 고려전기와 마찬가지로 부곡인의 부역노동에 의존하는 경향이 컸으며, 부곡인이 집단으로 둔전 경영에 동원된 것은 부곡인의 신분이 천인이었음을 반영한다.

4. 부곡에 대한 조포수취

租·庸·調 三稅 가운데 調는 戶口에 부과하는 戶稅로서 고려시대는 布를 징수하였고, 貢物은 3세 이외의 세목으로서 군현단위로 현물을 징수하였다. 반면에 조선시대는 공물을 調라고 호칭하였다.[53] 공민왕대까지는 調가 雜貢과 구별되는 세목이었지만, 고려후기에 이르러 현물세의 필요에 따라 3세 이외에 常徭와 雜貢이 추가되었다. 이러한 현상은 고려후기의 사회변동으로 기존의 부세체계가 제 구실을 하지 못한 것이 원인이며, 이때 부곡의 해체와 국가재정의 증대도 한 요인이다.

고려 부세 수취단위였던 군현의 범위는 수령이 파견된 州·郡·縣 혹은 界首官만이 수취단위였다[54]는 견해와 주·군·현뿐만 아니라

---

53) 고려시대 연구자들은 調가 織物類를 비롯한 잡다한 지역 특산물을 포함한 세목이었다는 점에서는 견해를 같이 하고 있다. 그러나 調의 구체적인 실체에 대해서는 "雜貢" 또는 "貢物"이 곧 調라고 주장하는 견해와 주로 織物類를 거두는 常貢과 잡다한 지역 특산물의 수취를 말하는 別貢을 통칭하는 세목이 調라는 견해 등 조금씩 다르다(李載名, 1998, 「高麗時代 調의 收取와 그 性格」, 『京畿史學』 2, 26쪽).

속군현과 향·부곡도 독자적인 부세수취의 단위였다[55]는 두 견해가 있다. 고려왕조는 중앙집권화 정책을 실현하고, 국가권력을 유지하는 방안으로 지방제도를 정비한 다음, 각 군현의 규모에 따라 부세를 균등하게 할당하였다. 고려의 조세제도는 군현민의 재산 소유에 따른 조세징수가 원칙이었지만, 지배신분은 가볍고, 피지배신분은 무거운 형태였다. 여기서는 고려시대 調의 구체적인 품목은 무엇인가를 검토하고, 다음으로 調를 수취함에 있어서 일반 군현인과 부곡인 간에 존재한 調의 규모에 대해 고찰하려고 한다.

『고려사』·『고려사절요』에서 調는 調布·稅布·布 등으로 기록한 사실을 통해 고려시기 調의 수취품목은 布類였음을 알 수 있다. 따라서 調의 구체적인 물품은 모시(紵)로 짠 紵布,[56] 삼(麻)으로 짠 麻布,[57] 명주실로 짠 絹織物이 될 것이다. 여기의 세 布類는 1364년 문익점이

---

54) 朴宗基, 1986, 「高麗의 郡縣體系와 界首官制」, 『韓國學論叢』 8.
55) 박종진, 1999, 「고려시기 경제운영의 단위와 지방제도」, 『한국학연구』 7, 숙명여대 사학과.
56) 모시의 종류는 황저포·홍저포·백저포·생저포·저마겸직포·황세저포·백세저포 등이 있다. 황저포와 홍저포는 염색성이 좋은 모시섬유의 특성과 직조기술을 잘 배합하여 만든 우수한 직물이고, 백저포는 그 전통이 조선시대까지 이어진 새하얀 모시로써 주로 외국에 수출되어 높이 평가되었으며, 생모시는 모시를 재물에 삶지 않는 좀 빳빳하고 깔깔한 모시로서 여성들의 옷감으로 많이 이용되었다. 한편 백세저포·황세저포·홍세저포 등은 일반 저포들과는 달리 19~20세 정도로 정밀하게 짠 색깔 있는 모시이고, 저마겸직포는 모시와 삼의 장점을 이용하여 섞어짠 교직물로서 외국에 수출되어 높이 평가되었다(홍희유·최윤규, 1991, 『조선수공업사』, 백산자료원, 95~96쪽).
57) 마포의 재료인 삼은 길고 질겼으므로 천과 그물, 노끈 밧줄, 신 등을 만들었다. 특히 어업이 발달한 강원도 지방에서는 옷감 대신에 그물을 만들어 사용하였다. 그러나 삼은 주로 옷감으로 이용되었으며, 5승포는 정포라고도 하여 현물화폐인 포화로 이용되었다.

목화씨를 중국에서 들여온 이후, 1450년대 면직업이 보편화될 때까지 백성들의 옷감, 현물화폐, 공물의 대용, 송나라 진상품, 외국 수출품으로 높이 평가되었다.[58] 그러므로 당시 고려 정부는 권농과 구휼 및 부세 수취의 방안으로 뽕나무와 모시, 삼의 재배를 국가 차원에서 적극 장려하였다. 다음의 사료를 통해서 그러한 사실을 알 수 있다.

① 성종 19년 1월에 왕이 각 도·주·현에 명령하여 해마다 뽕나무 모종을 심게 하되, 丁戶는 20그루, 白丁은 15그루를 밭가에 심어서 누에 치기에 힘쓰도록 하였다.[59]

② 덕종 3년 3월에 왕이 명령하여 이르기를, "농사 짓기와 누에 치기는 먹고 입고 하는 일의 밑천이 되는 일이니, 여러 도·주·현의 관원들은 조정의 명령을 힘써 지켜서 三時를 농민들에게서 **빼앗지** 말며, 그렇게 함으로써 백성들을 평안히 살게 하라"고 하였다.[60]

③ 인종 23년 5월에 輸養都監에서 왕에게 아뢰기를, "여러 도와 고을에 명령하여 땅의 품질이 나빠서 밭으로 하지 못할 경우는 뽕나무, 밤나무, 옷나무, 닥나무를 그 땅의 성질에 따라 심도록 장려하게 합시다"라고 하였다.[61]

④ 공민왕 5년 6월에 왕이 명령을 내려 이르기를, "衣褐이 없으면 무엇으로 해를 넘기겠는가. 마땅히 중앙과 지방의 모든 사람들로 하여금 집집마다 뽕나무를 심고, 삼을 가꾸게 하되, 각각 인구수에 따라서 심는 비율을 정할 것이다"라고 하였다.[62]

---

58) 홍희유·최윤규, 1991, 『조선수공업사』, 백산자료원, 90~103쪽.
59) 『高麗史』 卷79, 志33, 成宗 19년 1월, "成宗十九年正月判 今諸道州縣 每年 桑苗 丁戶二十根 白丁十五根 田頭種植 以供蠶事".
60) 『高麗史』 卷79, 志33, 德宗 3년 3月, "德宗三年三月敎曰 農桑衣食之本 諸 道州縣官 勉遵朝旨 無奪三時 以寧百姓".
61) 『高麗史』 卷79, 志33, 仁宗 23年 5月, "仁宗二十三年五月 輸養都監 奏今諸 道州縣 地品不成田 畝桑栗漆楮 隨地之性 勸課栽植 從之".

위 사료 ①·②는 중앙정부가 지방관으로 하여금 농사와 뽕나무 심기를 적극 권장하였다는 내용이고, ③은 인종 23년 輸養都監에서 경작에 부적합한 토지에 뽕나무 등을 심자고 건의한 내용이며, ④는 공민왕이 전국의 각 戶를 대상으로 뽕나무와 삼을 심고 가꾸되, 고을의 인구수에 따라 심는 비율을 정하도록 명령한 내용이다. 특히 ①에서 丁戶와 白丁은 뽕나무 심는 숫자에 차이가 있는데, 이러한 사실은 양자간에 調를 부담하는 액수가 달랐음을 뜻한다. 따라서 조의 수취기준은 戶가 기본이고, 호내의 丁의 다과에 따라 수취량에 차등이 있었다. 사료 ④의 내용 중 뽕나무를 심고, 삼을 가꾸는데 그 기준은 家戶이고, 심는 양은 家內 丁의 수에 따라 다르게 한 사실이 이를 입증하고 있다.

사료 ①·②·③·④를 통해서 고려국가는 백성의 경제기반을 보장하고, 부세를 지속적으로 수취하기 위한 방안으로 지방관에게 권농과 누에 치기를 적극 장려하였다. 따라서 고려의 권농정책은 도·주·현의 지방관을 중심으로 이루어졌으며, 지방관의 포폄은 농사와 누에 치기의 장려 여부로 기준을 삼았다.

麻布와 紵布는 고려시대의 대표적인 布類였다. 15세기 중엽 이후 저포의 생산은 급격히 감소한 반면, 비단과 마포는 목화재배가 불가능한 서북지방과 동북부 함경도 지역에서 그 생산이 오히려 증대하였다. 『세종실록』 지리지를 통해 비단의 명산지를 알아보면, 황해도는 서흥, 봉산, 안악, 곡산, 수안, 신은, 재령, 장현, 풍천, 평산, 우봉, 토산, 강음, 장연 등이고, 평안도는 42개 군현 가운데 41개 군현에서 비단을 생산하였으며, 함경도는 함흥, 영흥, 정평, 고원, 안변, 덕원, 문천, 이원, 홍

---

62) 『高麗史』卷79, 志33, 恭愍王 5年 6月, "恭愍王五年六月敎曰　無衣無褐　何
　　以卒歲　宜今中外人　家種桑藝麻　各以口數爲率".

원, 단천, 길주, 명천 등이 있다. 그밖에 경기 지역에서는 개성, 양근, 가평 등에 잠실이 설치되었고, 충청도에는 청풍에 잠실이 있었으며, 전라도는 태인, 경상도는 의성에 잠실이 있었다. 여기서 잠실이 있었다는 사실은 곧 비단생산의 중심지였음을 뜻한다.

한편 모시는 삼보다 경작범위가 넓었던 점에서 그 경제적 가치가 더 컸다. 모시의 생산은 충청도, 경상도, 전라도의 하삼도에 집중되었다.[63] 『동국여지승람』에 의하면 평안도는 42개 군현 가운데 39개 군현이 마포생산에 참여하였고, 함경도는 22개 군현이, 황해도는 24개 군현 중 14개 군현이 마포를 생산하였다.[64]

지금까지 고려시대 調의 구체적인 품목은 저포·마포·견직물 등의 布類였음을 확인하였다. 그밖에 布가 調의 대표적 세목이었음은 당시 주·현에서 해마다 바치는 常貢의 일부인 소가죽·소힘줄·소뿔[65]을 平布[66]로 바쳤던 사실과 국가에서 관료에게 지급하는 祿俸[67]과 일반 백성들의 소금구매[68]도 布로 환산하였던 사례를 통해 알 수 있다.

그러면 고려시대 조의 수취에서 일반군현인과 부곡인 간에는 어떤 차이가 있었을까? 이에 대한 해명은 고려 부곡이 독자적인 수취단위였는가 아니면 일반군현에 예속된 수취단위였는가에 대한 실마리를

---

63) 홍희유·최윤규, 1991, 앞의 책, 94쪽.
64) 홍희유·최윤규, 1991, 위의 책, 96쪽.
65) 『高麗史』 卷78, 志32, 食貨1, 田制貢賦.
66) 여기서 平布는 고려시대 화폐로 쓰였던 '五升의 麻布'를 지칭한다(李載名, 1998, 「高麗時代 調의 收取와 그 性格」, 『京畿史學』 2, 39~40쪽).
67) 『高麗史』 卷80, 志34 食貨3 祿俸條.
68) 충선왕 이후부터 소금의 전매제가 실시됨으로써 일반 백성들이 소금을 구매할 경우에는 반드시 포를 지불하였다(『高麗史』 卷79, 志33 鹽法, 忠宣王 원년 2월).

제공할 것이다. 먼저 고려시기 調의 개념부터 살펴보자. 고려시대 調
에 관해서는 지금까지 여러 견해가 있다. 첫째, 貢物이 곧 調라는 견
해,69) 둘째, 織物類를 거두는 常貢과 군현단위로 징수하는 別貢을 통
칭하여 調라고 한 견해,70) 셋째, 고려전기에는 직물류였으나 고려후기
에는 현물세의 필요에 따라 常徭·雜貢이 조의 명목으로 추가되었다
는 견해가71) 그것이다. 여기서 첫 번째 견해가 기본 3稅의 포와 군현
단위 공물에 포함된 포를 다른 것으로 본 반면, 두 번째 견해는 3稅의
포와 군현단위 공물에 포함되는 포를 같은 것으로 보았다.72)

　따라서 고려시대 포의 개념에 대한 논란은 그것을 3세의 하나인 공
물로 볼 것인가 아니면 3세가 아닌 지방세의 일종으로 볼 것인가에
집중된다. 필자는 調가 곧 貢物이라는 생각이다. 왜냐하면 고려시기
공물은 雜貢과 土貢으로 구분할 수 있는데, 전자가 수공업품·광산물
·목축·약재와 각종 물품을 의미한다면, 후자는 각 지역의 토산물을
지칭하기 때문이다. 여기서 고려시대 백성들은 국가에 대해 직물류의
토공을 바쳤으며, 경우에 따라서는 잡공도 직물로 대신 바쳤다. 이와
같이 고려시대 布는 그 자체가 화폐 기능을 가졌으며, 한편 전국적으
로 생산되었기 때문에 모든 공물을 대신하였다.

　고려시기 雜貢과 土貢은『세종실록』지리지에 土貢과 土宜 항목으
로 분류하여 기록하였다. 특히 전국 대부분의 土宜 항목에 뽕나무·
삼·모시가 포함된 사실이 주목된다. 그러면 고려시대 貢物인 調布의

---

69) 李貞熙, 1992,「고려후기 수취체제의 변화에 대한 일고찰」,『釜山史學』22.

70) 이혜옥, 1994,「고려후기 수취체제의 변화」,『14세기 고려의 정치와 사회』,
　　민음사.

71) 朴鍾進, 1993,『高麗時代 賦稅制度 硏究』, 서울대 박사학위논문.

72) 고려시기 부세제도 연구사는 다음 글을 참조할 것. 박종진,「국가재정과 부
　　세제도」,『한국역사입문 2』, 풀빛, 152~162쪽.

징수와 감면은 어떻게 이루어졌을까. 그것은 군현을 단위로 하였는데
이때 田賦와 徭役도 함께 징수하였다. 따라서 각 고을이 국가에 납부
하는 3稅의 액수는 처음부터 정해진 셈이다. 다음 사료에서 이러한 사
실을 확인할 수 있다.

① 7년 3월에 삼사에서 왕에게 보고하기를, "동경 관내의 주·군·
향·부곡 19개소에서 작년에 오랫동안 가뭄이 들어서 많은 백성들
이 굶주리고 곤궁하니, 명령대로 손해가 40% 이상이면 租稅를 면
제하고, 60% 이상이면, 租稅와 戶稅를 면제하고, 70% 이상이면
課役까지 모두 면제하여 이미 관청에 납부한 자는 내년의 조세를
면제하여 줄 것을 허락하도록 합시다." 하니, 왕이 명령하기를, "좋
다"라고 하였다.73)

② 3년 2월에 왕태후를 책봉하였다 하며, 여러 주·군·현들의 進奉
長吏와 하인 등의 田丁에 대하여 바쳐야 할 稅布를 전부 면제하였
다. (중략) 동·서계의 주·진 및 여러 주·현·향·부곡 등에 있
는 雜所의 長吏들이 분실한 여러 문건들도 그 배상을 징수하게 된
것과 徭貢을 받지 못한 부분은 을유년 이전의 것에 한하여 그리고
은과 금은 계묘년 이전에 받지 못한 것에 한하여 모두 면제하여
주었다.74)

위 사료 ①은 숙종 7년에 경주 관내 19개소의 주·군·향·부곡에
대해 災害 정도에 따라 조세, 조포, 요역을 면제토록 상소하자 왕이

---

73) 『高麗史』卷80, 食貨3, 志34, 賑恤條, "七年三月三司奏 東京管內 州郡鄕部
曲 十九所 因去年久旱 民多飢困 乞依今文損 四分以上免租 六分以上免租
調 七分以上 課役俱免 已輸者 聽折 減來年租稅 制可".

74) 『高麗史』卷80, 志34, 食貨3, 賑恤條, "三年三月 以封王太后 諸州郡縣 進奉
長吏 從卒等 各田丁稅布全放 (中略) 東西州縣及 諸州縣鄕部曲等 雜所長
吏 漏失雜物 色徵還及 徭貢未收者限乙酉年 銀金限癸卯年 並皆放除".

이를 허락하였다는 내용이고, 사료 ②는 예종 3년 왕태후 책봉 당시 진봉할 주·군·현의 長吏, 동·서계의 주진·주현의 長吏, 향·부곡의 雜所 長吏 등이 납부할 調布를 면제하였다는 내용이다.

사료 ①의 조를 지방특산물인 공물로 볼 수 없다는 견해도 있다.[75] 그러나 여기의 調布는 3稅의 하나라는 점에서 貢物을 의미한다고 하겠다. 한편 사료 ②에서 알 수 있듯이 당시 각 주현과 속현의 향·부곡에는 토산물을 각각 독자적으로 국가에 공납하였는데, 당시 각 지역의 토산물 공납을 직접 책임지는 군현의 토성인 향리와 長役을 맡은 續姓의 부곡성이 별도로 존재하였다.[76] 이와 같이 고려시대 부곡은 독자적인 부세 수취단위로 존재하였다.

그러나 主邑에 소속되어 있는 부곡은 수취체제상 군현보다 매우 불리하였다.[77] 그것은 부세를 징수하고, 감면하는 일이 모두 부곡을 포함한 군현단위로 이루어졌기 때문이다.[78] 또한 각 군현과 향·부곡은 독자적인 邑司를 구성하였고, 국가에서는 그 규모에 따라 公廨田을 지급하여[79] 경제적 기반을 보장하였던 일련의 사실을 통해서도 당시 부곡이 기본적 수취단위였음을 알 수 있다.

한편 調布를 지방특산물인 貢物이라고 규정할 경우 調布가 공물 이외의 布類라고 지적한 사실과 모순이 된다. 그러나 이는 당시 調布가 일체의 공물을 대납하였던 사실을 간과한 데 따른 해석이 아닌가 한다. 따라서 당시 군현민과 부곡민이 부담한 戶稅가 調布였다고 하

---

75) 李載名, 1998, 「高麗時代 調의 收取와 그 性格」, 『京畿史學』 2.
76) 『世宗實錄』 地理志 卷150, 慶尙道 慶州府.
77) 李樹健, 1984, 『韓國中世社會史硏究』, 一潮閣, 83~84쪽.
78) 박종진, 1997, 「고려시기 경제운영의 단위와 지방제도」, 『한국학연구』 7, 숙대 사학과, 110~116쪽.
79) 『高麗史』 卷78, 食貨1, 公廨田柴條.

겠다.

5. 맺음말

이상에서 고려 부곡을 수취체제와 관련하여 살펴보았다. 논의한 결과 부곡은 지방관이 파견된 군현과 똑같이 조·용·조를 담당하는 하나의 독립된 수취단위였음을 알 수 있었다. 연구한 내용을 요약하면 다음과 같다.

고려시대 부곡의 수취제도와 관련하여 주목할 것은 부곡도 군현과 똑같이 조·요역·조(포)를 담당하는 하나의 독립된 수취단위였다는 것이다. 먼저 부곡민이 관직진출을 대가로 국가로부터 토지를 분급받았는가의 여부가 관건이다. 부곡민은 원칙적으로 관직진출이 금지되었기 때문에 국유지를 분급받지 못했다. 따라서 사유지(민전)에 부과되는 10분의 1租는 극소수이고, 대부분은 2분의 1租를 지주에게 地代로 납부하는 전호였다. 따라서 군현민과 부곡민 사이에는 경제적 차별이 존재했다고 하겠다. 한편 성종대에 군현과 향·부곡의 丁을 기준으로 公須田, 紙田, 長田을 지급했을 때 1千丁 이상의 주에 지급된 公須田은 3백결인 반면, 부곡은 20결에 불과한 것도 군현민과 부곡민의 신분적 차별성을 반영한다. 또한 자연재해를 입었을 경우 부곡민은 군현인과 똑같이 국가로부터 조세를 감면받았던 사례가 있다. 따라서 부곡민에 대한 이러한 조세감면 사실은 군현인과 부곡민의 신분적 동질성으로 해석할 수 있다. 그러나 이것은 국유지 경작자에게 적용되었을 뿐 부곡민이 民田을 소유한 대가로 납부한 地稅는 아니다.

부곡민이 부담한 力役收取 관계를 통해서도 군현인과 부곡민의 차별성을 알 수 있다. 力役은 국가가 군현단위로 민의 노동력을 징발하는 세목이다. 역역은 징발주체에 따라 국가 차원의 徭役과 군현 차원의 雜貢·常徭로 구분할 수 있으며, 그 형태에 따라 축성·궁궐영조·수리시설 축조 등의 工役과 현물세의 운반과 관련된 貢役으로 구분된다. 특히 부곡인은 군현차원의 공역에 연중무휴로 징발되었다. 그리고 국유지를 경작하면 국가의 부역에, 사유지를 경작하면 일반지주의 요역에 징집되었는데, 당시 대부분의 부곡민들은 처음부터 사유지를 갖지 못한 佃戶였기 때문에 귀족이나 호족의 토지를 경작한 대가로 徭役에 동원될 수밖에 없었다. 한편 力役收取에 대한 군현인과 부곡민의 차이는 사원의 촌락지배를 통해서도 알 수 있다. 당시 사원촌락인 茶村이나 茶所村의 주민은 대부분이 役을 사원에 납부하는 부곡민이었다. 또한 국가의 역을 담당한 재가화상은 평시에는 관청의 잡역과 공공기관을 위한 役事, 성의 축조에 종사하였고, 전시에는 종군하여 전투에 참여하였는 바, 이들은 형벌을 받는 복역자라는 점에서 부곡인으로 규정할 수 있다. 따라서 受刑者 집단으로서 재가화상의 요역은 군현인보다 더 무거웠다.

부곡민이 납부한 調布收取에도 군현인과 부곡인의 차별성이 내재한다. 고려시기 기본세는 租·役·調(布) 3세인데, 국가는 3세를 고을 단위로 田賦·貢物·徭役의 형태로 징수하였다. 여기서 調는 지방특산물이고, 특산물에 대한 현물세는 布가 된다. 따라서 고려후기에는 상요와 잡공이 추가되었는데, 상요는 역(용)의 명목으로, 잡공은 조의 명목으로 부과된 현물세인 셈이다. 한편 성종 19년 1월의 사료를 통해서 丁戶와 白丁은 뽕나무 심는 비율이 달랐음을 알 수 있다. 이러한 사실은 일반 군현인과 부곡인이 부담한 調의 액수 역시 달랐음을 반영한다. 요컨대 조·역(용)·조 3세의 수취체계를 기준으로 비교할 때 부곡민은 일반 군현민에 비해 차별을 받았는 바, 이러한 차별은 신분적 차별이 원인을 제공하였다.

부곡의 군현승격과 부곡인의 신분상승

1. 머리말

고려시대의 법제적 신분제는 양천제다. 그런데 천민은 노비와 부곡인 등 집단천인으로 구성되었다. 무인집권시대 이후 집단천민은 신분의식의 자각을 통해 사회적 지위가 상승하였고, 원간섭기에는 부곡인의 광범한 신분상승이 실현되었다. 천인의 이러한 광범한 신분상승이 부곡인 양인론의 시대적 배경이 되기도 하였다.

그동안 부곡인의 신분에 관해서는 천인론[1]과 양인론[2]이 대립하고 있다. 천인론은 부곡지역이 군현의 속현으로 존재하였을 뿐만 아니라 한국 부곡을 중국이나 일본 등 동아시아 부곡과 같은 성격이라고 하였다. 반면에 양인론은 한국 부곡의 독자성을 강조하고, 부곡제 거주자의 조세부담을 수취체제 방식과 결부시켜 부곡인을 양인으로 규정

---

1) 白南雲, 1933,「部曲制の歷史的 意義」,『朝鮮社會經濟史』, 改造社 ; 白南雲, 1937,「賤民(津尺, 鄕吏, 鄕部曲丁, 禾尺, 才人, 樂工等)」,『朝鮮封建社會經濟史(上)』; 임건상, 1963,『조선의 부곡제에 관한 연구』.
2) 李佑成, 1966,「高麗末期 羅州牧 居平部曲에 대하여」,『震檀學報』29·30합집 ; 金龍德, 1980·1981,「部曲의 規模 및 部曲人의 身分에 대하여(上·下)」,『歷史學報』88·89 ; 朴宗基, 1990,『高麗時代 部曲制硏究』, 서울대학교출판부.

하는 등 연구의 외연을 확대한 점에서 연구사적 의의가 있다. 그러나 양인론자들은 부곡 관련 사료를 자의적으로 해석하고, 연역적 방법으로 논지를 전개한다는 점에서 문제가 없지 않다. 더구나 부곡인을 통시대적으로 양인으로 규정할 때 고려후기 부곡의 군현승격을 통한 광범한 신분상승을 설명할 수 없는 문제가 발생한다.

여기서는 이러한 문제의식을 견지하면서 여말선초 부곡의 군현승격에 따른 양인화 과정을 고찰하려고 한다. 먼저 부곡인 천인설을 법제규정과 관련해 살펴보고, 다음으로 부곡의 군현승격에 따른 여러 양상을 고찰하며, 마지막으로 부곡의 군현승격 사례를 통해 부곡인의 양인화를 고찰할 것이다.

2. 고려시대 부곡인 천인설의 배경

고려시기 부곡인의 법제적 신분은 천민이었다. 이와 같은 해석은 다음 세 가지 사실에 근거를 두고 있다. 첫째, 삼국통일을 기점으로 당나라 부곡의 천민적 성격이 통일신라에 수용된 점, 둘째, 후삼국 간의 정복전쟁으로 인해 대규모의 流民이 발생한 사실, 셋째, 나말여초 호족연합정권의 성립에 따라 부곡인이 호족의 私有民으로 존재한 현상이 그것이다. 따라서 여기서는 삼국시대 부곡민을 당나라와 관련하여 살펴보고, 고려시대 부곡인의 법제규정에 관해서도 고찰할 것이다.

당나라 부곡이 천민이었던 것은 漢代에는 양인, 남북조시대는 호족의 私兵, 隋·唐代는 천민3)이었던 사실을 통해 알 수 있다. 그러면 삼

---

3) 李公範, 1968, 「北朝의 部曲形成過程」, 『大東文化硏究』 5 ; 濱口重國, 1941, 「南北朝時代の兵士の身分と部曲の意味變化に就いて」, 『東方學報』 第12冊 之1.

국시대 부곡이 천민이었던 것은 언제부터일까. 그것은 나당연합군이 백제를 멸망시키고, 백제 지역에 5도독부를 설치한 후 그 휘하에 37주 250현을 두어 백제의 지방제도를 당나라 지방제도와 동일한 형태로 편제한 660년부터가[4] 아닌가 한다. 당나라가 백제 지역을 37주 250현 체제로 개편하는 과정에서 실제로 "軍知部曲"[5]을 설치한 사례는 삼국통일 이후 한국 부곡이 중국 부곡의 성격과 밀접한 연관관계에 있음을 시사하고 있다. 그러나 백제 부흥군이 주민들과 연계하여 조직적으로 투쟁한 결과 당나라가 주도한 주현체제는 붕괴되고, 이후 통일신라가 백제지역을 지배함으로써 부곡의 천민적 성격은 크게 완화되었다.

삼국통일 직후 강력한 전제왕권이 출현한 시기에는 국가가 부곡민을 국역의 수취대상으로 파악하였다. 따라서 그들의 신분하강은 억제되었지만, 통일신라 후반에 이르러 96角干의 왕위쟁탈전이 확대되면서 호족의 정치적 위상은 상대적으로 강화되어 부곡인의 私民化 경향은 점차 증대되었다. 물론 부곡인이 호족의 私兵이 되기까지는 경제적 예속관계가 선행하였다. 즉, 후삼국 전쟁기간 중 많은 유민이 발생했는데, 그들 중 일부는 부곡민이었으며, 생존을 위해서 호족의 전호로 예속될 수밖에 없었다. 당시 호족들은 주위의 여러 호족과 끊임없는 전쟁을 통해서 세력을 확대했는데, 이때 평상시 생산에 참여하였던 부곡민 출신의 전호들을 병사로 차출하여 전쟁을 수행하였다.

후삼국을 통일한 고려초기의 정치상황을 호족연합정권 시대라고 하는데 이것은 호족의 정치권력이 왕권보다 상대적으로 우위에 있었음을 시사한다. 호족의 정치적 우위는 그들이 향리에 소유한 대토지

---

4) 徐仁漢, 1994, 『韓民族戰爭通史 1』, 國防軍史硏究所, 336~339쪽.
5) 『新增東國輿地勝覽』 卷40, 樂安郡.

농장과 군사력에 바탕을 두고 있다. 그런데 삼국통일 직후 이들은 논공행상이나 군공을 통해서 중앙관료로 진출함으로써 경제적 기반뿐만 아니라 정치적 기반까지 갖추게 되었다. 따라서 호족들은 이때 중앙귀족의 정치적 특권을 이용하여 소재지 부곡민을 私有民으로 예속할 수 있었다. 당시 부곡민이 호족의 私有民으로 전환되는 과정을 사료를 통해 살펴보면 다음과 같다.

① 태조 왕건은 창업 초기에 호족들의 노비를 해방시키려 하였으나 공신들의 뜻이 동요될 것을 우려하여 실행하지 못하였다.[6]
② 고려시대 5도 양계의 역자·진척·부곡의 사람들은 모두 태조대에 명령을 거역한 사람들이었으므로 모두 천역을 당하게 하였다.[7]

위 사료 ①은 태조 왕건이 고려를 건국한 직후 호족의 노비를 해방시키려 하였으나 그들의 위세에 눌려 결국 실행하지 못했다는 사실을 말하고 있으며, ②는 신라에서 고려로 왕조가 교체되는 과정에서 驛子·津尺·部曲人의 법제적 신분이 천인이었음을 설명한 내용이다. 여기서 나말여초 기간 중 호족에 의한 부곡인의 賤民化 현상이 더욱 확대되었는데, 이것은 당시 신분질서에 큰 영향을 주었다. 위 사료 ①은 후삼국시대 호족의 전쟁포로였던 부곡인이 고려초에 이르러 천인으로 강등될 수밖에 없었던 사실을 전하고 있다. 이러한 양인의 私民化는 사료 ②를 통해서도 드러나는데, 그것은 다음 두 가지 사실과 관계가 있다. 하나는 후삼국 통일이 호족의 협조를 통해서 얻어졌다는 것이고,[8] 다른 하나는 고려초기 부곡의 집단적 천민화는 고려왕조에

---

6) 『高麗史』 卷93, 列傳6, 崔承老.
7) 『太祖實錄』 卷1, 원년 8월 20일(기사).
8) 河炫綱, 1974, 「高麗王朝의 成立과 豪族聯合政權」, 『韓國史』 4, 국사편찬위

항거한 지역을 강등시켜 이루어졌다는 것이다. 다시 말해서 나말여초 50년간 지속된 전란을 극복하는 과정에서 당시 호족은 族的 향리세력과 流民 출신의 部曲人, 私奴婢 등으로 私兵을 결성해서 향리의 치안유지에 적극 참여했는데, 호족의 적극적인 군사활동은 왕건의 후삼국 통일에 크게 기여하였다. 호족의 이와 같은 공헌도는 고려 건국 직후 논공행상의 형태로 반영되었으며, 이때 각 호족은 그들이 갖는 세력범위에 따라 중앙관료로 진출하거나9) 또는 2군 6위의 장군에 임명되었다. 과거제도가 시행되기 이전에 호족이 중앙관료로 진출한 사실은 결과적으로 왕권을 제약하는 요인으로 작용하여 부곡인의 壓良爲賤 현상을 증대시켰다. 고려왕조에 저항한 군현의 邑號를 부곡으로 강등시켜 호족에게 자치권을 부여한 것도 호족의 관료화에 따른 특권의식의 반영이라고 생각된다.

한편 고려시대 군현지역이 부곡으로 강격되는 현상은 고려 전 시기를 통해서 시행되고 있지만, 특히 호족연합정권 시대인 고려초에 집중되었다. 고려초 군현에서 부곡으로 강등된 지역은 <표 1>에서 보는 바와 같이 네 곳이다. 읍호가 강격된 이유는 해당 지역에 대한 응징의 목적도 있지만, 다른 한편으로 세력있는 호족을 회유하기 위한 방편이기도 하였다. 長鎭縣이 竹長伊部曲으로 강격된 것은 왕건이 후삼국 통일을 수행할 때 임고군 사람이었던 金剛城 將軍 皇甫能長이 보좌한 공이 컸기 때문에 자치권을 부여한 것으로 짐작된다.10) 경순왕 金

원회.

9) 羅末麗初 호족의 官階 진출에 관해서는 다음 논고를 참조할 것. 李泰鎭, 1972, 「高麗 宰府의 成立」, 『歷史學報』 56 ; 李基東, 1978, 「羅末麗初 近侍 機構와 文翰機構의 擴張 - 中世的 側近 政治의 志向 - 」, 『歷史學報』 77.

10) 金甲童, 1994, 「新羅高麗의 王朝交替와 郡縣制의 變化」, 『新羅末 高麗初의 政治·社會變動』(한국고대사연구회편), 신서원.

傅가 고려에 항복하자 경주를 식읍으로 주면서 주위의 부곡을 경주에 내속시킨 경우도 같은 맥락이라고 하겠다. 왕건에게 비협조적이었기 때문에 천민지역으로 강등된 곳은 陸昌鄕11)의 경우가 있으며, 역리로 강등되어 천역을 담당케 된 사례도 보인다.12) 군현이 부곡으로 강격되는 현상은 고려후기까지 지속되고 있다. 다만 고려후기의 경우는 부곡으로 강격되고 난 직후 곧바로 군현으로 승격되었는데, 이와 같은 현상은 고려후기의 신분변동의 폭이 고려전기보다 확대되었음을 반영한 결과였다.

<표 1> 고려초 군현강격 현황

군현명	부곡명	강등 시기	전거
餘良縣	仇史部曲	고려초	『세종실록』 지리지, 권150
長鎭縣	竹長伊部曲	고려초	『세종실록』 지리지, 권150
省良縣	金良部曲	고려초	『삼국사기』 지리지
玄武縣	召彡部曲	고려초	『삼국사기』 지리지
葛島縣	陸昌鄕	고려초	『신증동국여지승람』 권36, 영광군
感陰縣	感陰部曲	의종 15년	『신증동국여지승람』 권31, 안음현
全州牧	全州部曲	공민왕 4년	『신증동국여지승람』 권33
密城郡	歸化部曲	충렬왕 원년	『세종실록』 지리지, 권150, 밀양도호부

아무튼 태조 왕건에게 대항하였던 군현은 모두 부곡으로 강등됨으로써 교육, 과거응시, 자손의 신분귀속 등의 문제가 법제적으로 엄격한 규제를 받게 되었다. 다음의 사료가 이와 같은 사실을 설명하고 있다.

① 무릇 잡로 및 공상 음악 등 천역에 종사하는 자, 가까운 친척 간

---

11) 『新增東國輿地勝覽』 卷36, 靈光郡 陸昌鄕條.
12) 『遁村遺稿』 卷4, 「附錄」.

에 통혼한 자, 家道가 바르지 못한 자, 반역죄를 범하였다가 귀향한 자, 향·부곡인의 자손, 일반 범죄를 범한 자는 입학시키지 않는다.[13]

② 다섯 가지 대역죄인·다섯 가지 도적·불충한 자·불효한 자·향·부곡인·잡류의 자손은 과거에 응시할 수 없다.[14]

③ 군현과 진·역·부곡인이 혼인하여 출생한 자녀는 모두 진·역·부곡에 속하고, 진·역·부곡에서 천민과 혼인하여 출생한 자녀는 절반씩 나누되, 남는 수는 어머니에게 종속시켰다.[15]

위 사료 ①은 국학에 입학할 수 없는 신분과 계층을 설명한 내용이고, ②는 고려시대 과거에 응시할 수 없는 부류를 말한 것이며, ③은 군현인과 부곡인이 혼인하여 출생한 자녀의 신분귀속 문제를 규정한 내용이다. 후삼국시대 부곡인은 고려 건국 직후부터 그 법제적 신분이 천민으로 강등됨으로써 교육의 기회가 박탈되고, 과거응시가 금지되었으며, 자손의 신분귀속도 엄격히 규제받았다고 할 수 있다. 고려 부곡인은 자기 經理를 소유하고, 賤役이나마 國役을 지고 있었던 점에서 사노비보다 계층적 지위가 나았지만, 다른 한편 사회적으로 규제를 받는 천민이었다. 부곡인에게 가해졌던 이와 같은 신분적 차별은 정치질서가 안정된 고려전기의 경우에는 동요하지 않았으나, 무인집권시대에 이르러 큰 변화가 일어났다.

---

13)『高麗史』卷74, 志28, 選擧2, 學校.
14)『高麗史』卷73, 志27, 選擧1, 科目1, 정종 2년 7월.
15)『高麗史』卷84, 志38, 刑法1, 호혼조.

3. 군현승격과 부곡인의 신분상승

주지하듯이 고려시대 양천제는 삼국시대 골품제보다 더 개방적이다. 그것은 골품제가 폐쇄적인 반면, 양천제는 능력에 따른 신분상승이 더 보장되었기 때문이다. 양천제 하의 신분이동은 두 가지로 구분할 수 있다. 하나는 양천 간의 신분이동이고, 다른 하나는 동일신분 내의 계층이동이다. 그런데 고려시대의 경우 양인과 천인 간의 신분이동은 법제적으로 엄격히 규제되었지만 양인신분 내부에서의 이동은 비교적 폭넓게 허용되었다. 평민이나 향리가 과거를 통해서 지배신분이 된다거나, 향리가 품관으로 상승할 수 있는 제도가 법제화되었다.16) 그런데 법제적으로 엄격히 규제되었던 천인의 良人化는 정치질서가 안정된 고려전기에는 거의 불가능하였다. 그러나 무인집권시대부터 신분질서가 동요함에 따라 몽고복속기간 중 천인의 신분상승이 보편적으로 실현될 수 있었다. 따라서 여기서는 고려후기 부곡이 군현으로 승격하는 여러 형태와 그에 따른 부곡인의 신분상승 과정을 고찰하려고 한다.

부곡인의 양인화는 무인집권기, 몽고복속기, 공민왕대를 거치면서 그 폭이 점차 확대되는 것으로 이해된다.17) 다시 말해서 무신란을 기점으로 천민의 신분해방운동이 광범하게 전개되었고, 몽고복속기에는 환관, 설인, 응방 등이 몽고 황실을 배경으로 출신지역의 군현화를 실현함과 동시에 일부 천민들은 대몽항쟁에서 군공을 통해 신분상승하였다. 공민왕대 역시 왜구와 홍건적을 물리친 군공의 대가로 천민들이 신분상승하였다.

---

16) 朴昌熙, 1989,「高麗後期의 身分制 動搖」,『國史館論叢』4.
17) 許興植, 1976,「高麗 國子監試와 이를 통한 身分流動」,『韓國史研究』12 ;
　　朴昌熙, 1989, 앞의 논문.

무인란을 기점으로 천민들의 신분의식이 증대하는 현상은 무엇보다도 무인란의 주체가 중·하층 천민출신의 무신들이었기 때문이다. 무인집권과 관련된 천민의 해방운동 사례[18]는 공주 명학소의 망이·망소이란에서 찾을 수 있다. 이후 국가는 한때 명학소를 충순현으로 승격시켰지만, 반란이 진압되자 충순현을 또다시 명학소로 강등시켰다.

所는 수공업 제품을 국가에 공납하는 특수집단으로 이해되는데, 신분제와 관련하여 그동안 소의 성격은 천인설과[19] 양인설[20]로 구분된다. 천인설은 소의 행정체제가 군현의 그것과는 다른 특수한 구역이기 때문에 그 주민의 신분 역시 천인일 수밖에 없다는 것이고, 양인설은 소를 군현제하의 촌락으로 보아 양인으로 해석하였다. 필자는 이 양자의 견해 중 천인설이 더 개연성이 많다고 생각된다. 왜냐하면 소의 유래가 곧 국가 죄인을 가두던 수용소[21] 내지는 誣告獄이나 강상죄로 인해 그 곳의 읍호가 강격되었을 뿐만 아니라 常貢과 徭役의 부담도 군현지역의 양인들보다 더 과중하여 유망 현상이 광범하게 전개되었기 때문이다.

망이·망소이란의 동기는 소의 주민들을 군현인과 다르게 대우하였기 때문에 발생했는데, 이러한 사실이 당시 소에 대한 국가의 신분정책을 반영한다. 따라서 망이·망소이란의 의미는 그것이 비록 단기간에 불과하지만 명학소의 주민 전체가 충순현으로 승격하여 양인이

---

18) 『高麗史』卷19, 世家19, 明宗1.
19) 北村秀人, 1969, 「高麗時代の'所'制度について」, 『朝鮮學報』50.
20) 朴宗基, 1990, 앞의 책, 151~161쪽.
21) 『新增東國輿地勝覽』卷22, 陽山郡, "於谷所 : 고을 서쪽 5리에 있으며, 자그마한 城이 있다. 俗號는 水蛭獄이라 하였는데, 옛날에 所가 되었을 때 죄인을 가두던 곳이다".

됨으로써 공물이 견감됨과 동시에 교육과 과거응시도 군현인과 동등
한 대우를 받았다. 이상에서 살펴본 바 망이·망소이의 신분해방운동
은 무인집권 이후 정치질서의 문란으로 집권적 통제력이 약화됨으로
써 하급신분에서 상급신분으로의 이동 욕구가 지난 날에 비해서 더욱
증대된 사실에 있다.[22]

한편 망이·망소이란 이후 운문의 김사미란, 초전의 효심의 난 등
천민들의 신분해방운동은 계속되었으나 모두 실패함으로써 두터운 신
분 장벽을 인식케 되었다. 이와 같은 상황에서 부곡인들은 양인으로
신분상승하는 새로운 방법을 모색할 수밖에 없었다. 다음의 사료에서
그러한 사실을 확인할 수 있다.

> 永順太氏[영순은 상주의 속현이다.] 시조 太集成은 고려 때에 영순
> 부곡의 촌민으로써 성이 태씨였는데 도적을 사로잡아서 공이 있으므
> 로 부곡을 승격시켜 현으로 삼고 드디어 토성이 되었다. 세속에 전하
> 기를, "그 선조는 본래 발해 국왕의 성이라고 하는데 고종 때 태집성
> 이 守司空을 지냈다." 한다.[23]

고려 때 태씨 성을 가진 부곡민들이 도둑을 잡아 공이 있으므로 영
순부곡을 영순현으로 승격시킴과 동시에 토성을 주었다는 내용이다.
여기서 太集成이 守司空을 지냈다는 사실은 많은 것을 시사하고 있
다. 즉 최씨집권기인 당시는 천인들의 官職 제수에 있어서 신분적인
제한이 고려전기에 비해서 완화되었다. 그런데 이러한 사실은 무신란

---

22) 朴昌熙, 1989, 앞의 논문.

23) 『增補文獻備考』卷52, 帝系考13, 氏族7, "永順 尙州屬縣 太氏始祖集姓 高
   麗時 永順部曲村民 有姓太者 捕賊有功 陞部曲爲縣 遂爲土姓 世傳 其先本
   渤海國王之姓 高宗時 集成守司空".

이전의 엄격했던 신분의식이 이때에 이르러 크게 붕괴된 결과로 여겨
진다. 결과적으로 영순부곡이 영순현으로 승격됨에 따라 그 곳에 거주
하던 부곡민들이 집단으로 양인신분을 획득하였고, 이러한 사실은 무
신란 이후 천인의 良人化 현상이 더욱 확대되었음을 반영하고 있다.

한편 부곡의 군현화에 따른 천인의 신분상승은 몽고복속기간에 그
폭이 더욱 확대되었는데, 그 것은 다음 두 가지 사실과 관련이 있다.
하나는 元나라가 고려의 노비법을 폐지하려고 한 것이고,24) 다른 하
나는 충렬왕(1275~1308) 때부터 원나라 부마국이 됨으로써 내정간섭
을 초래한 것이다. 특히 원나라가 고려 노비법을 폐지하려고 한 사
실25)은 고려 부곡의 군현화를 촉진시키는 계기가 되었다. 충렬왕대
이후 실현된 부곡의 군현화는 고려후기 천민의 신분상승을 크게 확대
시켰는데, 구체적 사례를 살펴보면 다음과 같다.

① 柳淸臣의 처음 이름은 庇이며 長興府 高伊部曲 사람이고, 그의 先
   代도 모두 部曲吏였다. (중략) 유청신은 어려서부터 사람이 트이
   고, 담기가 있었으며, 몽고어를 습득해서 여러 번 元나라로 왕의
   사명을 받들고, 왕래하면서 응대를 능숙하게 하였다. 그러므로 충
   렬왕의 총애와 신임을 받아서 郞將이 되었는데, 교서를 내려 이르
   기를, "柳淸臣은 趙仁規를 따라서 진력하여 공을 세웠다. 비록 그
   家世로 보아서는 5품으로 제한하여야 할 것이나 그 본인에게는 3
   품까지 허용한다."라고 하였으며 또 고이부곡을 장흥현으로 승격
   시켰다.26)
② 合德縣은 본래 德豊縣에 붙여서 부곡을 삼았는데, 충렬왕 24년 무

---

24)『高麗史』卷31, 世家31, 忠烈王4.
25) 李相佰, 1964,「賤者隨母考 - 良賤交婚出生者의 身分歸屬問題」,『震檀學
    報』25・26・27합집.
26)『高麗史』卷125, 列傳38, 柳淸臣.

술에 고을 사람 환관 黃石良이 원나라에 들어가 사랑을 받았으므로 현으로 승격하였다.[27]

③ 豊安縣은 본래 寶城郡의 食村部曲이었는데, 충선왕 2년(1310) 원나라에 들어간 환관 李大順의 청으로 지금의 이름으로 고치고, 縣으로 승격하였다(후략).[28]

④ 奈城縣은 본래 退串部曲이다. 고려 충혜왕(1340~1344)이 이 고을 사람인 환관 姜金剛이 원나라에 들어가 시위한 공로가 있다고 하여 지금의 이름으로 고치고, 縣으로 승격하였다.[29]

⑤ 梨旨縣은 본래 영주의 梨旨銀所다. 고려말에 현으로 승격하여 영주에 소속시켰다. 崔瀣의 비석에 쓰기를 "至元 後元年(충숙왕 4년 : 1335) 上護軍 安子由 등이 원나라 서울에 갔다 와서 天后의 명령으로 부마이신 선왕에게 복명하여 말하기를, '영주의 이지은소는 옛날에 현이었는데, 중간에 이 고을 사람들이 국가의 명령을 어겼기 때문에 고을을 강등시키고, 백성들의 재산을 몰수하였다. 白金을 세금으로 받아 銀所라고 일컬은 지가 오래였는데, 그 곳 출신 那壽와 也先不花가 어려서부터 원나라 궁중의 내시로 있으면서 공로가 많았으니, 현으로 승격시키라' 하였다. 이에 임금이 유사를 시켜 원나라 뜻대로 하게 하였다.[30]

⑥ 충숙왕 8년 咸悅縣의 道乃山銀所 사람인 伯顔夫介가 원나라에 가 있으면서 우리 나라에 공로가 있었으므로 道乃銀所를 龍安縣으로 승격시켰다(후략).[31]

⑦ 春陽縣은 본래 加也鄕이다. 고려 충렬왕 10년 이 고장 사람인 護軍 金仁軌의 공으로써 加也鄕을 春陽縣으로 승격시켰다.[32]

---

27) 『世宗實錄』 地理志 卷149, 충청도 홍주 ;『高麗史』 卷106, 列傳19.
28) 『新增東國輿地勝覽』 卷40, 興陽縣 ;『高麗史』 卷57, 志11, 地理2.
29) 『新增東國輿地勝覽』 卷24, 安東大都護府.
30) 『新增東國輿地勝覽』 卷27, 하양현.
31) 『高麗史』 卷57, 志11, 地理2 ;『新增東國輿地勝覽』 卷34, 龍安縣.
32) 『新增東國輿地勝覽』 卷24, 安東大都護府 ;『世宗實錄』 地理志 卷150, 慶尙

⑧ 才山縣은 본래 德山部曲이다. 고려 충선왕이 敬和翁主의 고향이
라 하여 지금의 이름으로 고치고 縣으로 승격하였다.[33]

위 사료 ①은 고이부곡 출신의 유청신이 왕의 사명을 받들고 원나
라에 왕래할 때 유창한 몽고어로 공을 세웠기 때문에 충렬왕이 고흥
현으로 승격시켰다는 내용이고, ②~⑥은 고려 출신 몽고 환관의 공으
로 인해 고려의 향·소·부곡 등 천민집단이 현으로 승격한 사례를
설명한 내용이다. ⑦은 충렬왕 10년 김인궤의 공으로 가야향을 춘양현
으로 승격시킨 경우이며, ⑧은 덕산부곡이 경화옹주의 고향이기 때문
에 재산현으로 승격시켰다.

부곡의 군현승격과 관련하여 위의 내용을 세 범주로 유형화한다면,
첫째 고려 부곡 출신이 능숙한 몽고어를 바탕으로 명령을 잘 수행한
결과 왕의 총애를 받아 현으로 승격한 경우, 둘째 고려 부곡 출신이
몽고 환관이 됨으로써 몽고 황실의 적극적인 개입을 통해서 읍호가
승격이 이루어진 경우, 셋째 고려 왕실의 內外鄕이기 때문에 현으로
승격한 경우 등으로 구분할 수 있다. <표 2> 중 10~21항은 기록이
없기 때문에 부곡이 군현으로 승격된 이유를 알 수 없다. 그러나 위의
세 가지 범주에서 크게 벗어나지 않을 것이다.

고려시대 천민집단인 부곡민의 신분상승은 법제적으로 엄격히 규
제되었다. 다만 부곡리에게는 5품까지 승진할 수 있도록 허용되었지
만, 이들은 과거응시가 금지되었기 때문에[34] 잡직을 통해서만 官階로
진출할 수 있었다. 그러면 유청신이 어떻게 3품의 고관까지 승진할 수

道 安東.
33) 『新增東國輿地勝覽』 卷24, 安東大都護府 ; 『世宗實錄』 地理志 卷150, 慶尙
道 安東.
34) 許興植, 1976, 앞의 논문.

<표 2> 몽고복속기 국내 부곡의 郡縣化 현황

번호	부곡명	군현명	승격 시기	승격 이유	인구수 (호구수)	전거
1	加也鄕	春陽縣	충렬왕 10년	金仁軌, 元에 공로	105(42)	『신여』·『세지』
2	高伊部曲	高興縣	충렬왕 11년	譯官柳淸臣, 元에 공로	686(157)	『고려사』·『신여』
3	合德部曲	合德縣	충렬왕 24년	宦官黃石良, 元에 공로	600(130)	『고려사』
4	食村部曲	豊安縣	충선왕 2년	宦官李大順, 元에 공로	200(50)	『고려사』·『신여』
5	梨旨銀所	梨旨縣	충숙왕 4년	고려인, 元宦官의 공로	198(88)	『세지』
6	道乃山銀所	龍安縣	충숙왕 8년	宦官伯顔夫介, 元에 공로	662(190)	『고려사』·『신여』
7	退串部曲	奈城縣	충혜왕 원년	姜金剛, 元에 공로	371(83)	『신여』
8	德山部曲	才山縣	충선왕대	敬和翁主의 내향	157(32)	『신여』
9	吉安部曲	吉安縣	충선왕대		163(44)	『신여』
10	大幷部曲	功城縣	고려초		630(110)	『고려사』·『신여』
11	他州部曲	道化縣	명종 27년		200(50)	『고려사』·『신여』
12	金堂部曲	三和縣	인종 14년		3105(410)	『증비』
	呼山部曲	三和縣	인종 14년		〃	〃
	漆井部曲	三和縣	인종 14년		〃	〃
13	有疾部曲	彰善縣	현종대			『신여』·『증비』
14	永順部曲	永順縣	고종대	盜賊逮捕의 功	132(22)	『증비』·『세지』
15	穿山部曲	守山縣	현종 이전		356(93)	『신여』·『증비』
16	大靑部曲	靑杞縣	충렬왕 30년		224(29)	『증비』
	小靑部曲	靑杞縣	충렬왕 30년		〃	〃
17	鐵島部曲	鐵和縣	충숙왕대		100(20)	『신여』
18	省法部曲	龜山縣	고려말		300(104)	『신여』·『증비』
19	知道保部曲	宜仁縣	공민왕 18년		748(174)	『고려사』·『증비』
20	迷元莊	迷元縣	공민왕 5년		100(20)	『고려사』
	합계				9037(1848)	

* 『신여』는 『신증동국여지승람』이고, 『세지』는 『세종실록』 지리지며, 『증비』는 『증보문헌비고』의 약칭임.

있었을까. 그것은 몽고 황실세력의 비호를 받았기 때문에 가능했는데, 유청신의 후손은 이를 바탕으로 청요직까지 진출할 수 있었다. 부곡제 지역이 군현으로 승격함에 있어서 고려출신 몽고 환관의 영향력이 절대적이었던 이유는 당시 고려가 몽고제국과 지배예속 관계에 있었기 때문이다. 즉, 고려출신 몽고 환관은 몽고 황실권력을 배경으로 자기 가족과 친족의 요역을 면제하고 관직에 진출한 반면, 충선왕과 충혜왕은 이들 세력에 의존하여 정국을 운영하였다.

고려 환관은 서민이 아니면 賤隷의 후손이었다. 그러나 원나라 정치가 문란하면서부터 환관들이 권세를 잡게 되니 그들의 벼슬이 大司徒, 平章政事 등에 이르렀고, 그의 戚黨이 모두 관직에 임명되었다. 고려는 원나라 조정에 청원할 때마다 이들 세력에 의존하였으므로 충렬왕대에 君으로 봉한 자가 많았으며, 충선왕도 오랫동안 체류하면서 궁전에 출입하여 그들과 친근하였다. 그러므로 충선왕 역시 그들을 군으로 봉하거나 爵을 주었으며, 경우에 따라 檢校, 僉議密直 등의 실직까지 제수하였다.[35] 이와 같은 과정을 통해서 몽고복속기에 고려 부곡제의 군현화가 점차 확대되었다.

한편 몽고복속기 고려 출신 몽고 환관에 의한 부곡의 郡縣化에 힘입어 <표 2>의 10~21에서와 같이 국내 부곡의 郡縣化가 크게 증진되었음을 확인할 수 있다. 그러면 몽고 복속기간 중 양인으로 신분상승한 부곡인의 숫자는 실제로 얼마나 될까. 이 문제는『世宗實錄』地理志의 자료에 기초한 <표 2>를 근거로 할 때 부곡인이 양인으로 신분상승한 숫자는 9,037명으로서 대략 1만여 명이었다. 여기의 숫자는 군현승격 직후인 고려말과『세종실록』지리지 편찬 당시인 조선초기와 비교할 때 큰 차이가 없을 것이다.

---

35)『高麗史』卷22, 列傳35, 宦者.

그러면 부곡민이 양인으로 신분상승할 경우 어떤 생활상의 변화가 있을까. 그것은 권리와 의무라는 두 범주로 크게 나누어 볼 수 있다. 전자는 향교나 성균관 등 국가교육기관에 입학할 수 있고, 과거응시가 허용되었으며, 후자는 군역이 새로 부담되고 賦稅가 증대되었다. 특히 고려말에는 왜구와 홍건적의 침략으로 많은 군사가 필요하였기 때문에 이들 新良人은 모두 選軍의 대상이 되었다. 이러한 부곡인의 양인화 현상은 고려 정치질서를 문란케 한 직접적 요인이었고, 그 결과 고려는 제반 모순이 더욱 심화된 것으로 이해된다. 이 과정에서 신분제는 무신집권기보다 더 크게 동요하고 있거니와 그 양상은 지배신분층과 피지배신분층의 수적 증가가 확대되는 신분의 양극화 현상으로 나타나고 있다.36) 신분의 양극화 현상은 공민인 양인이 私民化되는 경우와 피지배신분층이 지배신분으로 상승하는 경우가 있는데, 본고의 주제와 관련하여 이 시기에 다수의 부곡인들이 권문세족으로 신분상승한 사실이 주목된다.

당시 권문세족에는 환관·향리·평민·부곡민·노비들 중에서 몽고 황실의 권력을 배경으로 성장한 자들이 많았다.

그런데 이와 같은 천민의 신분상승은 양천간의 통혼을 활발하게 만들었을 뿐만 아니라 고려 귀족제적 신분질서를 근본적으로 붕괴시켜 개인의 능력이 우선시되는 문벌관료사회37)로의 전환을 촉진하였다. 귀족사회는 대토지사유와 양인의 私民化를 본질로 하기 때문에 천인의 신분상승은 억제될 수밖에 없다. 그러나 위 사료 ⑤의 "백금을 공납하는 이지은소가 이지은현으로 승격하였던" 사실과 ①의 "부곡리는 5품에서 제한하였지만, 유청신은 3품까지 승진되었던" 사실을 볼 때

---

36) 朴昌熙, 1989, 앞의 논문, 120쪽.
37) 유승원, 1997, 「고려사회를 귀족사회로 보아야 할 것인가」, 『역사비평』 36.

몽고복속기는 신분의 개방적 요소가 이전보다 더 확대된 시기로 평가
할 수 있다.

그러면 몽고복속기간 중 대몽항쟁에서 군공을 통한 부곡민의 신분
상승은 얼마나 실현되었을까. 다음의 사료가 이와 같은 사실을 어느
정도 설명하고 있다.

① 충주 副使 于宗柱가 문서처리에 있어서 判官 庾洪翼과 의견충돌
   이 생겼었는데, 몽고병이 온다는 소식을 듣고, 성을 수비하는 문제
   를 토의할 때에 또 의견을 달리 하였다. 그래서 우종주는 양반별초
   를 영솔하고 유홍익은 노비와 잡류로 편성된 별초를 통솔하게 되
   었으면서도 시기하고 있었다. 그러다가 몽고병이 침공하게 되자
   우종주, 유홍익과 양반별초들은 모두 성을 버리고 도망갔으나, 오
   직 奴軍과 雜類別抄가 협력하여 적을 격퇴하였다.38)

② 金允侯는 고종 때 사람으로서(中略) 후에 충주산성 防護別監으로
   임명되었는데, 몽고병이 침략하여 성을 공격한 지 무려 70일이 되
   어 성내에는 식량이 거의 없을 때였다. "누구든지 힘을 다 바쳐 싸
   우는 사람이라면 귀천의 차별이 없이 모두 벼슬과 작위를 주겠다.
   너희들은 내 말을 의심하지 말라"하고 드디어 官奴를 등록한 장부
   를 불에 태워 버렸으며, 또 노획한 소와 말을 나누어 주었다. 그리
   하여 사람들이 모두 있는 힘을 다하여 적을 공격하였으므로 몽고
   군의 기세가 거의 좌절되어 드디어 남으로 향하지 못하였다. 이런
   공으로 김윤후는 監門衛 상장군으로 승진되고 기타 군공이 있는
   사람들에게는 官奴와 白丁에 이르기까지 모두 공에 따라서 차등
   있게 관작을 주었다.39)

---

38) 『高麗史』 卷103, 列傳16, 李子成.
39) 『高麗史』 卷102, 列傳16, 金允侯.

위 사료 ①은 고종 19년(1232) 奴軍과 雜類別抄[40]가 힘을 합하여 몽고병을 격퇴하였다는 내용이고, ②는 僧將 김윤후가 몽고병을 물리칠 수 있었던 데는 당시 관노비에서 백정까지 하층계급의 군사적 역할이 컸다는 내용이다. 몽고군이 물러가게 된 요인 중에는 김윤후가 처인성(경기도 용인)에서 몽고의 撒禮塔 장군을 사살한 것이 크게 작용하였다. 그러나 군공을 세워 신분상승하려는 하층계급의 욕구도 크게 작용하였다.

한편 향·부곡 등 천인의 신분상승은 몽고복속기 이후 공민왕대에도 계속 확대되었다. 그것은 다음 두 단계로 실시되었다. 하나는 유민들이 遼瀋지역에 투항하는 단계이고, 다른 하나는 투항한 고려 유민들이 북쪽의 홍건적을 피해서 다시 국내로 귀환하는 단계이다. 당시 일반 백성 중 유민이 10에 8~9였다는 사실은 왜구와 홍건적의 빈번한 침입, 수해와 한재 발생, 고을 수령과 무뢰배들이 결탁한 반동행위 등 일련의 국내외 정세와 관련이 있다. 특히 이들 중 力役을 도피한 자, 반역죄에 해당한 자, 도망한 공사노비, 국경지방에 거주한 잡류[41] 등이 몽고 쌍성총관부로 월경하는 주요 계층이었다. 이때 쌍성총관부의 반고려 세력인 기철 등이 사적으로 亦里干을 설치하고, 고려 유민을 影占한 사실이 주목된다.[42]

이와 같이 유민이 대량으로 발생하자 정부는 防護를 설치하여 유민을 막는 한편, 부족한 군사를 확보하는 방안으로 신분의 구별없이 "왕릉의 능지기를 군사로 편입하거나"[43] "양민의 자제와 군현의 하급관

---

40) 別抄와 州縣軍의 상호 관계에 대해서는 다음 논고를 참고. 閔丙河, 1990, 『高麗武臣政權 研究』, 성균관대학교출판부, 120~130쪽.

41) 『高麗史』 卷135, 列傳48, 辛旽3.

42) 『高麗史』 卷39, 世家39, 恭愍王2.

43) 『高麗史』 卷133, 列傳46, 신우1.

리를 징병하였다".44) 특히 정부는 군사를 모집할 때 모두 官職으로 상을 주었기 때문에 천민들은 軍功論賞하면, 양인으로 신분이 상승되었다. 후자는 몽고세력이 약화됨으로써 遼藩지역에 투항한 유민들이 다시 고려 영토로 귀국한 경우이다. 실제로 공민왕 초 요동과 심양지역에서 고려 투항민 2천 3백호가 귀국하자 국가는 이들을 서북의 각 군현에 나누어 정착시키고 官家에서 양곡을 주었는데, 이후 공민왕은 여러 차례 이들의 생활안정을 각 고을에 당부하고 있다.45) 따라서 이들 유민들은 새로 정착한 고을의 戶籍에 양인으로 등재하여46) 국가에 대한 差役에 동원되고, 부세를 담당하였다. 한편 왜구와 홍건적의 침입으로 생긴 행정의 공백과 문란 및 호적제의 혼란을 통하여 신분이 상승한 경우도 있었다.47)

그러면 부곡이 군현으로 승격할 경우 어떠한 변화가 있었을까. 변화의 양상은 행정적인 것과 신분변동의 두 가지로 구분할 수 있다. 전자의 경우 부곡이 현으로 바뀌는 명칭의 변화와 함께 監務가 파견된다. 이어서 호적을 주현에 篇籍함과 동시에 호적에 토대를 둔 수취체제, 토지제도, 군역제도 등 제반 의무가 부과되었다. 한편 국왕의 대행자인 수령을 통해서 생존권이 보장됨과 동시에 국가 교육기관이나 과거응시의 기회가 주어졌다. 또한 당시 부곡인들은 군공논상이나 納贖保官制를 통해서 관직으로 진출하는 자들이 많았는데48) 이들의 신분

----

44) 위와 같음.
45) 『高麗史』 卷39, 世家39, 恭愍王2.
46) 호적의 기재양식은 양인의 경우 姓名과 本貫과 함께 4祖를 기록하는 것이 원칙이었다. 그런데 실제로는 하층민들의 경우 자신의 선대에 대한 계보를 유지하지 못함으로써 4조의 일부만이 기록되기도 하였다(盧明鎬, 1995, 「高麗時代 戶籍 記載樣式의 성립과 그 사회적 의미」, 『진단학보』 79, 43쪽).
47) 朴昌熙, 1989, 앞의 논문, 129쪽.
48) 『高麗史』 卷133, 列傳46, 신우1.

역시 모두 양인으로 규정할 수가 있다.

삼국시대 집단천민이었던 부곡인은 고려초 호족연합정권 하에서 법제적 천민이 되었다. 그러나 무신란을 기점으로 점차 양인이 되었으며 몽고복속기에는 그 폭이 크게 확대되었다는 관점에서 논의를 전개하였다. 한편 이러한 논지는 고려시대 부곡제의 신분을 양인으로 규정한 논자들[49]의 주장과 크게 배치된다. 그러나 다 알다시피 향·부곡 등 특수구역 거주자들은 일반 군현민과 불평등관계에 있었다. 즉, 향·부곡의 유래가 전쟁포로의 집단적 수용관계에서 발생하였다[50]거나, 국가에 대한 반역죄와 강상죄를 범했을 때 범죄자의 출신 군현이 향·부곡으로 강등되어 부곡민들의 재산은 몰수되었다. 그리고 이들은 국가에 수공업제품을 공납했을 뿐만 아니라 역과 세금을 군현인보다 훨씬 많이 부담하였다.

4. 맺음말

이상에서 집단천민이었던 부곡이 군현승격을 통해 양인으로 신분상승하는 일련의 과정을 고찰하였다. 지금까지 한국 부곡제 연구는 천인론과 양인론으로 구분되는데, 양인론자는 한국 부곡제가 중국 부곡의 천민적 성격이나 일본 부곡의 사유민적 요인이 없다는 사실을 전제로 한국 부곡의 독자성을 강조하였다. 그러나 지금까지 논의한 바 내용을 통하여 몽고 복속기간 중 여러 부곡이 군현으로 승격하였으며, 그 결과 부곡인들이 집단으로 신분상승하였음을 확인하였다. 이상에서 검토되었던 내용을 요약하면 다음과 같다.

---

49) 李佑成, 1966, 앞의 논문 ; 金龍德, 1980, 앞의 논문 ; 朴宗基, 1990, 앞의 책.
50) 金龍德, 1955,「鄕·所·部曲考」,『白樂濬還甲紀念國學論叢』, 183~185쪽.

첫째, 고려 부곡인의 법제적 신분에 관한 문제이다. 후삼국시대 호족의 사병이었던 부곡민이 고려시대에 이르러 법제적으로 집단천민이 되기까지는 나말여초의 과도기적 시대상황이 존재하였다. 먼저 삼국시대 부곡이 당나라 부곡의 천민적 의미로 전환된 시점은 나당연합군이 백제를 멸망시키고, 백제 지역에 5都督府를 설치한 후 최초로 軍知部曲을 설치한 시기였다. 그러나 백제 부흥군이 주민들과 연계하여 투쟁한 결과 당나라 통치부의 기능이 붕괴되고, 다른 한편으로 강력한 전제왕권의 통일신라가 출현하여 부곡민을 국역의 수취대상으로 파악함으로써 부곡인의 신분하강 현상은 억제되었다.

그러나 후삼국 시대에 이르러 96角干을 중심으로 왕위쟁탈전이 확대되면서 호족의 정치적 위상은 상대적으로 강화되었고, 이에 따라 호족에 의한 부곡인의 私民化 현상이 점차 증대되었다. 당시 부곡인이 호족의 私兵으로 존재하기까지는 토지를 매개로 한 경제적 예속관계가 선행하였다. 이러한 부곡인은 고려 건국 직후에 천민신분으로 강등될 수밖에 없었는데, 그것은 건국 주체세력인 호족이 중앙관료로 진출하였기 때문이다. 나말여초 군공을 통해 관료가 된 호족들은 이후 중앙귀족으로써 정치적 특권을 이용하여 향리의 부곡민을 私有民으로 예속시킬 수 있었다. 또한 후삼국통일 직후 고려왕조는 건국에 비협조적이었던 군현의 읍호를 강등시켜 호족에게 자치권을 부여했는데, 이와 같은 사실도 호족의 관료화에 따른 특권의식의 반영이었다. 따라서 신라와 고려의 왕조교체는 部曲人과 驛子·津尺 등의 법제적 신분이 천민이 된 직접적 계기로 작용했으며, 이들은 고려시대에 이르러 교육, 과거응시, 양천신분 간의 혼인에 따른 신분귀속 문제 등에서 법제적으로 엄격한 차별을 받았다.

둘째, 부곡의 군현승격과 부곡인의 신분상승에 대한 문제이다. 부곡인의 신분상승은 정치질서가 안정된 고려전기의 경우 법제적으로 엄격히 규제되었기 때문에 거의 불가능하였다. 그러나 무신란 이후 발생한 망이·망소이란, 김사미란, 효심의 난 등 천민의 신분해방운동은 하층민의 신분상승 욕구를 크게 증대시켰고, 원나라 내정간섭을 초래한 몽고복속기간 중에는 부곡인의 신분상승이 큰 폭으로 실현되었다.

군현승격을 통한 부곡인의 신분상승은 두 가지로 크게 유형화할 수 있다. 하나는 고려 부곡 출신이 몽고어를 능숙하게 구사하여 使令을 잘 수행한 결과 부곡을 현으로 승격한 경우이고, 다른 하나는 고려 부곡 출신의 몽고 환관이 황실의 권력을 이용하여 읍호를 승격한 경우이다. 그러면 부곡의 군현승격을 통해 신분상승한 부곡인의 숫자는 실제로 얼마나 되었을까. 『세종실록』 지리지의 자료를 기초로 할 때 그것은 대략 1만 명 정도였다. 따라서 양인으로 신분상승한 이들 부곡인들은 다음 두 가지 생활상의 큰 변화를 겪었다. 먼저 향교나 성균관 등 국가 교육기관에 입학이 허용되었을 뿐만 아니라 과거에 응시할 수 있었고, 국가에 대해 군역과 賦稅의 의무를 담당하였다. 특히 이들 新良人들은 選軍되어 고려말 왜구와 홍건적을 막아내는 데 큰 역할을 하였다.

제 3 부
조선시대 부곡의 제 성격

조선전기 부곡의 제 성격

1. 머리말

조선초기 군현의 하부행정단위였던 부곡은 越境地 내지는 犬牙相入地의 형태로 존속하였다. 그러나 소재한 고을과 월경지의 관계는 군현제 정비와 배치되기 때문에 군현제의 일환으로서의 연구는 한계가 있을 수밖에 없다. 따라서 박종기와 김동수가 사회경제사적 연구방법을 도입한 결과 월경지 연구는 한 단계 더 진전되었다. 즉, 박종기가 농업의 발달에 따른 사회경제적 변동에서 월경지와 견아상입지의 생성과 존속관계를 연구했다면, 김동수는 인구증가에 따른 사회변동의 차원에서 월경지의 생성문제를 다루었다.[1]

조선초기 부곡은 지방행정단위와 鄕亭을 의미한다는 사료를 『조선왕조실록』을 통해 접할 수 있다. 조선시대 부곡의 이러한 성격에 관해서는 일찍이 김용덕이 鄕亭的 성격과 軍隊的 의미가 있다고 하였다. 그러나 씨는 主邑의 부하·휘하라는 점이 상명하복하는 군대의 통속관계를 연상시키는 칭호일 뿐이라고 하였다.[2] 반면에 이홍두는 나말

---

1) 朴宗基, 1982, 「14~15世紀 越境地에 대한 再檢討」, 『韓國史硏究』 36 ; 金東洙, 1991, 「朝鮮初期 郡縣制의 改編 - 主縣化 및 屬縣化, 任內의 이속작업 및 越境地의 정비작업을 중심으로 - 」, 『澤窩許善道敎授停年紀念 韓國史學論叢』.

여초 부곡에는 豪族의 私兵的 성격이, 조선초기 이후의 부곡에는 군대편제적 의미가 있다고 주장하였다.[3]

그러나 이 같은 연구는 부곡에 관한 단편적인 것일 뿐 조선시대 부곡의 다양한 성격을 구명했다고 할 수는 없다. 따라서 여기서는 부곡의 여러 용례를 고찰하여 부곡의 의미를 총체적으로 파악하려고 한다. 먼저 조선초기 경주부 소속 월경지와 군현제 정비 과정에 대해 고찰하고, 다음으로 조선초기 부곡의 행정단위의 뜻을 살펴보며, 마지막으로 부곡의 鄕亭的 의미를 고찰할 것이다. 이와 같이 조선시대 부곡의 여러 성격을 이해한다면, 한국 부곡에 대한 새로운 해석이 가능할 것이다. 다시 말해서 이러한 작업은 조선시대 부곡에 관한 이해를 새롭게 할 뿐만 아니라 부곡 연구의 외연을 크게 확대할 것으로 전망된다.

2. 군현의 병합과 월경지의 생성

고려시대 부곡인은 집단천민이었다. 그러나 조선초기 部曲은 대부분 해체되어 新良人이 됨으로써, 부곡은 다만 군현의 하부행정단위 내지는 과거 遺制로서 명칭만 남게 되었다.[4] 이러한 사실은 당시 부곡이 왕실의 封爵이나 왕실녀의 號稱授受의 사례로만 쓰였음을 의미한다. 한편 조선초기까지 명칭과 독자적인 구역을 가지고 있던 향·소·부곡은 대개 越境處[5] 내지는 犬牙相入地[6]의 형태로 大邑을 중

---

2) 金龍德, 1981, 「部曲의 規模 및 部曲人의 身分에 관하여(下)」, 『歷史學報』 89, 86쪽.

3) 李弘斗, 1998, 「部曲의 意味變遷과 軍事的 性格」, 『韓國史研究』 103.

4) 李佑成, 1983, 「李朝時代 密陽古買部曲에 對하여 - 部曲制의 發生 形成에 關한 一推論 - 」, 『震檀學報』 56.

5) 越境處는 飛入地라고도 하는데 이는 甲郡의 영토를 뛰어넘어 乙郡에 있는

심으로 존재하였다. 그런데 경주부 소속 北安谷部曲에서 그러한 사례를 볼 수 있다.

이러한 사실은 당시 군현제가 전면적으로 실시되지 않았음을 반영하고 있다. 따라서 여기서는 조선초기 越境處로 남아있던 경주부 소속의 北安谷部曲과 밀양도호부 소속 豆也保部曲의 한 취락이었던 古買部曲을 군현제 정비와 관련해 살펴보려고 한다.

경주는 태조 2년(1393) 각 도의 界首官[7]을 새로 정할 때 계림부의 계수관은 밀양도호부를 포함하여 양산·울산·청도·홍해·대구의 5개 군과 경산·동래·창녕·언양·기장·장기·영산·현풍·영일·청하를 所領하였다. 동왕 3년에는 安康縣이 계림부에 합속되었으며,[8] 한편 태종 15년 10월에는 계림부가 경주부로 개칭되었다. 밀양도호부 소속 古買部曲을 경주부 소속 부곡으로 다루는 所以가 여기에 있다.

그러면 북안곡부곡의 위치와 관원의 구성은 어떠하였을까. 먼저 북안곡부곡의 위치는 "경주부의 서쪽 50리에 있는데, 永川의 동남촌으로 넘어들어갔다"[9]라고 한 사료에서 알 수 있듯이 邑治인 경주의 서

것을 말한다. 즉, 어떤 郡의 관할구역으로서 행정단위(토지)가 군의 경계를 넘어 다른 郡의 영역 가운데에 소속의 本郡과는 동떨어지게 위치하고 있는 것을 지칭한다(崔炳云, 1979, 「高麗·朝鮮時代의 '飛入(越境)地'」, 『全羅文化研究』 1).

6) 犬牙相入地는 斗入地라고도 하는데 이는 丙郡의 영토가 丁郡을 침입한 것을 말한다. 本郡에 연결된 채 다른 군의 영역 속으로 깊이 파고 들어간 것이 경계를 뛰어넘어 다른 군의 영역 안에 뚝 떨어져 있는 飛入地와는 다르다. 마치 개의 아래 윗니가 엉성하게 맞물려 있는 것처럼 둘 또는 그 이상 郡의 영역이 서로 침범하여 경계가 직선이 되지 못하고, 들쑥날쑥한 상태를 가리키는 말이다(崔炳云, 1979, 위의 논문, 52쪽).

7) 『太祖實錄』 卷4, 2년 11월 12일(癸丑).

8) 『太祖實錄』 卷5, 3년 3월 7일(丙午).

9) 『新增東國輿地勝覽』 卷21, 慶州府 屬縣條.

쪽에 위치하였고, 永川府에서 볼 때는 동남쪽에 위치하고 있다. 그리고 경주부까지의 거리는 50리가 되었으며, 행정구역은 2방으로 구분하였다. 북안곡부곡의 명칭은 『삼국사기』·『고려사』에서는 찾아볼 수 없고, 『경상도지리지』10)에서 최초의 기록이 보인다. 그런데 『삼국사기』에는 영천 소속으로 기록되어 있던 구사부곡과 죽장이부곡이 『경상도지리지』에서부터 북안곡부곡과 함께 경주 소속으로 기록되어 있다.11) 그렇다면 위의 네 부곡이 경주부에 소속된 시점은 언제부터일까. 이 문제는 다음의 사료를 통해서 알 수 있다.

① 속현이 4개이니, 안강현은 본래 신라의 비화현이다. 경덕왕이 지금의 이름으로 고쳐서 의창군의 영현으로 삼았다가 고려 현종 9년 주·부·군·현의 관할을 정함에 경주부의 임내에 붙였다. (중략) 기계현은 본디 茅兮縣이고, (혹은 花鷄라고도 한다) 신광현은 본디 동잉음현인데, 위의 두 현은 경덕왕이 지금의 이름으로 고쳐서 모두 의창군의 영현을 삼았고, 자인현은 본디 노사화현인데, 경덕왕이 지금의 이름으로 고쳐서 장산군의 영현으로 삼았다. 위의 세 고을은 고려 현종 9년에 모두 본부의 임내에 붙였는데 本朝에서도 그대로 따랐다. 부곡이 넷이니, 구사는 본디 마진량현인데, 경덕왕이 여량으로 이름을 고쳐서 장산군의 영현으로 삼았고, 죽장은 본디 장진현인데, 임고군의 영현으로 삼았다. 위의 두 고을은 고려에서 지금의 이름으로 고쳐서 부곡을 만들어 모두 본부의 임내에 붙였다. 그리고 북안곡부곡과 성법이부곡이 있다(예전에는 省仍伊라 하였다).12)

---

10) 『慶尙道地理志』永川郡 越境處, "越入處 慶州任內北安谷 越入於郡東村古村泉買 南村元堂又谷大昌 北村与乙項今音丹等 各里間片片交伏".

11) 李仙喜, 1998, 「朝鮮初期 慶州소속 越境處의 존재양태」, 『中央史論』10·11 합집, 115~116쪽.

② 신종 5년에 동경야별초가 폭동을 일으켜 주군 등을 점령하였으므
로 정부는 군대를 보내 이를 진압하였으며, 7년에 동경 사람이 '신
라가 다시 융성해질 것이다'라는 말을 퍼뜨리고 상주·청주·충
주·원주도에 격문을 전파시키면서 반역 행동을 꾸몄다는 이유로
지경주사로 낮추었다. 그리고 그 관할 하에 있는 주·부·군·
현·향·부곡 등을 전부 철수하여 이를 안동과 상주에 각각 나누
어서 소속시켰다가 고종 6년에 다시 유수로 하였다.13)

위 사료 ①은 경주부 소속 속현과 임내인 부곡의 변화과정을 설명
한 내용이고, ②는 신종 2년 경주에서 일어난 야별초의 폭동으로 인해
서 경주가 관할하는 주·부·군·현·향·부곡 등을 안동과 상주에
각각 나누어 소속시켰다는 내용이다. 사료 ①에서 특히 주목되는 것은
"仇史部曲과 竹長部曲은 고려에서 지금의 이름으로 고쳐 부곡을 만
들어 모두 본부의 임내에 붙였다."고 한 사실이다. 여기서 두 부곡은
고려 현종대에 이미 형성되어 경주부에 소속되었음을 알 수 있다. 그
리고 사료 ②에서와 같이 경주의 야별초가 폭동을 일으키자 국가에서
는 경주 관할의 주·부·군·현과 향·부곡을 모두 철수하여 안동과
상주에 소속시킨 결과 신종 7년부터 고종 6년까지의 약 15년 동안은

---

12) 『世宗實錄』 地理志 卷150, 慶尙道 慶州府, "屬縣四 安康縣 本新羅比火縣
  景德王改今名 爲義昌郡領縣 高麗顯宗九年戊午 定州府郡縣所領 屬慶州府
  任內 (中略) 杞溪縣 本茅兮縣 一云化鷄 神光縣 本東仍音縣 右二縣 景德
  王改今名 皆爲義昌郡領縣 慈仁縣 本奴斯火縣 景德王改今名 爲獐山郡領
  縣 右三縣 高麗顯宗戊午 皆屬府任內 本朝因之 部曲四 仇史本痲鎭良縣 景
  德王改名餘良 爲獐山郡領縣 竹長本長鎭縣 爲林皐郡領縣 右二縣 高麗改
  今名 爲部曲 皆屬府任內 北安谷省法伊(古作省仍伊)".
13) 『高麗史』 卷57, 地理2, "神宗五年 東京夜別抄 作亂攻劫州郡 遣師討平之
  七年以東京人 造新羅復盛之言 傳檄尙淸忠原州道 謀亂降知慶州事 奪管內
  州府郡縣鄕部曲 分隷安東尙州 高宗六年 復爲留守".

경주부 관할의 행정구역은 단 한 곳도 없게 되었다. 그러나 죽장부곡과 구사부곡이『경상도지리지』에서는 북안곡부곡과 함께 경주 소속으로 기록되었던 사실을 볼 때 그것은 조선초기에 실시된 군현제 정비 때문이었다.

고려말 향·소·부곡 등 임내지역은 한 주의 임내가 10여 개 현에 이르고, 큰 것은 본 고을의 호수보다 많은 데도 한두 호장이 다스림으로써 백성들의 소요가 끊이지 않았다. 따라서 군현 경계를 산천 지세에 따라 구획하고, 군현 등급도 호구, 전결을 중심으로 개정하였다. 조선왕조는 개국과 동시에 이러한 폐단을 바로 잡는 두 가지 조처를 취했다. 하나는 임내지역을 주현에 병합하는 것이고,[14] 다른 하나는 중앙에서 외관을 파견하는 것이다.[15] 그러나 이러한 방법을 통해서도 근본적인 군현정비는 실현되지 않았다.

그렇다면 군현정비가 이루어지지 않았던 이유는 어디에 있을까. 그것은 조선초기 독자적인 구역과 명칭을 사용하던 향·소·부곡이 '越境處' 내지는 '犬牙相入地'의 형태로 존재했을 뿐만 아니라 각 지방에는 막강한 戶長의 토착세력과 州府郡縣의 領縣官吏가 임내지역을 지배했기 때문이다. 따라서 이러한 시대상황과 관련하여 조선왕조 건국을 전후해 성립된 것으로 보이는 북안곡부곡은 조선중기 이후 그 영역이 점차 확대되었다. 한편 북안곡부곡의 관원구성은 좌수·별감·검독관을 각 1인씩 두었는데, 좌수가 유사 1인을 겸하도록 하였고, 각 坊에는 권농관 각 1인씩을 두었다. 이와 같은 관원구성은 경주부 속현의 관원구성과 비슷하여 주목된다.

---

14) 朴宗基, 1988,「高麗時期 郡縣制의 研究成果와『국사』教科書의 敍述」,『歷史教育』44.

15) 李存熙, 1981,「鮮初 地方統治體制의 整備와 界首官」,『東國史學』15·16 합집.

다음에는 밀양도호부 소속의 고매부곡에 관해서 살펴보자. 여기서 고매부곡을 고찰하게 된 것은 고매부곡이 밀양도호부 소속의 豆也保部曲의 한 취락으로 있을 때 밀양도호부는 경주부에 소속된 도호부였기 때문이다. 고매부곡에 관한 최초의 기록은 『신증동국여지승람』의 밀양도호부 古跡條이다. 밀양의 부곡이면서 "밀양의 경내에 있지 않고, 경계를 건너뛰어 청도군 동촌과 경주 서촌에 들어가 있어서 밀양도호부 읍치와는 거리가 95리다"[16]고 하였다. 위의 기록을 통해서 고매부곡은 밀양부에 소속한 월경지임을 알 수 있다.

그러면 고매부곡이 『신증동국여지승람』보다 앞서 편찬된 『경상도지리지』와 『세종실록』 지리지에 언급되지 않았던 것은 무엇 때문일까. 그것은 『경상도지리지』와 『세종실록』 지리지가 당시 존재했던 부곡을 기록한 것에 비해 『신증동국여지승람』은 이미 해체 소멸된 부곡들을 古跡으로 널리 수록했기 때문이다.[17] 그런데 고매부곡의 형성시기와 관련해서 『경상도지리지』의 청도군 월경처의 사료가 해결의 실마리를 제공하고 있다. 즉, "두야보부곡의 동촌 상곡리는 주민이 4호이고, 전지는 16결인데, 군의 서쪽 향인촌을 넘어 들어갔다. 두야보부곡의 동촌에 속해 있는 古旀里는 주민이 겨우 9호이고, 전지가 45결인데, 청도군 동쪽 井亦里를 넘어 따로 나와 있다"[18]고 한 것이 그것이다. 여기서 고며리촌은 주민이 9호밖에 안되는 작은 취락으로 두야보부곡의 동촌에 속해 있다는 것이다. 다시 말해서 두야보부곡은 밀양도호부의 임내이고, 고며리는 두야보부곡의 한 취락인데, 이 고며리가

---

16) 『新增東國輿地勝覽』卷26, 密陽都護府 古跡條, "古買部曲 越入淸道郡東村 及慶州西村 距府九十五里".

17) 李佑成, 1983, 앞의 논문, 4쪽.

18) "豆也保部曲東村上谷里 人戶四 田地十六結 郡西向仁村越入 右部曲東村 古旀里人戶九 田地四十五結 郡東村井亦里越入".

두야보부곡에 붙어 있는 것이 아니고, 뚝 떨어져서 청도군 동쪽 井亦里를 넘어 따로 나와 있다는 것이다. 그러니까 고며리는 밀양 임내 두야보부곡의 동촌에 속한 한 개 취락으로 청도군에 들어와 있는 한 월경처가 되었던 셈이다.[19]

그런데 『密州誌』 豊角縣 縣東面 古旀里條의 "古旀里 勝覽云古買部曲"이라고 한 내용을 통해 볼 때 고며리가 곧 고매부곡임을 알 수 있다. 따라서 고매부곡은 조선중기에 새로 생긴 월경처가 아니고, 『세종실록』 지리지 간행 당시에 이미 존재했다고 하겠다. 그러면 고매부곡에는 어떤 성씨가 있었을까. 『세종실록』 지리지에는 "두야보부곡의 亡姓이 둘이니, 白·魯요, 續姓이 하나이니, 朴인데, 그들은 長役이 되었다"고 하였다. 여기서 長役은 부곡장을 지칭한다. 따라서 당시 고매부곡의 성은 豆也保部曲姓과 같았을 것으로 생각된다.

3. 부곡의 행정단위적 성격

고려후기 몽고간섭기에 이르러 많은 부곡이 郡縣으로 승격하였고, 조선초기에는 대부분의 월경처를 정리함으로써 부곡은 역사에서 소멸되었다.[20] 그러나 『세종실록』 지리지와 『경상도지리지』 등 조선초기 사료에는 다수의 부곡 용례가 등장한다. 그렇다면 이들 부곡이 신분제와 전혀 무관하다면 어떤 의미를 갖고 있을까? 여기서는 조선초기 지방행정단위로 존재한 부곡의 성격에 대하여 검토하려고 한다.

이수건은 고려시대 천민신분의 향·소·부곡은 조선초기에 이미 소멸하였고, 다만 군현의 하부행정단위 내지 과거의 遺制로서 명칭만

---

19) 李佑成, 1983, 앞의 논문, 4~5쪽.
20) 李佑成, 1966, 앞의 논문, 67쪽.

남았다고 생각하였다. 당시 부곡이 왕실의 封爵이나 王室女의 號稱授與에 적용된 사례21) 등을 논지의 근거로 삼았다. 그러면 부곡의 군현 승격의 문제를 조선초기 군현제 정비와 관련하여 살펴보자. 다음의 사료가 이러한 것을 잘 설명하고 있다.

사헌부 대사헌 유관 등이 상소하였다. 一, 고려에서 주·부·군·현을 설치하고 또 임내·향·소·부곡을 두었는데, 한 주의 임내가 많으면 10여 현에 이르고, 큰 것은 혹은 본 고을의 호수보다 많으나 한두 호장이 주관하므로 그 백성들을 소요스럽게 하여 폐단을 일으킨 것이 어찌 말로 다할 수 있겠습니까. 근년 이래 주현에서 병합될 수 있는 것은 병합하고, 員吏를 둘 수 있는 곳은 두었으나 다 없어지지는 않았습니다. 지난 번에 전라도 감사 윤향이 계문하기를 "무릇 그 도내 임내의 향리를 모두 소속 고을에 합치니, 간활의 폐단이 없어졌습니다."라고 하였습니다. 그 때 이로 인하여 명령을 내려 각 도에서 모두 이에 의하여 시행하게 하였습니다. 다른 도의 감사가 능히 이를 본받지 않고, 마침내 이를 행하지 않아 임내의 향리들로 하여금 예전처럼 폐단을 일으키게 합니다. 청컨대 攸司에게 내리고 이 명령을 다시 밝혀서 그 중 임내의 향리와 노비가 많은 것은 부근의 고을 가운데서 인물이 적은 곳에 합치도록 하소서 하니, (중략) 육조에 내려 의논케 하였는데, 상소한 대로 시행토록 청했기 때문에 그대로 따랐다.22)

---

21) 『世宗實錄』 卷89, 22年 4月 15日 丙戌.

22) 『太宗實錄』 卷28, 14年 7月 4日 乙亥, "司憲府大司憲柳觀等上疏 一 前朝設州府郡縣 又置任內鄕所部曲 一州任內 多至十餘縣 大者或過於本官戶數 一二戶長主之 其擾民作弊 何可勝言 近年以來 州縣可幷者幷之 可置員吏者置之 然未盡革 往者全羅監司尹向啓聞 凡其道內任內之吏 皆合於仰官 奸猾之弊息矣 其時因此 下令各道 皆依此例施行 他道監司 不能體此 卒莫之行 使任內之吏 作弊如舊 乞下攸司 復申此令 其中任內人吏奴婢多者 合於附近縣官之人物少處 下六曹擬議 請依疏施行 從之".

위 사료에서 고려말 향·소·부곡 등 임내지역은 한 주의 임내가 10여 현에 이르고, 큰 것은 본 고을의 호수보다 많은 데도 한두 戶長이 다스림으로써 백성들의 소요가 끊이지 않았음을 설명하고 있다. 한편 조선왕조에 이르러 이러한 폐단을 바로잡는 조처가 두 측면에서 취해졌다. 하나는 임내지역을 주현에 병합하는 것이고,[23] 다른 하나는 중앙에서 外官을 파견하는 것이다.[24] 전자의 경우는 고려의 군현 명칭과 등급이 일치하지 않는 데 따른 문제를 바로잡는 과정이었다. 다시 말해서 그동안 고려 주현의 등급은 名號보다도 외관의 유무로 결정되었기 때문에 군현의 실제 크기와 명호와는 상당한 차이가 있다.

조선초기에는 호수의 크기에 따른 군현의 정비가 요구되었다. 당시 군현병합의 필요성은 여러 요인이 있었다. 첫째 도내의 물품을 서울로 直納輸送할 때와 감사가 소속 군현을 순행할 때의 불편함,[25] 둘째 驛이 소속 군현과 떨어져 있어서 큰비가 내리면 사신행차를 영접·전송하는데 그 시기에 미치지 못할 뿐만 아니라 관리들이 역에 있다가 물에 막혀 돌아가지 못하면 접대비를 촌민에게 부담시키는 문제,[26] 셋째 매년 春秋講武를 실시하는 데 따른 백성들의 徭役 증가 현상[27] 등이 있었다. 그러나 군현의 병합에 따른 사신의 접대비 부담과 군액의 증가 등도 문제가 되었다. 따라서 外官이 없는 속현에 감무를 파견하였지만, 위의 두 가지 방법을 통해서는 군현정비가 실현될 수 없었다. 왜냐하면 정부의 적극적인 정책에도 불구하고 이러한 폐단이 근절되

---

23) 朴宗基, 1988, 「高麗時期 郡縣制의 研究成果와 『국사』 敎科書의 敍述」, 『歷史敎育』 44.
24) 李存熙, 1981, 「鮮初 地方統治體制의 整備와 界首官」, 『東國史學』 15·16 합집.
25) 『世宗實錄』 卷32, 8年 6月 26日 戊子.
26) 『世宗實錄』 卷35, 9年 1月 22日 辛亥.
27) 『世宗實錄』 卷66, 16年 11月 1日 甲戌.

지 않았기 때문이다.

따라서 태종 9년 전라도 도관찰사 윤향이 “都 안의 속현·향·소·부곡을 모두 본 고을에 병합한 결과 백성들의 소요가 없어졌다”[28]는 계문을 시작으로 각 도에 명령을 내려 이와 똑같이 시행토록 하였다. 그러나 각 도의 감사가 이를 시행하지 않았기 때문에 임내지역 향리들의 폐단은 전혀 고쳐지지 않았다.

그렇다면 무엇 때문에 당시 감사는 주현에 임내지역을 병합하는 데 실패하였을까. 그것은 조선초기까지 각 지방에는 막강한 호장의 토착세력과 주·부·군·현의 領縣 관리가 존재하였기 때문이다. 당시 향·소·부곡이나 속현과 속군 등 임내지역 주민들이 주·부·군·현의 관리에게 침탈당하는 경우,[29] 金銀歲貢을 과다하게 책정받는 경우[30] 등 다양한 형태로 이루어졌다. 따라서『세종실록』지리지에 나타난 임내 가운데 향이 73개, 소가 124개, 부곡이 128개 존재하였던 사실은 세종대까지도 대부분의 임내지역은 토착세력인 호장이나 領縣 관리에게 신분적으로 예속되었음을 시사한다.

한편 조선초기까지 그 명칭과 독자적인 구역을 가지고 있는 향·소·부곡은 대개 ‘越境處’ 또는 ‘犬牙相入地’의 형태로 존재했는데, 이러한 사실은 당시 군현제 정비가 즉시 이루어지지 않고 오랫동안 잔존한 이유 중의 하나였다.[31] 다음 사료를 통해서 그 내용을 어느 정도 알 수 있다.

중추원사 안숭선이 상서하였다. 그 첫째는 이러하였다. “여러 도의

---

28)『世宗實錄』卷151, 地理志 全羅道 全州府.
29)『世宗實錄』卷7, 2年 閏1月 29日 戊戌 ;『新增東國輿地勝覽』卷25, 比安縣.
30)『世宗實錄』卷32, 8年 4月 12日 乙亥.
31) 李樹建, 1971, 앞의 논문, 34쪽.

군·현의 땅이 혹은 크기도 하고 작기도 하여 강역이 바르지 아니하고, 犬牙相入하여서 이 때문에 백성들이 그 폐단을 받은 지 오래입니다. 우리 나라 군현은 본래 정한 제도가 없어서 처음 세울 때 鄕吏品官이 서로 다투어 빼앗았으므로 힘이 있는 자는 많이 점령하고, 세력이 없는 자는 적게 얻었습니다. 그 土産이 있는 비옥한 땅을 다투어 점령하였기 때문에 한 縣의 땅이 혹은 몇 郡의 경계에 섞여 들어가고, 혹은 몇 郡의 밖으로 끊겨 들어가서 백성들의 貢賦·徭役·詞訟이나 짐바리를 싣고 왕래할 때에 동일한 官府인 데도 몇 郡을 지나고, 3~4息 밖까지 말을 달려가서 반드시 청단하게 됩니다. 簿書, 期會하거나 差任, 追徵할 때에 백성들을 많이 편달하고, 아전이 침탈을 행하므로 동일한 赤子인데도 수고하고 평안한 것과 고생하고 쉬는 것이 이처럼 현격하게 다르니 하나의 封疆과 하나의 지역 사이에서 백성들에게 병폐되는 것이 이보다 심한 것이 없습니다.[32]

위 사료는 군현이 처음 형성될 때 鄕吏品官이 갖고 있는 정치권력의 대소에 따라 그 크기가 결정되기도 하고, 비옥한 이웃 군현의 땅을 점령하여 경계를 넘어갔으며, 심지어는 몇 개 郡을 건너뛰어 들어감으로써 貢賦·徭役·詞訟 등 백성들의 생활이 불편했다는 내용이다. 여기서 한국 군현제도의 특이한 형태인 '越境地'[33]와 '犬牙相入地'가 생겨난 유래와 동급의 군현 간에도 領郡縣과 屬郡縣이 생겨난 이유 및 세력이 강한 향리의 군현과 세력이 약한 향리의 군현 간에 상하관계가 성립되었음을 알 수 있다. 그런데 이러한 일련의 관계가 행정단위에서는 주·부·군·현과 임내지역인 향·소·부곡의 상하관계로 발전하였다.

---

32)『文宗實錄』卷4, 卽位年 10月 10日 庚辰.
33) 李樹建, 1972,「朝鮮朝 郡縣制의 一形態 '越境地'에 대하여」,『東洋文化』13.

군현의 하부행정단위인 鄕·所·部曲의 발생 내지 형성은 일반 군현과 다르게 특수한 사정에 연유하여 오랫동안 독자적인 구역을 가지면서 후세까지 내려왔다.[34] 그러나 지금까지 살펴본 바에 의하면 향·소·부곡의 상급행정단위인 군현도 소재한 향리의 정치력에 따라 대소가 결정되었다.

따라서 세종대까지 이러한 현상은 변하지 않고 잔존했는데, 『세종실록』 지리지에 기록된 향·소·부곡의 숫자를 통해서도 이러한 사실을 확인할 수 있다. 다만 군현의 경우는 고려전기에 이미 12牧에 수령을 파견하고, 여말선초에는 속현에 監務를 파견함으로써 중앙집권화가 크게 진척되었던 반면, 향·소·부곡은 조선시대 세조대부터 그 숫자가 점차 격감되었다.

그것은 세조 2년 11월 각 고을의 倂合事目을 8도관찰사에게 유시한 사실을 통해서 알 수 있다. 사목의 구체적인 내용은 다음과 같다.

1. 本邑과 병합할 땅은 반드시 그 곳에 거주하는 주민의 관곡 출납과 詞訟 왕래의 道里와 원근을 참고할 것.
1. 병합한 뒤 使客의 왕래에 있어서 사방 이웃 주군들이 거리가 멀어 반드시 숙박할 땅이라면 支供에 폐단이 있고 없는 것을 아울러 살펴서 헤아릴 것.
1. 병합하는 것은 반드시 두 고을만이 아니고, 혹 세 고을, 혹 네 고을을 병합하여 하나로 만들 것.
1. 이와 같이 하면 토지가 고르고 가지런해져서 저절로 犬牙相入하는 것이 없을 것이나 부득이하여 다른 郡에 합속하는 땅을 아울러 살필 것.
1. 本邑과 병합한 고을의 人吏·官奴婢·民戶의 숫자와 산천과 구역

---

34) 李樹建, 앞의 논문, 29쪽.

을 아울러 상고할 것.
1. 만약 본래 땅이 넓고, 백성이 많은 큰 고을은 병합할 필요가 없
   다.[35]

사목에서 중점적으로 다루어진 내용을 요약하면, 첫째 貢賦의 출납
과 詞訟을 위한 主邑과의 거리 문제, 둘째 사신의 支供에 따른 백성
들의 폐단 여부, 셋째 본 고을과 병합한 고을 간의 人吏·官奴婢·민
호의 숫자 및 산천과 구역의 균등한 분할 문제가 있었다. 특히 병합사
목에 의한 군현정비 과정에서 越境處와 犬牙相入地 문제가 어느 정
도 해소되었다. 그것은『세종실록』지리지에 소재한 128개 부곡이 성
종대의『동국여지승람』에서는 대부분 혁파되고 12개만 존재한 사실을
통해 알 수 있다.

그러나 조선전기까지 군현의 하급행정단위로의 부곡은 계속 잔존
하였다. 왜냐하면 당시는 각 고을의 전결과 호수의 대소에도 불구하
고, 貢物分定이 '均敷差等率意分定'하는 방식이어서 대읍과 소읍의
공물 분담이 동등했기 때문이다. 이 같은 현상은 왕조 창건에 공이 있
는 대호족이 주민을 점거한 것에 대한 우대이며, 소호족에 대한 차별
적 인식에 따른 重課稅 제도를 통해서도 확인된다.[36] 따라서 대읍은
임내를 여탈하여 민호가 증가하면, 증가한 만큼 貢額의 부담은 줄어
들었다. 이러한 이유 때문에 임진왜란 이전까지는 향·소·부곡의 임
내지역은 쉽게 소멸되지 않았다.

---

35)『世祖實錄』卷5, 2年 11月 23日 己丑.
36) 金龍德, 앞의 논문, 40~41쪽.

4. 부곡의 향정적 성격

앞에서 살펴본 것과 같이 조선전기의 부곡은 지방행정단위의 부곡
이 존재하였고, 부대편제적 의미도 있었으며, 조선후기는 권력의 手下
·黨與·門客을 뜻하였다. 따라서 여기서는 조선전기 부곡이 내포하
고 있는 鄕亭的 의미에 대하여 고찰하려고 한다. 다음의 사료가 바로
그러한 것을 설명하고 있다.

① 의정부에서 이조의 첩정에 의거하여 아뢰기를, “大君 이하로부터
　　參外의 아내에 이르기까지 관제가 이미 이루어졌으나 오직 종실의
　　딸만은 다만 郡主·縣主라 칭하여 차등의 분별이 없습니다. 삼가
　　漢나라 제도를 상고하여 보면, 황녀는 縣主라 칭하고, 여러 딸은
　　鄕亭翁主라 칭하였으며, 당나라 제도에는 太子의 딸은 郡主라 하
　　고, 親王의 딸은 縣主라 하였습니다. 지금 예전 제도에 의하여 정
　　궁의 딸은 公主라 칭하고, 嬪媵의 궁인 딸은 郡主라 칭하며, 세자
　　궁인의 딸과 대군 정실의 딸은 縣主라 칭하고, 여러 君의 정실의
　　딸과 大君의 아들의 딸은 鄕主라 칭하며, 그 나머지 종실의 딸은
　　모두 亭主라 칭하고, 국가에 莊·所·部曲의 호가 있는데 장·
　　소·부곡을 亭으로 칭하소서” 하니 그대로 따랐다.[37]
② 이조에서 양녕대군 등의 상언에 의거하여 아뢰기를, “『문헌통고』
　　에 한나라 광무제는 아들 10인을 모두 왕으로 봉했고, 적자와 적손
　　도 모두 물려받아 왕으로 봉했으며, 衆孫과 衆曾孫도 혹은 列侯로

---

37) 『世宗實錄』 卷89, 22年 4月 15日 丙戌, “議政府據吏曹呈啓 自大君以下至
　　于參外之妻 官制已備 獨宗室之女 只稱郡主縣主 固無差等之別 謹稽漢制
　　皇女稱縣主 諸女稱鄕亭翁主 唐制太子女爲郡主 親王女爲縣主 今依古制
　　正宮之女稱公主 嬪媵宮人之女 世子之女稱郡主 世子宮人之女及大君正室
　　之女稱縣主 諸君正室之女及大君之子之女稱鄕主 其餘宗室之女幷稱亭主
　　國家有莊所部曲之號 以莊所部曲稱亭 從之”.

봉하고, 혹은 鄕侯와 亭侯로 봉했으며, (중략) 당나라에서는 皇兄
弟와 皇子는 왕으로 삼고, 여러 왕자 중의 嫡子는 郡王으로 봉하
고, 그 衆子는 郡公으로 봉했으니, 高祖가 수나라의 禪位를 받았
으나 천하가 안정이 되지 않는 것으로써 종실을 널리 봉하여 천하
에 위세를 가지고, 皇從弟 및 皇姪로써 나이 어린 수십 인을 모두
봉하여 郡王으로 삼았다. (중략) 列侯·鄕侯의 제도에 의거하여 1
품은 卿이라 일컫고, 2품은 尹이라 일컫고, 3품은 正이라 일컫고, 4
품은 令이라 일컫고, 5품은 監이라 일컫고, 6품은 長이라 일컬어
부곡과 鄕里의 칭호로써 이를 봉하였다.38)

위 사료 ①은 종친부의 정1품인 大君으로부터 문무관의 처인 나인
에 대한 관제는 정비되었지만, 종실의 딸에 대한 관제가 미비하기 때
문에 한·당의 제도를 본받아 왕의 딸은 公主, 왕세자 정실의 딸은 郡
主, 왕세자 궁인의 딸과 大君 정실의 딸은 縣主, 諸君 정실의 딸과 大
君 아들의 딸은 鄕主라 칭하고, 기타 종실의 딸은 亭主로, 莊·所·部
曲 등의 읍호를 亭으로 칭했다는 내용이다. 여기서 장·소·부곡을
亭으로 칭하면, 郡主→ 縣主→ 鄕主→ 亭主의 순으로 행정단위의 통
속관계가 성립된다. 이는 몇 개의 亭이 모여 鄕이 되고, 몇 개의 鄕이
모여 縣이 되고, 몇 개의 縣이 모여 郡이 되는 대소 상하관계를 통하
여 宗室女 지위의 상하를 표시할 수 있다.39)
사료 ②는 광무제가 아들과 적자·적손들을 모두 왕으로 봉하였고,
衆孫과 衆曾孫도 列侯나 鄕侯 및 亭侯로 봉하였으며, 官階의 각 품
계까지 부곡과 향리의 읍호로 봉했다는 내용이다. 여기서 "衆孫과 衆
曾孫도 열후나 향후 및 정후로 봉하였다"고 한 사실을 통해 세종 22

---

38) 『世祖實錄』 卷6, 3年 1月 20日 乙酉.
39) 金龍德, 앞의 논문, 66~67쪽.

년 莊·所·部曲을 亭으로 칭하자고 건의한 내용이 실현되었음을 알 수가 있다. 따라서 위 사료 ①·②의 경우를 볼 때 조선초기에는 부곡의 의미가 鄕里와 동격으로 쓰였음을 알 수 있다. 일찍이 이수건과 김용덕은 이러한 부곡의 鄕亭的 성격의 용례를 증거로 제시하면서 조선초기 부곡은 군현보다 소규모의 鄕亭的 행정단위로만 존재할 뿐 부곡의 집단천민적 성격은 이미 소멸되었다고 이해하였다.

그러나 조선초기 집단천민적 부곡의 의미는 대부분 소멸되었지만, 성종대 이후 부곡은 지방행정단위 부곡의 용례로 널리 쓰였다. 그렇다면 조선초기에 漢·唐에서 사용된 부곡의 鄕亭的 의미가 보편적으로 사용된 이유는 어디에 있을까. 그것은 조선왕조가 숭유억불정책을 채택한 시대적 특성과 밀접한 관련이 있다. 다시 말해서 조선이 先秦儒學을 지배 이데올로기로 삼는 과정에서40) 漢·唐의 문물제도를 함께 수용하였고, 이때 부곡의 鄕亭的 의미가 조선사회에 전파되어 널리 쓰였다. 특히 조선의 封君제도는 고려시기의 그것에 비해서 상당히 발전했는데,41) 그 발전의 계기는 조선 개국 이후 한·당의 문물제도를 적극 수용한 결과였다.

5. 맺음말

이상에서 조선시대 부곡의 여러 성격에 관하여 고찰하였다. 그 결과 조선초기 지방행정단위였던 부곡은 월경처 내지는 견아상입지로 존재하였으며, 한편으로 鄕亭的 의미가 있었음을 알 수 있었다. 이상의 내용을 요약하면 다음과 같다.

---

40) 李弘斗, 2000, 「朝鮮初期 天觀의 認識과 國史敎育」, 『史學硏究』 60.
41) 『世宗實錄』 卷103, 26年 2月 21日 辛丑.

첫째, 조선초기 월경지의 존재와 군현제 정비에 관한 문제이다. 조선초기의 부곡은 대개 越境處 내지는 犬牙相入地의 형태로 대읍을 중심으로 존재하였다. 경주부 소속 북안곡부곡과 밀양도호부 두야보부곡의 한 취락이었던 고매부곡에서 그러한 사례를 볼 수 있다. 이러한 사실은 당시 군현제 정비가 완료되지 않았음을 시사한다. 월경처로서 북안곡부곡은 『경상도지리지』에서 기록이 최초로 보인다. 따라서 북안곡부곡이 형성된 시기는 여말선초로 짐작된다. 고려말 향·소·부곡 등 임내지역은 한 州의 임내가 10여 현에 이르고, 큰 것은 본 고을의 호수보다 많은 데도 한두 戶長이 다스림으로써 백성들의 소요가 끊이지 않았다. 조선왕조에 이르러 군현제 정비에 대한 두 가지 조처가 취해졌다. 하나는 임내지역을 군현에 합하는 것이고, 다른 하나는 중앙에서 외관을 파견하는 것이다. 그러나 이러한 방법도 군현제 정비를 실현할 수 없었다. 그것은 조선초기까지 각 지방에는 막강한 戶長의 토착세력과 주·부·군·현의 領縣의 관리가 월경처 내지 견아상입지를 지배하였기 때문이다. 밀양도호부 소속의 고매부곡은 두야보부곡의 한 취락인데, 밀양의 부곡이면서 밀양에 있지 않고 월경처로 존재하였다. 따라서 고매부곡은 고려중기에 새로 형성된 월경처가 아니고, 『세종실록』지리지가 간행된 시기에 이미 존재한 두야보부곡의 일부였다. 그러므로 고매부곡의 長役은 두야보부곡과 마찬가지로 박씨가 맡았다.

둘째, 조선초기 군현제 정비는, 임내지역을 주현에 병합하는 방법과 중앙에서 외관을 파견하는 두 가지 방법으로 이루어졌다. 그러나 중앙정부의 적극적인 정책에도 불구하고, 근본적인 군현제 정비는 실현되지 않았다. 그것은 당시 각 지방에는 호장의 토착세력과 주·부·군·현의 領縣 관리가 존재했기 때문이다. 태종 9년 전라도 도관찰사 윤향이 都 안의 속현·향·부곡을 모두 본 고을에 병합한 사례를 전국에 시행토록 하였다. 그러나 지방의 군현제 정비는 계획대로 실현되지 않았다.『세종실록』지리지에 기록된 73개의 향, 124개의 소, 128개의 부곡의 존재를 통해 알 수 있다.

셋째, 조선 왕실의 딸들은 郡主·縣主라고만 호칭했는데, 세종대에 중국에서 들여온『문헌통고』의 내용 중 漢·唐의 封爵制를 본받아 조선의 莊·所·部曲을 亭으로 하여 郡主→ 縣主→ 鄕主→ 亭主로 이어지는 상하 통속관계를 확립하였다. 따라서 세종대에 이르러 宗室女의 지위를 이렇게 표시한 것은 그동안 향·소·부곡이 지방행정단위로서 독자적인 읍호를 확보한 데 따른 결과였다. 일찍이 이수건과 김용덕은 부곡의 이와 같은 鄕亭的 성격의 사례를 증거로 조선초기 부곡은 군현보다 소규모의 행정단위로만 존재했다고 하였다.

조선 중·후기 부곡의 제 성격

1. 머리말

한국 부곡에는 두 가지 의미가 있다. 하나는 신분을 뜻하는 부곡이고, 다른 하나는 兵士와 부대를 의미하는 부곡이다. 전자는 고려시대 천인론과 양인론의 연구, 조선초기 월경지 생성과 군현제 정비에 관한 연구 등이 있다. 그런데 『조선왕조실록』을 찾아보면, 다양한 부곡의 용례가 검색된다. 지방행정단위, 군대편제단위, 권력자의 수하·당여 등이 그것이다. 특히 군대편제단위는 조선중기에, 수하·당여는 조선후기에 많이 쓰였는데, 이러한 사례는 조선시대 부곡의 시대성격을 반영하고 있다.

그동안 부곡의 군사적 의미에 대해 고찰한 논고는 부곡이 신라 私兵과 九誓幢의 구성원이었다는 연구,[1] 나말여초 호족의 私兵이었다는 연구,[2] 고려시대 관군·조선시대 군대편제단위였다는 연구[3]가 있다. 이러한 연구는 중국 부곡의 성격 중 남북조시대 호족의 사병으로 존재했다는 연구[4]에서 방법론을 원용한 측면이 없지 않다. 그러나

---

1) 李基白, 1957, 「新羅私兵考」, 『歷史學報』 9.
2) 旗田巍, 1951, 「高麗時代の賤民制度 部曲について」, 『和田淸博士還曆記念 東洋史論叢』.
3) 李弘斗, 1998, 「部曲의 意味變遷과 軍事的 性格」, 『韓國史硏究』 103.

『삼국사기』 등 정사를 인용했을 뿐만 아니라 내용 또한 시대성격을 반영한 역사적 사실이기 때문에 하등의 문제가 될 수 없다고 생각된다. 따라서 조선시대 부곡을 군대편제단위 및 권력자의 수하·당여와 관련해 고찰하면, 신분에 한정된 한국 부곡의 외연을 확대할 수 있고, 또한 부곡의 통시대적 해석도 가능하다.

이러한 문제의식을 갖고 여기서는 먼저 조선전기 부곡의 군대편제적 의미를 살펴보고, 다음으로 조선후기에 많이 쓰인 권력자의 수하·당여를 중심으로 고찰하려고 한다.

2. 부곡의 군대편제적 성격

그동안 한국 부곡은 고려시대 부곡과 관련하여 신분제, 군현제, 수취체제를 중심으로 연구하였다. 그러나 조선시대부터는 집단천민의 부곡이 거의 소멸되고, 군대편제단위로서의 부곡 용례가 많이 나타난다. 부곡이 군대편제단위로 처음 쓰인 것은 고려시대부터다. 그러나 현제는 그 어휘만 확인될 뿐이므로 구체적인 사실은 알 수가 없다. 고려말의 군사조직을 살펴보면 다음과 같다.

신이 살펴보건대, 공민왕 때 서경에 10軍을 두었는데 좌익·우익·전군·후군·정예·정의·충의·충성·신검·신성이라 하였고, 안주에 8軍을 두었는데 좌용·우용·좌맹·우맹·전용·후용·전맹·후맹이라 하였고, 의주에 4軍을 두었는데 좌정·우정·충신·의용이라 하였고, 이성에 4軍을 두었는데 진평·진강·진정·진원이라 하였고,

---

4) 何士驥, 「部曲考」, 『國學論叢』 제1권 1호 ; 濱口重國, 1941, 「南北朝時代の兵士の身分と部曲の意味の變化に就いて」, 『東方學報』 東京第12冊之1.

강계에 4軍을 두었는데, 진변·진성·진안·진령이라 하였으며, 우왕 때 안주에 2軍을 더 두어서 신용·신맹이라 하였는데, 앞의 8軍과 아울러 모두 10翼이 됩니다. 그러나 기록은 다만 名號뿐이고, 部曲과 丁額의 숫자는 상고할 수 없습니다.[5]

위 사료는 고려 공민왕 18년 및 우왕 3년의 서북면 익군조직을 설명한 것이다. 특히 익군의 숫자는 서경만호부 10군, 안주만호부 8군, 의주만호부 4군, 이성만호부 4군이었다. 그런데 우왕 때 안주에 또 2군을 추가로 설치하여 10군이 되었다. 당시 만호부에 소속된 각 군을 익군이라고 호칭한 사실에서 軍과 翼이 동격의 군대편제단위였음을 알 수 있다.

그런데 익군체제의 이상적인 부대편성은 경군과 지방군 모두가 10군(익)체제였지만, 군사의 인원이 부족할 경우는 일정한 지역에 수 개의 익군을 두어 이것을 합하여 하나의 군사단위로 삼았다.[6] 익군조직은 10명을 통솔하는 통주, 1백 명을 통솔하는 백호, 1천 명을 통솔하는 천호 등의 지휘계통을 확립하였다. 이러한 익군조직은 내용상으로 볼 때 중국이나 고려전기 북방의 주진군 조직과 상호 다르게 나타난다. 그 이유는 당시 고려가 원나라의 영향을 받았기 때문이다.

그러면 고려시대 군대편제단위는 부곡과 어떤 관계에 있을까. 중국 漢나라 부곡이 갖는 의미는『후한서』열전, 권42, 橋玄傳에서 "部猶領也"라고 하였고,『손자』계편에는 "曲者卒伍之屬"이라 하였다. 따라서 부와 곡이 합하여 漢나라 부대편성의 단위가 되었다.『후한서』권24, 백관지 장군조에서도 이러한 사례를 확인할 수 있다. "군을 통솔할 때는 부곡이 있고, 校尉가 지휘하는 部, 部 밑에 軍候가 지휘하는

---

  5)『增補文獻備考』卷118, 兵考10, 州郡兵1.
  6) 閔賢九, 1983,『朝鮮初期의 軍事制度와 政治』, 한국연구원, 225~228쪽.

曲, 曲 밑에 屯長이 거느리는 屯이 있다"[7]고 하였다.

한나라 군대편제단위를 고려초기의 그것과 비교하면 고려초기 부곡은 軍·衛→ 領→ 伍→ 隊의 단위였기 때문에 여기서 部는 領을 지칭하고 伍와 隊는 曲에 해당된다. 따라서 고려초기 2군 6위의 중앙군 조직을 군대편제의 부곡과 관련해 볼 때 2군은 3령이고, 6위는 42령이므로, 2군 6위는 45령이 된다. 각 령의 인원이 1천 명이기 때문에 2군 6위의 총 군액은 4만 5천 명이고, 군대편제단위의 부곡은 45개인 셈이다.[8] 또한 익군체제하의 군사조직은 千戶→ 百戶→ 統主의 체계인데, 이를 부대단위의 部曲에서 보면, 部는 千戶이고, 曲은 百戶이며, 屯은 統主에 해당된다.

한편 익군체제는 조선왕조의 군제개혁에 따라 세조 3년 군제개혁에서 종전 司의 다음 단위는 '領'으로서 10司 각 5領이었던 것을 衛의 다음 단위를 '部'로 개칭하여 5衛 각 5部가 되었다, 따라서 衛→ 部→ 統→ 旅→ 隊→ 伍→ 卒이라는 군령계통이 확립되었는데, 여기의 部는 군대편제단위를 의미한다.[9] 여기서 고려 병제의 군대편제단위가 領이나 千戶였던 반면, 조선초기 衛의 하부 단위는 部였다. 임란 이후 훈련도감과 속오군이 창설됨에 따라 편제단위는 營→ 司→ 哨→ 隊→ 伍로 전환되었다.[10] 이것을 군대편제단위의 부곡과 관련해 살펴보면

---

7) 李公範, 1966, 「南朝部曲考」, 『成大論文集』 11.
    『후한서』 권24, 백관지 장군조, "其領軍皆有部曲 大將軍營五部 部校尉一人 比二千石 軍司馬一人比千石 部下有曲 曲有軍候一人比六百石 曲下有屯 屯長一人比二百石".
8) 李基白, 1968, 『高麗兵制史研究』, 일조각, 72~74쪽.
9) 千寬宇, 1962, 「朝鮮初期 五衛의 形成」, 『歷史學報』 17 · 18/1979, 『近世朝鮮史研究』, 일조각 재수록.
10) 車文燮, 1973, 「宣祖朝의 訓鍊都監」, 『朝鮮時代軍制研究』, 단국대출판부, 162쪽.

다음과 같다.

① 임금이 군사를 사열하려고 하므로 여러 장수들이 定金院의 평야에 陣을 쳤다. 여러 장수들에게 교서를 내렸다. (중략) 과거에는 모든 지시를 표신만 쓰고, 두 쪽을 합쳐서 맞추어 보는 증거가 없었기 때문에 간혹 교묘하게 위조할 우려가 있었다. 내가 이제 처음으로 명령을 전달하는 18가지의 병부를 만들어 경들에게 반포하는 것은 그 깊은 뜻이 있다. 군사를 사열하거나 사냥할 때는 내가 직접 거느리고 모두를 지휘하기 때문에 표신을 쓸 필요가 없었다. 그러나 자리를 잡고 陣을 칠 때에는 각 衛에서 따로 部曲을 거느리고, 거처를 달리하기 때문에 꼭 이것을 사용하여 서로 확인해야 한다.[11]

② 비변사가 아뢰기를, "(중략) 李薲이 근래에 약속은 지키지만 오직 수비만 일삼을 뿐 별로 승첩을 아뢴 적이 없어 여러 사람의 의논이 불만스럽게 여겨 심지어 겁이 나서 물러갔다고 지목하기도 합니다. 국가의 막대한 일에 그를 믿을 수 없는 것이 분명합니다. 李鎰은 근래에 戰功이 많아 여러 사람의 뜻이 제법 흡족하게 여깁니다. 그러므로 이빈을 병사에서 체차하고, 이일로 대신케 하는 것이 마땅합니다. 다만 이빈을 병사에서 체직시키면 전일의 部曲이 모두 이일에게 귀속되어 있어 그 곳에는 성을 지킬 만한 장수가 없습니다. 이빈에게 軍官 3~4인을 거느리고 올라오게 하는 것이 어떻겠습니까"[12] 하니, 상이 그대로 따랐다.

③ 훈련도감이 아뢰기를, "(중략) 우리 나라는 전부터 군대 조련의 규

---

11) 『成宗實錄』卷85, 8년 10월 1일(을미).
12) 『宣祖實錄』卷32, 25년 11월 16일(임신), "備邊司啓曰 (中略) 李薲近雖以守約 唯講守備爲事 別無奏捷之日 群議素以爲不滿 至以㤼退目之 當國家莫大之擧 其不可倚賴也必矣 李鎰近多戰功 衆情頗洽 李薲兵使遞差 以鎰代之宜當 但薲若遞兵使 則前日部曲 皆歸於鎰 此處無守城可當之將 李薲率軍官三四人 上從之".

모에 대하여 전혀 몰랐다가 지금에야 다행히 중국 장수로부터 조
련법을 전수 받게 되었고 또 병조가 적극 뜻을 다하여 점점 성취
시켜 자못 볼 만하게 되어가고 있습니다. (중략) 지금 마땅히 京外
를 막론하고 무사들 중에서 장래 군사를 통솔할 만한 자를 찾아내
어 部曲을 훈련시키는 임무를 맡게 하고 陣法도 익히게 하여 대장
으로부터 哨官·旗隊總에 이르기까지 모두 평일에는 자기 부하를
자기가 훈련하고, 싸움에 임해서도 자기 군대를 자기가 쓰도록 하
여야만 양성한 군대가 바로 쓰이는 군대요, 쓰이는 군대가 모두 양
성된 군대이니 이것이 『기효신서』에서 병졸의 조련을 밝힌 후에
장수의 조련으로 끝맺는 이유인 것입니다".13)

위 사료 ①은 임금이 군사를 직접 지휘할 때는 군사들이 임금의 시
야를 벗어나지 않기 때문에 兵符가 필요없지만, 진을 치고 훈련할 때
는 위장이 부곡을 직접 통솔하므로 兵符를 만들어 군령을 전달했다는
내용이고, 사료 ②는 병사를 이빈에서 이일로 체차하면, 소속 부대의
명령체계가 무너진다는 것이며, 사료 ③은 부곡이 군대편제단위로 쓰
인 것은 임진왜란 직후 더욱 많이 사용되었는데, 그것은 속오군제는
초관이 군사를 직접 훈련시키고 진법을 익히며, 유사시에는 훈련시킨
부대를 이끌고 전투에 참여하기 때문에 부곡의 중요성이 더 커졌다는
것이다.

그러면 중국 한나라 군대편제단위를 뜻하는 부곡이 성종 8년(1477)
의 사료에 등장하는 이유는 어디에 있을까? 그것은 당시 조선의 문화
수준이 한·당유학을 수용할 수 있는 기반이 조성되었고, 세조 3년 지
방군을 중앙군의 오위에 예속시키는 군제개혁을 단행함으로써14) 부

---

13) 『宣祖實錄』 卷50, 27년 4월 11일(기미).
14) 千寬宇, 1979, 앞의 책, 74쪽.

곡이 군대편제단위로 널리 쓰였기 때문이다. 부곡의 군대편제단위는 임진왜란 기간에 자주 나타난다. 그것은 전시상황에서는 평시보다 전략·전술적 비중이 더욱 커질 뿐만 아니라 임진왜란 중 명나라 장수 척계광의『기효신서』법이 대부대 편제에서 소부대 편제로 전환되었기 때문이다.15)

이러한 사례는 일본군에게 포로가 된 전 형조좌랑 姜沆이 일본에서 탈출을 시도하던 중 "10보도 가지 못해 나루터를 지키던 부곡의 道兵에게 붙잡혔다"16)고 한 내용을 통해서도 확인된다. 임진왜란 기간에 병조에서 "전투에 익숙한 병사를 서울에 불러모아 위급할 때 쓰자고 제안하자, 선조가 장수와 死生을 함께하기로 한 陣中의 군사를 불러온다면, 그 곳의 부곡(대오)이 파산되어 兵勢가 약해진다"17)고 한 사례도 부곡의 군대편제를 의미한다.

사료 ③에서는 임진왜란을 기점으로 중앙의 5위체제와 지방의 진관제가 붕괴되고, 이것의 대안으로 중앙에는 훈련도감을, 지방에는 속오군을 새로 창설하였으며, 이때의 부대훈련과 진법훈련은 명나라『기효신서』에 근거했음을 알 수 있다. 속오군제18) 아래에서는 지휘자와 병사가 훈련과 전투를 함께 하였으므로 대장·초관·기대총 등의 지

---

15) 車文燮, 1973, 앞의 책, 160~161쪽.

16)『宣祖實錄』卷111, 32년 4월 15일(갑자).

17)『宣祖實錄』卷73, 29년 3월 13일(병진). 金龍德은 이 부곡의 의미를 部下 또는 眷率의 뜻으로 이해하였다(金龍德, 앞의 논문(上), 31쪽).

18) 束伍軍에 관한 주요 논고는 다음과 같다. 車文燮, 1973, 「束伍軍 硏究」,『朝鮮時代軍制硏究』, 단대출판부 ; 李謙周, 1990, 「朝鮮後期 社會身分 變動問題에 대한 硏究」,『蔚山史學』3 ; 張弼基, 1990, 「17世紀 前半期 束伍軍의 性格과 位相」,『史學硏究』42 ; 徐台源, 1993, 「束伍軍의 設置意義에 관한 硏究」,『紀全女子大學論文集』13 ; 徐台源, 1999,『朝鮮後期 地方軍制硏究』, 혜안 ; 李弘斗, 1997, 「束伍軍을 통해 본 朝鮮後期 賤人의 身分上昇」,『軍史』34 ; 李弘斗, 1998,『朝鮮時代 身分變動 硏究』, 혜안.

휘자는 병사들의 조련에 책임이 컸다. 따라서 부곡은 병사의 조련 내지는 전쟁과 밀접한 관계가 있으므로 특히 임진왜란 중의 사료에서 자주 접할 수가 있다.

군대편제단위의 부곡 용례는 인조·효종대에 이르러 더욱 확대되는데, 그것은 이 시기에 이괄의 난과 양호란 및 지방군사제도로서 영장제[19]가 실시되었기 때문이다. 다음의 사료에서 그러한 사실을 알 수 있다.

① 사신은 논한다. 장만은 선조 때부터 30여 년 동안 국가의 두터운 은혜를 받았고, 반정한 뒤에는 가장 먼저 장수의 소임을 맡아 퇴곡하는 성대한 예까지 받았다. 그런데도 역적 이괄의 변란 때는 시종 머뭇거리기만 하다가 적도가 대궐을 침범하여 군부를 파천하게 만들었다. 다행히 하늘이 도와주고, 部曲이 힘을 다한 덕분에 안현에서 승리하게 되었으나 이 공은 겨우 죄를 보상할 정도에 지나지 않는 것이다.[20]

② 우의정 신흠이 차자를 올리기를, "(중략) 이귀는 홍화하는 책임을 맡은 貳公으로서 호위대장의 직임을 겸임하고 있으니, 국가의 안위와 경중이 그 한 몸에 달려 있습니다. 장만은 8도를 체찰하는 임무를 맡으면서 남한산성의 축성을 관장하는 등 대소의 군무를 모두 위촉받고 있습니다. 따라서 이 두 사람 모두 하루라도 조정을 떠나 전하께서 심복으로 믿고 맡긴 부탁을 저버릴 수 없는 처지입니다. (중략) 만일 이귀와 장만이 여러 날 직을 잃게 되면 관할하고 있던 部曲이 흩어져 통솔할 수 없게 되어 적절히 처리해야 될

---

19) 營將制에 관해서는 다음 논고가 참고된다. 車文燮, 1973, 「朝鮮後期의 營將」, 『朝鮮時代軍制硏究』, 단국대출판부 ; 許善道, 1992, 「朝鮮時代 營將制」, 『韓國學論叢』 14, 국민대 韓國學硏究所 ; 徐台源, 1993, 「營將制와 土豪統制 - 17세기를 중심으로 - 」, 『慶州史學』 12.

20) 『仁祖實錄』 卷7, 2년 12월 22일(임인).

때에 오래도록 지체되는 폐단이 있게 될까 염려됩니다.”[21]

③ 상이 연신과 대화를 하다가 戎政에 대하여 언급하게 되자 이르기를, “李廣과 程不識은 漢나라때 명장이었는데 정불식은 部曲을 바로 짜고, 조두를 치게 하였으며, 이광은 먼 곳까지 斥候하여 피해를 당하지 않았다. 대체로 척후란 삼군의 운명이 달려있으므로 신중을 기하지 않으면 안 된다. 申景瑗이 부원수가 되었는데 죄를 지은 軍官으로 척후장을 삼으니 평소에 죄를 지은 자가 신경원을 위하여 성실하게 망을 볼 까닭이 있겠는가. 이 때문에 행군할 때에 적이 길가에 잠복해 있다가 바로 앞에서 습격을 하여 일군이 패배하고 경원도 말 아래 떨어지니, 胡人이 마치 땅에 떨어진 물건을 줍듯이 쉽게 경원을 잡아가고 말았다. 이것은 척후하는 방법을 몰랐기 때문이다”라고 하였다.[22]

사료 ①은 인조가 동왕 2년 체찰사 장만, 총융사 이서, 평안병사 남이흥, 훈련대장 신경진을 인견할 때 후금에 대한 구체적인 방비대책을 물었지만, 장만이 좋은 계책이 없다고 대답한 것에 대한 史臣의 논평이다. 여기의 부곡은 군대편제단위로 해석된다. 사료 ②는 인조반정 직후 국가의 병권이 반정공신인 이귀와 장만에게 있었다는 내용이다. 그런데 여기의 부곡은 우선 군대편제단위의 뜻도 있지만 兵士의 의미가 있어서 주목된다. 병사로서의 부곡은 인조 11년 “김시양의 종사관 및 부곡을 모두 김자점에게 귀속시켰다”[23]고 한 것도 이에 해당된다. 사료 ③은 효종이 여러 신하들과 함께 청나라 군사의 동태를 살피는 척후를 논의하는 과정에서 한나라 명장 李廣과 程不識의 사례를 원용한 내용이다. 여기의 부곡은 군사와 대오를 지칭한다. 부곡은 한나

---

21) 『仁祖實錄』 卷8, 3년 1월 22일 (신미).
22) 『孝宗實錄』 卷8, 3년 5월 15일(을유).
23) 『仁祖實錄』 卷28, 11년 2월 12일(갑술).

라에서는 군제상의 용어로 쓰였고, 한나라 말기부터 私兵의 뜻으로
사용되었으며, 당나라 때는 노비보다 상층의 私賤民을 뜻했다. 당시
私賤이 부곡으로 쓰인 것은 농장의 일꾼들이 무리를 이루어 '童僕成
軍' 즉, 군대와 같이 대오(部曲)를 이루고 질서 있게 노동했기 때문이
다.

그러면 지금까지 살펴본 부곡의 군대편제단위는 고려시대의 그것
과 동질적인 것일까 아니면 이질적인 것일까. 이 문제는 공민왕대 익
군제가 군대편제단위를 뜻하고 있지만, 기록은 名號만 있고, 부곡의
정원을 상고할 수 없기[24] 때문에 조선시대 부곡은 독자성을 갖는다고
보아야 하겠다. 따라서 세조 3년 각 부대를 병종 단위별로 오위에 분
속시키고, 지방군의 군령도 중앙군의 오위체제에 분속시킴으로써 부
곡의 군대편제단위는 그 기능이 강화되었다. 그리고 5군영체제인 양
란 이후 숙종대까지 이러한 부곡의 사용은 더욱 확대되었다.

3. 부곡의 수하·당여·문객적 성격

조선후기의 부곡은 권력자 개인의 수하·당여·문객의 뜻으로 사
용되었다. 일찍이 김용덕은 조선시대 부곡에는 부하나 휘하의 뜻이 있
다고 주장했지만, 그는 중국 한나라 부곡이 군대의 대오를 지칭한 것
에 비해, 한국 부곡은 군현의 지배하에 있는 임내를 뜻한다[25]고 하였
다. 이러한 해석은 세조 원년 8월 정묘조의 "처음 官舍를 설치할 때도
모두 중앙은 아니었고, 人吏는 부곡에도 모두 있으며, 노비도 반드시
일시에 모집할 필요가 없다"[26]는 사료에 근거한다. 그러나 여기서 말

---

24) 『增補文獻備考』 卷118, 兵考10, 州郡兵1.
25) 金龍德, 앞의 논문(上), 31쪽.

하는 부곡은 州縣의 휘하를 지칭하기보다는 지방행정단위를 뜻한다. 부하·휘하로써 부곡은 현종대부터 많이 쓰기 시작하였다. 다음의 사료가 그것을 말하고 있다.

① 부제학 이민적이 교지에 응하여 상소하기를, "(중략) 전하께서는 일을 하실 때 매양 '故事'라는 이유로 어렵게 여깁니다. 이른바 고사라는 것은 혹 여러 대 동안의 폐습에서 나왔거나 혹 혼조 때의 어지럽던 정치에서 유래된 것인데, 宮禁의 용도는 줄일 만한데도 매양 고사라고 하시고, 諸宮의 制産은 줄일 만한데도 매양 고사라고 하시며, 百司가 침탈하는 것을 줄일 만한데도 매양 고사라고 하십니다. (중략) 이 때문에 대소신료들이 구차한 생각을 품고, 말하고 의논하는 일을 맡은 신하들은 늘 常格에 구애되어 말을 다하지 못합니다. 신하들이 성상의 마음을 기쁘게 하여 용납될 수 있는 것은 단지 公利로 나가는 하나의 길밖에 없습니다. 또한 屯田이 온 나라에 널려 있고, 부곡이 私家에 들어와서 재물도 있고 권력도 있어서 이미 그 이익을 누리고 있는데 무엇 때문에 나라 일을 돌보겠습니까.27)

② 사은사 낭선군 이오 등이 청나라에서 돌아오다가 중도에서 우선 狀聞했는데, 그 별단에 대비달자들의 일을 대강 말하기를, "대비달자들로부터 청나라에서 온 글을 구입하여 보건대, 각기 경계를 세우고 영원히 수호하자는 말만 있었고, 균등하게 대적하는 예절은 있었지만 臣服하는 일은 없었으니 歸順이란 말은 과장에서 나온 것인 듯합니다. 吳三桂 部曲의 黃進이란 이름을 가진 자가 몰래 섬을 차지하고 永曆이라는 연호를 그대로 쓰고 있으며, 요새지에 의거하여 복종하지 않고 있습니다"28)라고 하였다.

---

26) 『世祖實錄』, 세조 원년 8월 정묘조, "傳曰 初設官舍 非盡中央也 人吏則 部曲亦皆有之 奴婢亦不須一時俱集".
27) 『顯宗改修實錄』 卷22, 11년 5월 14일(기사).

사료 ①은 백성들이 곤궁해진 것은 대소 신료들이 공리를 명분으로 세속과 타협하였기 때문이라는 내용이다. 이 과정에서 관료들은 둔전과 부곡을 사유화함으로써 재정적 기반을 확보하였을 뿐만 아니라 권력도 획득할 수 있었다. 여기의 부곡은 관료집단의 수하를 뜻하는데 私家에 예속된 하인들을 총칭한다. 사료 ②는 1681년 청나라가 三藩의 亂을 진압하고 천하통일을 실현하게 되자, 그동안 명장 吳三桂에게 맡겼던 중국 남부지방의 통치권을 회수할 수밖에 없었으며, 이에 따라 오삼계의 부곡이었던 黃進이 청나라에 저항했다는 내용이다.

여기서 '吳三桂의 部曲'은 곧 吳三桂의 부하 내지는 수하라는 의미로 쓰였다. 당여의 의미로 쓰인 부곡의 용례는 상대적으로 정조와 순조대에 많이 나타난다. 다음의 사료를 통해서 그러한 사실을 알 수 있다.

① 형조판서 이계가 상소하여 鄭妻를 법으로 다스리기를 청하고, 말단에 말하기를, "오늘날 분운한 것은 모두가 洪鳳漢에게서 연유합니다. (중략) 진실로 옛날 그의 部曲으로서 형적을 감추고 그림자를 숨기고 있던 자들이 점점 조정에서 恩禮가 쇠하지 않고, 홍봉한의 처신함이 여느 때와 같은 것을 보고, 옛 와굴을 찾아 점점 단결한다면 장차 몇 사람의 洪相簡과 閔恒烈이 다시 어떤 요변을 지어낼지 알 수가 없으니, 나라를 위하고 충성을 다하는 신하라면 누군들 이에 한기를 느끼지 않겠습니까".29)

② 헌부에서 이르기를, "(중략) 아, 저 鄭昌順은 본래 보잘것 없는 소인배로서 음흉한 성품을 지닌 자인데 밤낮으로 경영하는 것은 오로지 공의를 배신하고 사의를 이루는 것이었으며, 평생동안의 기

---

28) 『肅宗實錄』 卷18, 13년 3월 3일(신사).
29) 『正祖實錄』 卷2, 즉위년 8월 19일(무오).

량은 善類를 살해하여 폐몰시키는 것이었습니다. 임자년 여름에는 틈탈 만한 기회라고 여겨 역적 鄭東浚을 붙좇으며, 그 뜻을 받고 그 지시를 따랐는데, 인하여 李祖源, 沈基泰의 무리와 호응하면서 그가 우두머리가 되고, 저 사람들은 部曲이 되었습니다".30)

③ 兩司에서 合啓하기를, "아, 저 金種厚는 성품이 음흉하고 종적이 또한 괴상합니다. (중략) 밖으로는 遺逸을 가탁하고 안으로는 조정의 권세를 쥐어 위세와 복을 쥐고 농락하였으며, 권세와 총애를 팔았습니다. 이에 불령한 무리들과 냄새를 좇는 자들이 돌아가며 서로 고해주고 끌어주며 확 쏠려 따랐습니다. 문자를 조금이라도 이해하는 자는 스스로 高弟라고 일컫고, 세도를 혼탁하게 어지럽히는 자는 死友를 맺기를 원하였으니 沈煥之, 김일주의 흉악함은 모두 그의 部曲이고, 金達淳, 徐瀅修의 참독함은 그의 여얼입니다".31)

사료 ①은 형조판서 이계가 홍봉한 일당을 禁錮하여 폐치할 것을 청한 내용이고, ②는 1801년 천주교 신자인 정약전·정약용·정순창 등을 탄핵한 내용이며, ③은 양사에서 김종후를 추탈하고 벌줄 것을 합계한 것이다. 사료 ①·②·③에서 공통으로 쓰인 부곡은 홍봉한·정순창·김종후의 당여라는 의미를 내포하고 있다. 한편 위 사료에서는 직접 언급되지 않았지만, 조선후기의 학파는 곧 정파의 모체가 되었기 때문에 정치적 일파인 당여는 학파적 관점에서 볼 때 문객으로도 해석할 수 있다.

---

30)『純祖實錄』卷2, 원년 3월 18일(갑오).
31)『純祖實錄』卷10, 7년 8월 23일(임인).

4. 맺음말

이상으로 조선시대에 많이 쓰인 부곡의 군대편제단위와 수하·당여·문객의 의미에 관해서 살펴보고, 이를 토대로 새로운 해석을 시도하였다. 논의한 바 내용을 요약하면, 다음과 같다.

먼저 부곡의 군대편제단위에 관한 것이다. 천민집단의 고려시대 부곡은 조선시대에 이르러 여러 가지 의미로 사용되었다. 조선중·후기 군대편제단위, 조선후기 권력자의 부하나 당여의 뜻이 그것이다. 『조선왕조실록』에 나타난 부곡의 용례를 분석하면 지방행정단위의 부곡은 중기 이후 거의 소멸된 반면, 군대편제단위의 부곡은 점차 증가한다. 군대편제를 뜻하는 부곡은 본래 한나라에서 먼저 사용되었다. 『후한서』열전, 권42, 橋玄傳에서 "部猶領也"라고 하였으며, 『손자』計編에 "曲者卒伍之屬"이라고 했는데, 여기의 部와 曲이 합하여 한나라에서 군대편성단위로 사용되었다. 부곡의 이러한 용례는 고려시대부터 사용되었지만, 조선 성종 8년(1477)부터 조선후기 영·정조대까지 널리 쓰였다.

중국 한대의 부곡 용례가 조선시대에 사용된 것은 당시 조선이 문물제도 정비의 일환으로 한·당유학을 수용하였고, 한편 세조 3년(1467) 중앙군의 오위제 실시에 따라 陣法 훈련이 강화되었기 때문이다. 특히 세조 3년의 군제개혁에서 종전의 司의 다음 단위는 '領'으로서 10司 각 5領이었던 것을 衛의 다음 단위를 '部'로 개칭하여 5衛 각 5部가 되었다. 따라서 衛→ 部→ 統→ 旅→ 隊→ 伍→ 卒이라는 군령계통이 확립되었는데, 여기의 部는 군대편제단위를 의미한다. 임란 이후 훈련도감과 속오군이 창설됨에 따라 편제단위는 營→ 司→ 哨→ 隊→ 伍로 전환되었으며, 영장제가 실시되는 인조·효종·현종대에 널리 쓰였다.

다음으로 부곡이 권력자 개인의 수하·당여·문객을 지칭하는 것이다. 김용덕은 중국 한나라 부곡이 군대의 대오를 지칭하는 것에 대해 한국의 부곡은 主邑의 휘하 또는 부하로서 군현이 임내를 지배하는 뜻으로 해석하였다. 그러나 그가 인용한 사료는 군현과 임내지역의 상하통속 관계를 의미하기보다는 지방행정단위를 지칭한 것이다. 반면에 조선후기 현종과 정조·순조 양대에 이르러 부곡은 권력자 개인의 수하·당여의 뜻으로 많이 쓰였다. 따라서 조선중·후기 군대편제단위의 성격과 조선후기 권력자의 수하·당여의 뜻으로 사용된 부곡은 고려시대 천민집단의 성격과는 다른 조선시대의 시대성격을 반영하는 역사적 현상이라고 하겠다.

결 론

　이 책에서는 한국 부곡을 부곡의 성격 변천과 관련하여 검토하였다. 부곡은 신분제도·지방제도·수취제도·군사제도와 연결되어 한국 중세사회의 특성을 밝히는 관건이라고 할 수 있다. 부곡의 성격변천은 신분제와 직접 관련이 있는 고려시대 부곡이 조선시대에 이르러서는 신분제도와 관련이 없는 군대편제단위 등으로 의미가 전환된 사실을 말한다.

　고대사회의 부곡민은 자유민과 노비의 중간적 예속민이었다. 그런데 신라하대 호족의 사병으로 존재한 부곡은 태조 왕건이 반고려지역을 부곡으로 편제함으로써 부곡인의 숫자가 크게 증대하였으며, 이들의 신분은 일천즉천의 법칙에 따라 천인으로 법제화되었다. 한편 몽고간섭기 중에 부곡의 군현화가 광범하게 진행된 결과 부곡인은 身良役賤으로 신분상승하였다. 따라서 군현의 하부행정단위로서 집단천민적 성격의 부곡이 소멸된 이후, 조선초기는 월경처, 지방행정단위, 鄕亭的 의미로 쓰였고, 조선중기는 군대편제단위였으며, 조선후기는 주로 수하·당여·문객의 뜻으로 사용되었다.

　삼한시기 하호는 노비였다. 그런데 삼국이 군현제를 실시하면서 집단천민의 부곡으로 편제하였다. 신라하대에 이르러 부곡은 군현의 하부행정단위가 되었다. 한편 부여의 하호는 호민과 노비의 중간적 예속민이었다. 그동안 남한학계는 하호를 양인으로 규정했지만,『삼국지』 동이전의 "대방군에서 먼 곳은 죄수 무리나 노비들이 서로 모여 살았다"는 기사는 하호가 특수 행정구역이었음을 말하고 있다. 반면에 호민은 삼한시기는 부족장, 삼국시대는 호족이었다.『삼국지』고구려조에 경작하지 않고 놀고먹는 1만 명의 大家가 하호로부터 일체의 생활용품과 세금을 거둔다는 내용은 戰士團인 大家의 특권적 성격과 하호의 천민적 처지를 반영하고 있다. 신라에서는 사로 6촌장이 경주의 部民을 예속민으로 삼았기 때문에 경주의 부민도 예속민인 셈이다. 한편『신증동국여지승람』여주목 고적 등신장조는 "신라가 주군을 정할 때 그 田丁과 戶口가 적어 현이 될 수 없는 곳은 향이나 부곡을 두어 소재한 고을에 종속시켰다"고 하여 부곡민과 일반 군현민이 동등하다는 실마리를 제공하였다. 그러나 鹽卒·歸化·造紙·躬耕部曲 등 부곡의 명칭을 검토하면, 부곡은 씨족에서 분화된 특수 부족집단임을 알 수 있다. 신라하대 96角干의 난과 후삼국 간의 전쟁으로 인해 부곡민은 귀족과 호족에게 예속되었다. 특히 나말여초 호족연합정권 시기에는 유민과 전쟁포로를 집단으로 부곡에 거주케 하였으며, 태조 왕건이 반고려지역을 부곡으로 강등시킨 결과 집단천민의 부곡의 숫자가 크게 증가하였다. 나말여초 형성된 구사부곡과 죽장이부곡의 사례가 군현과 부곡의 차별성을 반영하고 있다. 북안곡부곡이 서쪽 영천부의 경계선을 넘어 들어가는 월경처의 존재를 처음 확인할 수 있다.

　나말여초 부곡의 가장 큰 특징은 부곡민이 호족의 사병으로 존재하였으며, 사병이 혁파된 광종 이후에는 관군인 광군에 편제되었다는 사실이다. 신라하대 부곡민은 대부분이 호족의 전호였기 때문에, 전시에는 호족의 사병으로 출전할 수밖에 없었다. 당시 지방에서 성주·장군 등으로 호칭되던 호족들은 고을의 자체방어를 위해 독자적 군사력이 필요하였다. 또한 停幢의 관군 조직이 붕괴된 상황에서 말갈족의 침입과 고구려·백제의 유민반란, 원종·애노의 난 등 일련의 내우외환에 대처하기 위해서도 사병이 필요하였다. 사병의 규모는 대략 3천 명이 상한선이었다. 청해진 장보고의 군진, 궁예의 초적, 후백제의 견훤, 고려의 왕건 부대가 이러한 규모였을 것이다. 특히 초적집단에 불과하였던 궁예가 막강한 사병을 소유할 수 있었던 것은 반신라정책과 고구려 계승을 표방했기 때문에 가능하였다.

호족의 군사력 집중 현상은 왕권 강화의 저해 요인으로 인식되었다. 광종은 동왕 7년(956) 노비안검법을 실시함으로써 호족의 사병을 혁파하였다. 혁파된 호족의 사병은 관군인 광군에 편제되었다. 광군 소속의 재가화상이 거란족을 물리치는 데 크게 공헌했다는 사실이 부곡의 병사적 성격을 반영한다. 현종 9년(1017) 광군이 주현군으로 개편되면서부터 부곡인은 군역을 담당하였다. 숙종 때 동여진의 침략에 대비한 윤관의 별무반 설치, 몽고복속기의 노군·잡류별초, 高麗式目形止案의 雜尺所丁·津丁·部曲丁·驛丁의 사례를 통해 부곡민의 군역 담당을 확인할 수 있다. 천인신분의 부곡민이 몽고군과 항전하여 적장을 죽이고, 민란의 기폭제 역할을 수행한 사실도 부곡정의 군사력이 우수하였음을 입증한다.

부곡인의 신분에 대해서는 천인론과 양인론으로 양분되어 있는데, 현재는 양인론이 크게 우세한 실정이다. 부곡인의 양천구별은 『고려사』의 법제규정을 통해 판별할 수 있다. 부곡인의 과거응시 금지규정은 "靖宗十一年四月判 五逆五賊不忠不孝 鄕部曲樂工雜類子孫 勿許赴擧"이다. 박종기는 "오역·오적·불충·불효의 (죄를 범한) 향·부곡·악공·잡류의 자손들은 과거에 응시하는 것을 허락하지 않는다"고 해석하였고, 기존의 연구자들은 "오역·오적·불충·불효한 자와 향·부곡·악공·잡류의 자손은 과거응시를 금지한다"고 새겼다. 물론 몽고복속기 이후 부곡의 군현승격이 보편화됨으로써 부곡인의 양인화가 확대되었지만, 군현승격이 보류된 부곡의 법제적 신분은 여전히 천민이었다.

부곡인의 국학 입학을 금지한 규정은 賤事者, 家道不正者, 大·小功親犯嫁者, 犯惡逆歸鄕者, 賤鄕部曲人等子孫(賤人과 鄕·部曲人 등의 子孫), 身犯私罪者 등이다. 박종기는 "賤鄕部曲人等子孫"의 字句를 "천한 향·부곡인 등의 자손"으로 해석하여 부곡인을 양인으로 규정하였다. 그러나 "양인과 진·역·부곡인이 혼인하면, 자녀의 신분은 모두 진·역·부곡인에 속하게 하고, 진·역·부곡인이 잡척과 혼인하여 출생한 자녀는 절반씩 나누되, 남는 수는 어미편이 소유케 한다"는 사료가 부곡인이 법제적으로 천민이었음을 입증하고 있다. 또한 부곡인의 신분규정은 "若父若母 一賤則賤"의 법칙과 "賤者隨母法"에 따라 정해졌다. "부곡인이나 노비가 주인과 주인 집안의 존장을 간통했을 경우 화간이면 교형에 처하고, 강간이면 참형에 처한다"는 처벌규정도 같은 맥락이다.

한편 나말여초 부곡인의 신분이동은 군현이 부곡으로 강등되어 천민이 되는 경우와 부곡이 군현으로 승격함에 따라 양인이 되는 경우가 있었다. 전자는 태조 왕건이 반고려지역의 군현을 부곡으로 강등시킨 것이고, 후자는 몽고복속기에 보편화되었다. 고려초기 군현이 부곡으로 강등된 사례는 다섯 곳이 확인된다. 이밖에 군현강등의 사례는 고려중·후기에 있었다. 특히 묘청의 서경반란을 진압한 직후 국가는 반란세력을 저항의 정도에 따라 세 가지로 분류하였다. 가장 사납게 저항한 자는 '서경역적'으로 새겨 섬으로 귀양보내고, 다음은 '서경'이라고 새겨 향·부곡에 귀양보냈으며, 나머지는 주·부·군현에 살게 했는데, 여기서 형벌의 경중에 따라 배치한 것은 군현인과 부곡인의 신분적 차별을 반영한다.

고려시대 부곡의 수취제도와 관련하여 주목할 것은 부곡도 군현과 똑같이 租·庸·調(布)를 담당하는 하나의 독립된 수취단위였다는 것이다. 먼저 부곡민이 관직진출을 대가로 국가로부터 토지를 분급받았는가의 여부가 관건이다. 부곡민은 원칙적으로 관직진출이 금지되었기 때문에 국유지를 분급받지 못했다. 따라서 사유지(민전)에 부과되는 10분의 1租는 극소수이고, 대부분은 2분의 1租를 지주에게 地代로 납부하는 전호였다. 따라서 군현민과 부곡민 사이에는 경제적 차별이 존재했다고 하겠다. 한편 성종대에 군현과 향·부곡의 丁을 기준으로 公須田, 紙田, 長田을 지급했을 때 1千丁 이상의 주에 지급된 양인의 公須田은 300결인 반면, 부곡은 20결에 불가한 것도 군현민과 부곡민의 신분적 차별을 반영한다. 또한 자연재해를 입었을 경우 부곡민은 군현인과 똑같이 국가로부터 조세를 감면받았던 사례가 있다. 따라서 부곡민에 대한 이러한 조세감면 사실은 군현인과 부곡민의 신분적 동질성으로 해석할 수 있다. 그러나 이것은 국유지 경작자에게 적용되었을 뿐 부곡민이 民田을 소유한 대가로 납부한 地稅는 아니다.

부곡민이 부담한 徭役의 수취관계를 통해서도 군현인과 부곡민의 차별을 알 수 있다. 力役은 국가가 군현단위로 민의 노동력을 징발하는 세목이다. 역역은 징발주체에 따라 국가 차원의 徭役과 군현 차원의 雜貢·常徭로 구분할 수 있으며, 그 형태에 따라 축성·궁궐영조·수리시설축조 등의 工役과 현물세의 운반과 관련된 貢役으로 구분된다. 특히 부곡인은 군현차원의 공역에 연중무휴로 징발되었다. 그리고 국유지를 경작하면 국가의 부역에, 사유지를 경작하면 일반 지주의 요역에 징집되었는데, 당시 대부분의 부곡민들은 처음부터 사유지를 갖지 못한 전호였기 때문에 귀족이나 호족의 토지를 경작한 대가로 요역에 동원될 수밖에 없었다. 한편 요역에 대한 군현인과 부곡민의 차이는 사원의 촌락지배를 통해서도 알 수 있다. 당시 사원촌락인 茶村이나 茶所村의 주민은 대부분이 役을 사원에 납부하는 부곡민이었다. 또한 국가의 역을 담당한 재가화상은 평시에는 관청의 잡역과 공공기관을 위한 役事, 성의 축조에 종사하였고, 전시에는 종군하여 전투에 참여하였는 바, 이들은 형벌을 받는 복역자라는 점에서 부곡인으로 규정할 수 있다. 따라서 受刑者 집단으로서 재가화상의 요역은 군현인보다 더 무거웠다.

부곡민이 납부한 調布의 수취에도 군현인과 부곡인의 차별이 내재한다. 고려시기 기본세는 租·役·調(布) 3稅인데, 국가는 3세를 고을 단위로 전부·공물·요역의 형태로 징수하였다. 여기서 調는 지방특산물이고, 특산물에 대한 현물세는 布가 된다. 따라서 고려후기에는 常徭와 雜貢이 추가되었는데, 상요는 역(용)의 명목으로, 잡공은 調의 명목으로 부과된 현물세였다. 한편 성종 19년 1월의 사료를 통해서 丁戶와 白丁은 뽕나무 심는 비율이 달랐음을 알 수 있다. 이러한 사실은 일반 군현인과 부곡인이 부담한 調의 액수 역시 달랐음을 반영한다. 요컨대 조·역(용)·조 3세의 수취체계를 기준으로 비교할 때 부곡민은 일반 군현민에 비해 차별을 받았는 바, 이러한 차별은 신분적 차별이 원인을 제공하였다.

원간섭기 부곡인의 광범한 신분상승은 부곡의 군현승격을 통해 이루어졌다. 따라서 부곡인의 신분상승은 최초 부곡인의 신분이 집단천민이었음을 전제로 한다. 부곡인의 신분에 관해서는 천인론과 양인론이 대립해 있는데, 현재는 양인론이 대세인 실정이다. 그러나 양인론을 수용한다면, 고려말 역동적인 부곡인의 신분상승을 설명할 수가 없다. 부곡인의 법제적 신분이 천민이 되기까지는 나말여초의 과도기적 시대상황이 존재한다. 삼국시대 부곡의 천민적 성격은 나당연합군이 백제를 멸망시킨 이후 더욱 심화되었다. 백제 지역에 軍知部曲이 최초로 설치된 것이 그것을 말한다.

한편 신라하대에 96角干의 왕위쟁탈전이 확대되면서 호족의 정치적 위상은 강화되었고, 부곡인의 사민화는 점차 증대되었다. 따라서 신라와 고려의 왕조교체는 부곡인과 역자, 진척 등의 법제적 신분이 천민이 된 직접적 계기로 작용하였으며, 이들은 고려시대에 이르러 교육, 과거응시, 양천신분 간의 혼인에 따른 신분귀속 문제 등에서 법제적으로 엄격한 차별을 받았다.

부곡인의 신분상승은 정치질서가 안정된 고려전기에는 법제적으로 엄격히 규제되었지만, 원간섭기에는 신분상승이 큰 폭으로 증대하였다. 부곡인의 신분상승은 두 가지로 분류할 수 있다. 하나는 고려 부곡 출신의 역관이 몽고어를 능숙하게 구사하여 使令을 잘 수행한 결과 출신 부곡이 현으로 승격한 경우이고, 다른 하나는 고려 부곡 출신의 몽고 환관이 황실의 권력을 이용하여 읍호를 승격시킨 경우이다. 『세종실록』 지리지에 따르면, 당시 군현승격을 통해 신분상승한 숫자는 대략 1만 명 정도였다. 따라서 이들 新良人은 두 가지 생활상의 큰 변화를 겪었다. 먼저 향교 등에 입학이 허용되고 과거에 응시할 수 있었으며, 국가에 대해 군역과 賦稅의 의무를 담당하였다. 특히 이들 신양인은 고려말 왜구와 홍건적을 막아내는 데 큰 역할을 하였다.

조선초기 부곡은 월경지, 군현의 하부행정단위, 鄕亭的 의미가 있다. 부곡의 越境處 내지는 犬牙相入地의 형태는 경주부 소속 북안곡부곡과 밀양도호부 두야보부곡의 고매부곡에서 사례를 볼 수 있다. 이러한 사실은 당시 군현제 정비가 완료되지 않았음을 반영하고 있다.

조선왕조는 군현정비에 대해 두 가지 조처를 취했다. 하나는 임내지역을 군현에 합하는 것이고, 다른 하나는 중앙에서 외관을 파견하는 것이다. 그러나 군현정비가 실현되지 않았는데, 그것은 당시 각 지방에 막강한 戶長의 토착세력과 주·부·군·현의 領縣의 관리가 월경처와 견아상입지를 지배하였기 때문이다. 밀양도호부 소속의 고매부곡은 두야보부곡의 한 취락인데, 밀양의 부곡이면서 밀양에 있지 않고 월경처로 존재하였다. 따라서 고매부곡은 고려중기에 새로 형성된 월경처가 아니고, 『세종실록』 지리지가 간행된 시기에 이미 존재한 두야보부곡의 일부였다.

조선초기 중앙정부의 적극적인 정책에도 불구하고, 근본적인 군현제 정비가 실패하자, 태종은 동왕 9년 전라도 도관찰사 윤향이 都 안의 속현·향·부곡을 모두 본 고을에 병합한 사례를 전국에 시행토록 하였다. 그러나 지방의 군현제 정비는 계획대로 실현되지 않았다. 『세종실록』 지리지에 기록된 73개의 향, 124개의 소, 128개의 부곡의 존재를 통해 그것을 알 수 있다. 그동안 조선은 왕실의 딸들을 郡主·縣主라고만 호칭했는데 세종대 중국에서 들여온 『문헌통고』의 漢·唐 封爵制를 본받아 조선의 莊·所·部曲을 亭으로 하여 郡主→ 縣主→ 鄕主→ 亭主로 이어지는 상하통속관계를 확립하였다. 따라서 세종대에 이르러 宗室女의 지위를 이렇게 표시한 것은 그동안 향·소·부곡이 지방행정단위로서 독자적인 읍호를 확보한 데 따른 결과였다. 그러나 이수건과 김용덕은 부곡의 이러한 鄕亭的 성격의 사례를 근거로 조선초기 부곡은 군현보다 소규모의 행정단위로만 존재했다고 인식하였다.

한편 조선시대 부곡은 군대편제단위와 수하·당여·문객의 의미로 쓰였다. 군대편제단위는 조선중·후기에, 권력자의 수하나 당여, 문객의 뜻은 조선후기에 많이 쓰였다. 군대편제단위의 부곡은 중국 漢나라에서 먼저 사용되었다. 『후한서』열전, 권42, 橋玄傳에서 "部猶領也"라고 하였으며, 『손자』計編에서는 "曲者卒伍之屬"이라고 했는데, 여기의 部와 曲이 합하여 한나라에서 군대편성단위로 사용되었다. 부곡의 이러한 용례는 고려시대부터 사용되었지만, 조선 성종 8년(1477)부터 조선후기 영·정조대까지 널리 쓰였다.

중국 한대의 부곡 용례가 조선시대에 사용된 것은 당시 조선이 문물제도 정비의 일환으로 한·당유학을 수용하였고, 세조 3년(1467) 중앙군의 오위제 실시에 따라 陣法 훈련이 강화되었기 때문인 듯하다. 특히 세조 3년의 군제개혁에서 종전의 司의 다음 단위는 '領'으로서 10司 각 5領이었던 것을 衛의 다음 단위를 '部'로 개칭하여 5衛 각 5部가 되었다. 따라서 衛→ 部→ 統→ 旅→ 隊→ 伍→ 卒이라는 군령계통이 확립되었는데, 여기의 部는 군대편제단위를 의미한다. 임란 이후 훈련도감과 속오군이 창설됨에 따라 편제단위는 營→ 司→ 哨→ 隊→ 伍로 전환되었으며, 영장제가 실시되는 인조·효종·현종대에 널리 쓰였다.

부곡이 권력자 개인의 수하·당여·문객을 지칭한 사실을, 김용덕은 일찍이 중국 한나라 부곡이 군대의 대오를 지칭하는 것에 대해 한국의 부곡은 主邑의 휘하 또는 부하로서 군현이 임내를 지배하는 뜻이라고 해석하였다. 한편 권력자 개인의 수하·당여·문객적 의미는 현종과 정조·순조 양대에 많이 쓰였다. 따라서 조선중·후기 군대편제단위의 성격과 조선후기 권력자의 수하·당여·문객의 뜻으로 사용된 부곡은 고려시대 천민집단의 성격과는 다른 조선시대의 특성을 반영한다는 점에서 역사적 의미가 크다고 하겠다.

참고문헌

1. 史料

『三國史記』 　　　　　　　　『三國遺事』
『高麗史』 　　　　　　　　　『高麗史節要』
『東史綱目』 　　　　　　　　『宣和奉使高麗圖經』
『朝鮮王朝實錄』 　　　　　　『世宗實錄』 地理志
『慶尙道地理志』 　　　　　　『大東地誌』
『新增東國輿地勝覽』 　　　　『增補文獻備考』
『三國志』 魏志 東夷傳 　　　『經國大典』
『通典』 　　　　　　　　　　『太平御覽』
『秋江錄』 　　　　　　　　　『曹溪山松廣寺庫』
『遁村遺稿』

2. 單行本

姜晉哲, 1989, 『韓國中世土地所有研究』, 일조각.

金甲童, 1990, 『羅末麗初의 豪族과 社會變動研究』, 고려대학교출판부.

金蘭玉, 2000, 『高麗時代 賤事·賤役良人 研究』, 신서원.

金錫亨, 1957, 『朝鮮封建時代 農民의 階級構成』, 과학원출판사/ 1993, 신서
　　　　원 재발행.

金瑛河, 2002, 『韓國古代社會의 軍事와 政治』, 고대 민족문화연구원.

金鐘璿, 1997, 『韓國 古代國家의 노예와 농민』, 한림대학교 아시아문화연구
　　　　소.

金哲埈, 1975, 『韓國古代社會研究』, 서울대학교출판부.

閔丙河, 1990,『高麗武臣政權 研究』, 성균관대학교출판부.
閔賢九, 1983,『朝鮮初期의 軍事制度와 政治』, 한국연구원.
朴宗基, 1990,『高麗時代 部曲制研究』, 서울대학교출판부.
박종진, 2000,『고려시기 재정운영과 조세제도』, 서울대학교출판부.
裵象鉉, 1998,『高麗後期 寺院田研究』, 국학자료원.
白南雲, 1933,『朝鮮社會經濟史』, 改造社.
사회과학원역사연구소 편, 1979,『조선전사』, 과학백과사전출판사.
사회과학원역사연구소 편, 1991,『고구려사(조선전사개정판)』, 과학백과사전
　　　　　종합출판사/ 1997, 백산자료원 재발행.
徐仁漢, 1994,『韓民族戰爭通史』1, 國防軍史研究所.
徐台源, 1999,『朝鮮後期 地方軍制研究』, 혜안.
安秉佑, 2002,『高麗前期의 財政構造』, 서울대학교출판부.
오일순, 2000,『高麗時代 役制와 身分制 變動』, 혜안.
劉承源, 1987,『朝鮮初期身分制研究』, 을유문화사.
李基白, 1968,『高麗兵制史研究』, 일조각.
李基白, 1974,『新羅政治社會史研究』, 일조각.
李樹健, 1984,『韓國中世社會史研究』, 일조각.
이정희, 2000,『고려시대 세제의 연구』, 국학자료원.
李弘斗, 1998,『朝鮮時代 身分變動 研究』, 혜안.
임건상, 1963,『조선의 부곡제에 관한 연구』, 과학원출판사.
임건상, 2001,『임건상전집』, 혜안.
車文燮, 1973,『朝鮮時代軍制研究』, 단국대출판부.
蔡雄錫, 2000,『高麗時代의 國家와 地方社會』, 서울대학교출판부.
千寬宇, 1979,『近世朝鮮史研究』, 일조각.
許興植, 1981,『高麗科擧制度史研究』, 일조각.
홍희유·최윤규, 1991,『조선수공업사』, 백산자료원.
旗田巍, 1972,『朝鮮中世社會史の研究』, 法政大學出版部.
濱中昇, 1986,『朝鮮古代の經濟と社會』, 法政大學出版部.

3. 論文

具山祐, 1988,「고려시기 부곡제의 연구성과와 과제」,『釜大史學』12.

권영국, 1995, 「신분구조와 직역」, 『한국역사입문 2(중세편)』, 풀빛.

金甲童, 1992, 「高麗王朝의 成立과 郡縣制의 變化」, 『國史館論叢』 35.

金甲童, 1994, 「新羅高麗의 王朝交替와 郡縣制의 變化」, 『新羅末 高麗初의 政治·社會變動』(한국고대사연구회편), 신서원.

金東洙, 1991, 「朝鮮初期 郡縣體制의 改編－州縣化 및 屬縣化, 任內의 이속작업 및 越境地의 정비작업을 중심으로」, 『澤窩許善道敎授停年紀念 韓國史學論叢』.

金杜珍, 1985, 「三國時代의 邑落」, 『韓國學論叢』 7.

金文經, 1969, 「回顧와 展望－魏晉南北朝·隋唐」, 『歷史學報』 40.

金炳坤, 2001, 「斯盧 六村의 出自와 村長의 社會的 性格」, 『韓國古代史研究』 22.

김상의, 2000, 「陰城의 鄕·部曲·處」, 『忠北鄕土文化』 11.

김세익, 1965, 「서평 『조선의 부곡제에 관한 연구』에 대하여」, 『역사과학』 3.

金龍德, 1955, 「鄕所部曲攷」, 『庸齋白樂濬博士還甲紀念國學論叢』.

金龍德, 1980·1981, 「部曲의 規模 및 部曲人의 身分에 대하여(上·下)」, 『歷史學報』 88·89.

金義煥, 2000, 「部曲制의 研究現況에 대한 검토」, 『忠北鄕土文化』 11.

金哲埈, 1962, 「高麗 貴族勢力의 基盤」, 『人文科學』 7 ; 1990, 『한국고대사회 연구』, 서울대학교출판부

金哲埈, 1962, 「韓國古代國家發達史」, 『韓國文化史大系 I : 民族國家史』, 高麗大學校民族文化研究所.

金泰亨, 1991, 「高麗時代 郡縣의 昇降에 관한 研究」, 『弘益史學』 5.

盧明鎬, 1992, 「羅末麗初 豪族勢力의 경제적 기반과 田柴科體制의 성립」, 『震檀學報』 74.

盧明鎬, 1995, 「高麗時代 戶籍 記載樣式의 성립과 그 사회적 의미」, 『震檀學報』 79.

盧重國, 1989, 「韓國古代의 邑落의 構造와 性格－國家形成過程과 관련하여－」, 『大邱史學』 38.

文昌魯, 1990, 「三國時代 初期의 豪民」, 『歷史學報』 125.

朴恩卿, 1996, 「高麗時代의 邑號陞降」, 『高麗時代鄕村社會研究』, 일조각.

朴宗基, 1980, 「高麗時代 鄕 部曲의 變質過程」, 『韓國史論』 6.

朴宗基, 1981, 「13세기 초엽의 村落과 部曲」, 『한국사연구』 33.

朴宗基, 1982, 「14~15세기 越境地에 대한 再檢討」, 『韓國史研究』 36.

朴宗基, 1984, 「高麗 部曲制의 構造와 性格 - 收取體制 運營을 중심으로」, 『韓國史論』 10.

朴宗基, 1985, 「部曲制 分布에 관한 基礎的 整理」, 『韓國學論叢』 7.

朴宗基, 1986, 「高麗의 郡縣體系와 界首官制」, 『韓國學論叢』 8.

朴宗基, 1986, 「高麗의 部曲吏」, 『高麗史의 諸問題』, 삼영사.

朴宗基, 1988, 「高麗時期 郡縣制의 硏究成果와 『국사』敎科書의 敍述」, 『歷史敎育』 44.

朴宗基, 1988, 「新羅時代 鄕 部曲의 性格에 대한 一試論」, 『韓國學論叢』 10.

朴宗基, 1990, 「部曲制에 관한 硏究史的 檢討」, 『高麗時代部曲制硏究』.

朴宗基, 1991, 「高麗 部曲人의 身分과 身分制 運營原理」, 『韓國學論叢』 13.

朴宗基, 1997, 「高麗後期 部曲制의 소멸과 그 원인」, 『韓國 古代·中世의 支配體制와 農民』, 金容燮敎授停年紀念韓國史學論叢刊行委員會.

朴宗基, 2000, 「朝鮮初期의 部曲」, 『國史館論叢』 92.

朴鍾進, 1984, 「高麗初 公田·私田의 性格에 대한 재검토 - 顯宗代 <義倉租 收取規定>의 해석을 중심으로」, 『韓國學報』 37.

朴鍾進, 1987, 「高麗前期 賦稅의 收取構造」, 『蔚山史學』 1.

朴鍾進, 1992, 「高麗時期 徭役의 徵發構造」, 『蔚山史學』 5.

朴鍾進, 1993, 「高麗時期 貢物의 收取構造」, 『蔚山史學』 6.

朴鍾進, 1995, 「국가재정과 부세제도」, 『한국역사입문 2』, 풀빛.

朴鍾進, 1999, 「고려시기 경제운영의 단위와 지방제도」, 『한국학연구』 7, 숙명여대 사학과.

朴菖熙, 1989, 「高麗後期의 身分制 動搖」, 『國史館論叢』 4.

白南雲, 1933, 「部曲制의 歷史的 意義」, 『朝鮮社會經濟史』.

白南雲, 1937, 「賤民(津尺, 鄕吏, 鄕部曲丁, 禾尺, 才人, 樂工等)」, 『朝鮮封建社會經濟史(上)』.

徐台源, 1993, 「束伍軍의 設置意義에 관한 硏究」, 『紀全女子大學論文集』 13.

徐台源, 1993, 「營將制와 土豪統制 - 17세기를 중심으로 - 」, 『慶州史學』 12.

安日煥, 1961, 「部曲의 硏究」, 『釜大史學』 1.

余昊奎, 1998, 「高句麗 初期의 兵力動員體系」, 『軍史』 36.

오일순, 1985, 「高麗前期 部曲民에 관한 一試論」, 『學林』 7.

유승원, 1997, 「고려사회를 귀족사회로 보아야 할 것인가」,『역사비평』36.

尹龍爀, 1980, 「蒙古의 2차 侵寇와 處仁城勝捷 - 특히 廣州民과 處仁部曲민
　　　의 抗戰에 주목하여」,『韓國史研究』29.

李謙周, 1990, 「朝鮮後期 社會身分 變動問題에 대한 研究」,『蔚山史學』3.

李公範, 1966, 「南朝部曲考」,『成大論文集』11.

李公範, 1968, 「北朝의 部曲形成過程」,『大東文化研究』5.

李基東, 1978, 「羅末麗初 近侍機構와 文翰機構의 擴張 - 中世的 側近 政治
　　　의 志向 - 」,『歷史學報』77.

李基白, 1957, 「新羅私兵考」,『歷史學報』9.

李基白, 1965, 「高麗光軍考」,『歷史學報』27/ 1968,『高麗兵制史研究』, 일조
　　　각 재수록.

李相佰, 1964, 「賤者隨母考 - 良賤交婚出生者의 身分歸屬問題」,『震檀學報』
　　　25 · 26 · 27합집.

李相瑄, 1991, 「高麗 寺院의 村落支配에 대한 試考」,『人文科學研究』, 성신
　　　여대 인문과학연구소.

이선철, 2000, 「忠州地域의 部曲制 - 多仁鐵所를 중심으로 - 」,『충북향토문
　　　화』11.

李仙熹, 1998, 「朝鮮初期 慶州소속 越境地의 존재양태 - 北安谷部曲을 중심
　　　으로」,『中央史論』10 · 11합집.

李樹健, 1971, 「朝鮮初期 郡縣制 整備에 대하여」,『嶺南史學』1.

李樹健, 1972, 「朝鮮朝 郡縣制의 一形態 ‘越境地’에 대하여」,『東洋文化』13.

李樹健, 1975, 「土姓研究」,『東洋文化』16.

李樹健, 1978, 「高麗前期 土姓研究」,『大邱史學』14.

李樹健, 1984, 「太祖王建의 郡縣名號改定과 土姓分定」,『韓國中世社會史研
　　　究』, 一潮閣.

李榮薰, 2002, 「『花郎世紀』에서의 奴와 婢 - 三國時代 身分制 再論 - 」,『歷
　　　史學報』176.

李佑成, 1966, 「高麗末期 羅州牧 居平部曲에 대하여」,『震檀學報』23 · 30합
　　　집.

李佑成, 1983, 「李朝時代 密陽古買部曲에 대하여 - 部曲制의 發生 形成에
　　　關한 一推論」,『震檀學報』56.

李宇泰, 1981, 「新羅의 村과 村主 - 三國時代를 중심으로 - 」,『한국사론』7,

서울대국사학과.

李潤[illegible], 2000, 「鎭川郡의 鄕·所·部曲」, 『충북향토문화』 11.

李載名, 1991, 「高麗時代의 雜貢과 常役」, 『淸溪史學』 8.

李載名, 1998, 「高麗時代 調의 收取와 그 性格」, 『京畿史學』 2.

李貞熙, 1985, 「高麗後期 徭役收取의 實態와 變化」, 『釜大史學』 9.

李貞熙, 1992, 「고려후기 수취체제의 변화에 대한 일고찰」, 『釜山史學』 22.

李存熙, 1981, 「鮮初 地方統治體制의 整備와 界首官」, 『東國史學』 15·16합집.

李泰鎭, 1972, 「高麗 宰府의 成立」, 『歷史學報』 56.

李泰鎭, 1972, 「醴泉開心寺 石塔記의 分析」, 『역사학보』 53·54합집.

李賢惠, 1976, 「三韓의 國邑과 그 成長에 대하여」, 『역사학보』 69.

이혜옥, 1994, 「고려후기 수취체제의 변화」, 『14세기 고려의 정치와 사회』, 민음사.

李弘斗, 1997, 「束伍軍을 통해 본 朝鮮後期 賤人의 身分上昇」, 『軍史』 34.

李弘斗, 1998, 「部曲의 意味變遷과 軍事的 性格」, 『韓國史硏究』 103.

李弘斗, 1999, 「高麗 部曲의 郡縣昇格과 賤人의 身分上昇」, 『實學思想硏究』 10·11합집.

李弘斗, 2000, 「慶州府 所屬 部曲의 存在形態」, 『慶州文化硏究』 3.

李弘斗, 2000, 「高麗 部曲과 收取體制」, 『實學思想硏究』 15·16합집.

李弘斗, 2000, 「朝鮮時代 部曲의 諸性格」, 『白山學報』 56.

李弘斗, 2000, 「朝鮮初期 天觀의 認識과 國史敎育」, 『史學硏究』 60.

李弘斗, 2002, 「高麗 部曲人의 身分과 法制規定」, 『實學思想硏究』 22.

李弘斗, 2004, 「古代 身分制와 部曲 - 부곡의 발생·발전을 중심으로 - 」, 『東國史學』 40.

林承豹, 2001, 『朝鮮時代 賞罰的 邑號陞降制 硏究』, 홍익대 사학과 박사학위논문.

張弼基, 1990, 「17世紀 前半期 束伍軍의 性格과 位相」, 『史學硏究』 42.

정찬영·김세익, 1961, 「조선 노예소유자사회의 존재시기문제에 관한 논쟁개요」, 『역사과학』 3월호.

趙法鍾, 1994, 「한국고대신분제연구」, 『國史館論叢』 52.

朱甫暾, 1992, 「三國時代의 貴族과 身分制 - 新羅를 中心으로 - 」, 『韓國社會發展史論』, 일조각.

車文燮, 1973, 「宣祖朝의 訓鍊都監」, 『朝鮮時代軍制研究』, 단대출판부.

車文燮, 1973, 「朝鮮後期의 營將」, 『朝鮮時代軍制研究』, 단대출판부

車勇杰, 2000, 「忠北의 鄕·所·部曲」, 『충북향토문화』 11.

千寬宇, 1962, 「朝鮮初期 五衛의 形成」, 『歷史學報』 17·18.

千寬宇, 1976, 「三韓의 國家形成」(上), 『韓國學報』 2.

최길성, 1961, 「1328년 통도사의 농장경영형태」, 『력사과학』 1961-4.

崔炳云, 1979, 「高麗·朝鮮時代의 '飛入(越境)地'-朝鮮時代 全州府의 '飛入地'를 中心으로-」, 『全羅文化研究』 1.

河炫綱, 1974, 「高麗王朝의 成立과 豪族聯合政權」, 『韓國史』 4, 국사편찬위원회.

許善道, 1992, 「朝鮮時代 營將制」, 『韓國學論叢』 14, 국민대 韓國學研究所.

許興植, 1976, 「高麗 國子監試와 이를 통한 身分流動」, 『韓國史研究』 12.

洪承基, 1973, 「高麗時代의 雜類」, 『歷史學報』 57.

洪承基, 1974, 「1~3세기 民의 存在形態에 대한 一考察-所謂 下戶의 實體와 관련하여」, 『歷史學報』 63.

洪承基, 1975, 「鄕所部曲人」, 『韓國史』 5, 國史編纂委員會.

洪承基, 1976, 「고려귀족국가의 사회구조」, 『한국사』 5, 국사편찬위원회.

旗田巍, 1951, 「高麗時代の賤民制度 部曲について」, 『和田淸博士還曆記念東洋史論叢』.

旗田巍, 1960, 「高麗·李朝時代における郡縣制の一形態-慶尚道安東府の屬縣部曲の編成と飛地-」, 『和田博士古稀記念東洋史論叢』/ 1972, 『朝鮮中世社會史の研究』에 재수록.

旗田巍, 1972, 「高麗王朝成立期の「府」と豪族」, 『朝鮮中世社會史の研究』.

木村誠, 1983, 「新羅時代の鄕」, 『歷史評論』 403.

武田幸男, 1966, 「高麗時代における通度寺の寺領支配」, 『東洋史研究』 25-1.

武田幸男, 1967, 「魏志東夷傳にみえる下戶問題」, 『朝鮮史研究會論文集』 6.

武田幸男, 1971, 「朝鮮の律令制」, 『岩波講座世界歷史』 6.

北村秀人, 1969, 「高麗時代の'所'制度について」, 『朝鮮學報』 50.

濱口重國, 1941, 「南北朝時代の兵士の身分と部曲の意味の變化に就いて」, 『東方學報』 東京第12冊之1.

濱中昇, 1980, 「高麗における唐律の繼受と歸鄕刑·充常戶刑」, 『歷史學研究』483.
松田甲, 1930,「朝鮮の部曲について」」,『朝鮮』1930년 7월호/『續日鮮史話』
　　　　제2집.
平野邦雄, 1962,「大化前代の社會構造」,『岩波講座日本歷史 - 古代 2』.
何士驥,「部曲考」,『國學論叢』제1권 1호.

ABSTRACT

The Bugok in Premodern Korea

Yi, Hong-Du

This book examines the characteristics of ancient Korean Bugok(部曲) in three parts. Part 1 deals with Haho(下戶) in the period of Samhan and Bugok in the period of Three Nations with respect to the origin of Bugok. Part 2 investigates Goryeo's Bugok, which is considered to be in the developmental step. Part 3 examines Bugok in Chosun after the nullification of the characteristics of Bugok's status. In the introduction of this book, we examines the condition and problems of the study of Bugok. Especially, there are differences of viewpoints between the two theories about Bugok ; one viewing Bugok people as commoners and the other viewing them as the lowly. The differences are due to the former's basis on *Sinjeungdonggukyeojiseungram(新增東國輿地勝覽)* and the latter's on *Goryeosa(高麗史)*. We also deals with certain results from the study of the borderline aras(越境地).

Chapter 1 of Part 1 examines subordinated people and Bugok in ancient societies. There are two viewpoints about Haho ; one viewing Haho people as commoners and the other viewing them as the lowly. I define as the origin of Bugok the subordinated people, an intermediate group between commoners and slaves. Thus, Haho people in Samhan and Bugok people in the Three Nations are subordinated. In particular, I interpret as subordinated people Bumins, who were governed by 6 village chiefs of Saro in Silla(斯盧 六村長).

Chapter 2 of Part 1 examines the characteristics of Bugok people as private soldiers(私兵) in late Silla and early Goryeo. I interpret 'Jung(衆)' or 'Byeongjung

(兵衆)' in *Samguksagi*(三國史記) to be private soldiers. Though this invokes the properties of Bugok people as private soldiers in the Period of North and South Dynasties(南北朝時代), the fact that Silla's regular army, Guseodang(九誓幢) consisted of soldiers from the lowly or of foreign prisoners suggests that Bugok people in Silla were private soldiers. On the other hand, as King Gwangjong(光宗) broke up powerful clans' private soldiers, the Bugok people belonging to Gwanggun(光軍) were assigned to the government forces.

Chapter 1 of Part 2 deals with the status of Bugok people and the legislation(法制規定) about them. Here, I point out that the scholars who treat Bugok people as commoners misinterpret the provisions of prohibiting Bugok people from applying to the state examination and being admitted into Gukhak, and examine the fact that the change of Bugok people's status was resulted from the demotion of Gun and Hyeon to Bugok and the promotion of Bugok to Gun or Hyeon.

Chapter 2 of Part 2 investigates Bugok in Goryeo and the collection system (收取體制). The fact that Bugok people shared the burdens of Jo(租)・Yong(庸)・Jo (Po)(調(布)) in parallel with Gun and Hyeon people but were given 20 gyeols of Gonganjeon(公須田) whereas Gun and Hyeon people were assigned 300 gyeols implies the difference of status between Gun-Hyeon people and Bugok people. While the government commandeered people's labor by the unit of Gun and Hyeon, Bugok peoples were commandeered into public service for Gun-Hyeon (郡縣) throughout the year.

Chapter 3 of Part 2 examines the promotion of Bugok to Gun or Hyeon, and the ascension of the lowly's status. The advocates for the theory of Bugok people as commoners emphasize Korean Bugok people's uniqueness different from Chinese Bugok people's properties as the lowly and Japanese Bugok people's characteristics as servants. However, as many Bugok units were promoted to Gun or Hyeon during the period of Yuan's interference, the Bugok people were also promoted in status.

Chapter 1 of Part 3 deals with various properties of Bugok in Chosun.

Bugok in early Chosun had properties of a borderline area and a administrative subunit. The borderline areas occurred since Hojangs(戶長) and officials of Gun and Hyeon governed the areas. Chosun called daughters Gunju(郡主) or Hyeonju (縣主), and King Sejong established the upper and lower relation through Gunju → Hyeonju→ Hyangju(鄉主)→ Jeongju(亭主) with Jang(莊)・So(所)・Bugok as Jeong(亭).

Chapter 2 of Part 3 examines the formation of military units(軍隊編制單位) of Bugok, and its properties as subjects(手下), Dangyeo(黨與), and literary dependents(門客). There were two Bugoks in Korea ; one means the military forces and the other the lowly status. The former Bugok was abundant in mid Chosun, and the latter was used as meaning subjects, Dangyeo, and literary dependents. These usage of Bugok has historical significance in that they reflect properties of Chosun.

찾아보기

【ㄴ】

【ㄷ】

【ㅁ】

【ㅂ】

【ㅈ】

【ㅊ】

지은이 이홍두(李弘斗)
        1953년 전남 해남 출생
        홍익대 역사교육과 졸업
        홍익대 대학원 문학석사
        동국대 대학원 문학박사
        홍익대 인문과학연구소 연구교수 역임
        현재 홍익대 조치원캠퍼스 겸임교수
논저 『朝鮮時代 身分變動 研究』
     「部曲의 意味變遷과 軍事的 性格」
     「高麗 契丹戰爭과 騎兵戰術」
     「임진왜란초기 조선군의 기병전술」
     「高麗時代의 軍制와 僧軍」 등

韓國中世 部曲 研究

李 弘 斗

2006년 5월 1일 초판 1쇄 발행

펴낸이 · 오일주
펴낸곳 · 도서출판 혜안
등록번호 · 제22-471호
등록일자 · 1993년 7월 30일

㉾ 121-836 서울시 마포구 서교동 326-26번지 102호
전화 · 3141-3711～2 / 팩시밀리 · 3141-3710
E-Mail hyeanpub@hanmail.net

ISBN 89 - 8494 - 275 - 8 93910

값 17,000원